실전 문제를 통해 Part별로 완성하는

# 지텔프 4급
# 공식수험서 LEVEL 4

○ 영역별 공략법 & 문제풀이 전략 Tip 대공개
○ G-TELP 공식주관사 제공 실전모의고사 2회분 수록
○ 교재 내 Listening QR코드 삽입

### G-TELP 영어연구소

G-TELP 영어연구소는 국내외 영어 콘텐츠 전문 연구진들로 이루어진 조직으로서, G-TELP 시험들을 전문적으로 분석 및 연구해오고 있습니다. 다년간 쌓아온 디지털 데이터베이스와 정확한 데이터를 분석하는 툴을 기반으로 G-TELP의 모든 시험을 대비할 수 있는 수험서, 일반 영어, 비즈니스 영어, 전문 영어 등 다양한 분야의 영어학습서를 기획, 집필, 편집, 출간하고 있습니다.

실전 문제를 통해 Part별로 완성하는
# 지텔프 4급

| | |
|---|---|
| 초판 인쇄 | 2021년 06월 07일 |
| 발행인 | 김현중 |
| 출판사 | G-TELP KOREA 출판사업본부 |
| 저자 | G-TELP 영어연구소 |
| ISBN | 978-89-91164-54-3 |
| 정가 | 20,000원 |
| 홈페이지 | http://www.gtelpedu.com |
| 전화 | 1588-0589 |
| 팩스 | 02-454-2137 |
| 주소 | 서울특별시 송파구 송파대로 32길 4-7 |

이 책의 내용과 포맷은 저작권법에 따라 보호받고 있으므로 무단 복제와 무단 전재를 금합니다.

# Preface

안녕하세요. G-TELP 연구소입니다.

G-TELP는 1985년 ITSC 주관으로 개발 검증된 이래 세계 여러 나라 정부 기관과 기업에서 영어 활용능력 평가 도구로 활용되고 있는 국제 공인 영어 시험입니다.

G-TELP에서 가장 대표적 시험인 GLT(G-TELP Level Test)는 실용 영어 능력을 측정하는 단계별 영어 평가 시험으로 대한민국 뿐만 아니라 일본, 중국, 대만 등 세계 여러 나라에서 활용되고 있습니다. 특히, 국내에서는 국가고시(공무원, 군무원, 소방, 경찰 등), 공무원 해외파견, 국가자격증(변리사, 회계사, 세무사, 노무사, 감정평가사, 행정사, 관광통역안내사, 호텔경영사 등) 영어대체시험, 기업체의 신입사원 채용 및 인사, 승진 평가 시험, 대학(원)교 졸업자격 및 논문 심사 영어 대체시험, 초·중·고등학교 영어 평가인증 및 교육자료로 활발히 활용되고 있습니다. 이러한 GLT의 장점으로는 다섯 단계 등급 시험으로 구성되어 수준별 평가가 가능한 단계별 영어 평가 시스템이라는 점, 문법/청취/독해 세 영역 모두에서 75% 이상 득점해야 합격하는 절대 평가 방식이라는 점, 그리고 세밀한 성적 분석 및 레벨업 과정을 통해 상위 등급으로 도전하고자 하는 교육적 동기를 유발시키는 점 등이 있습니다.

이 교재는 GLT 1~5급 중 4급 시험을 대비하기 위한 수험서로써 학습자들이 시험의 구조와 유형을 쉽게 파악하고, 실전 시험 대비 훈련을 하는데 중점을 두었습니다. 뿐만 아니라, 실제 학습자의 영어 학습에도 도움이 되는 교재가 될 수 있도록 영어의 전반적인 학습내용을 많이 담고자 하였습니다.

본 교재는 지텔프 공식 주관사가 제공한 실제 기출 문제를 다루고 있으므로 4급을 대비하는 수험자 분들께 실질적인 도움이 될 것입니다. 수험자 여러분들이 **"실전 문제를 통해 Part별로 완성하는 지텔프 4급"** 교재를 통한 효과적인 학습으로 빠른 시간 내에 영어 실력을 향상시키는 동시에 수험생분들의 목표를 달성하는 데 도움이 되었으면 합니다.

감사합니다.

G-TELP 영어연구소

# contents

Preface ........................... 3
교재 구성 및 특징 ............ 6
학습 플랜 & 학습 체크 ... 13

## Section 01  Grammar

### Part 01  단순시제
단순 현재시제 ................................................. 18
단순 과거시제 ................................................. 22
단순 미래시제 ................................................. 24
Practice Test ................................................... 25

### Part 02  현재진행형
현재 진행 ......................................................... 28
Practice Test ................................................... 31

### Part 03  There be 동사
There be 현재시제 ........................................... 34
There be 과거시제 ........................................... 35
Practice Test ................................................... 37

### Part 04  WH 의문문
WH 의문사 ....................................................... 40
Practice Test ................................................... 44

---

실전문제를 통해 Part별로 완성하는
**지텔프 4급**

## Section 02  Listening

### Numbers. 숫자 익히기
숫자 이해하기 Ⅰ ·········································· 50
숫자 이해하기 Ⅱ ·········································· 52
시간 읽기 ················································· 56
돈 세기 ··················································· 60

### Part 01  그림 묘사
위치를 나타내는 전치사 ································ 62
교통수단에 사용되는 전치사 ··························· 67
계절 및 날씨 표현 ······································· 70
Practice Test ············································ 73

### Part 02  질문에 답하기
예/아니오 의문문 ········································ 77
의문사 의문문 ············································ 83
문장 추론 ················································· 86
Practice Test ············································ 88

### Part 03&04  대화 흐름 파악하기
질문 예측하기 ············································ 92
전치사 by, until ·········································· 95
Practice Test ············································ 98

## Section 03  Reading & Vocabulary

### Part 01  신청서 또는 등록 양식
읽기 전략 ················································ 108
단어 ······················································ 112
Practice Test ··········································· 114

### Part 02  공고문
읽기 전략 1 ············································· 123
읽기 전략 2 ············································· 126
Practice Test ··········································· 130

### Part 03  사실 설명
읽기 전략 ················································ 138
Practice Test ··········································· 142

### Part 04  전기 서사
읽기 전략 ················································ 150
Practice Test ··········································· 154

## Actual Test
실전 모의고사 1회 ····································· 165
실전 모의고사 2회 ····································· 183

### 정답과 해설 ········································· 199

# 시험 개요

## 출제 기관 소개

㈜한국지텔프는 신뢰성, 타당성, 실용성을 갖춘 종합적인 영어평가라는 모토 아래 ITSC's G-TELP Services의 글로벌 파트너로서 1985년부터 G-TELP 시험을 주관하는 어학평가, 교육, 출판 전문 기업입니다. ㈜한국지텔프는 업무 협약을 통해 한국 내 G-TELP 시험의 시행, 마케팅, 홍보, 출판, 교육에 대한 운영을 담당하고 있습니다.

㈜한국지텔프는 지난 30여 년 동안 영어학습자의 영어능력을 보다 정확하고 세밀하게 분석할 수 있는 평가도구 개발에 끊임없이 노력을 기울여 왔습니다. 2006년부터 2019년 1월까지 12년 동안 국가 자격시험인 항공영어구술증명시험(EPTA)을 시행하였으며, 평가영역별, 레벨별, 목적별, 연령별 등으로 구분된 아래의 다양한 시험을 정기적으로 시행하고 있습니다.

- 문법과 듣기, 읽기 능력을 평가하는 5단계의 **G-TELP Level Test**
- 실생활과 관련된 영어 말하기/쓰기 능력을 평가하는 **G-TELP Speaking Test, G-TELP Writing Test**
- 비즈니스 말하기/작문 수행능력 평가인 **G-TELP Business Speaking Test, G-TELP Business Writing Test**
- 영어 초급자 및 초등학생과 중학생의 영어 능력을 평가하는 **G-TELP Junior**

주니어부터 성인까지 영어를 종합적으로 평가할 수 있는 완성된 평가 교육 시스템을 갖추고, 전문 분야별 영어 활용 능력 평가 도구 개발에 쏟아온 투자와 열정이 신뢰성과 타당성, 실용성을 갖춘 종합적인 평가 시스템 구축을 위한 밑거름이 되었으리라 믿으며, 단순히 우열을 가르는 평가가 아닌 학습자에게 개인의 능력을 분석 진단하여 학습 동기를 제공하고, 학습 과정으로써 진정한 평가가 될 수 있도록 최선의 노력을 다할 것입니다.

# GLT(G-TELP Level Test 지텔프 등급 시험)란?

G-TELP(General Tests of English Language Proficiency)는 미국 국제 테스트 연구원(ITSC, International Testing Services Center)에서 주관하여 University of California Los Angeles, Georgetown University, San Diego State University, Lado International College 등의 저명 교수진이 연구/개발하였고, 국내외 저명한 언어학자, 평가전문가들이 참여하여 국제적으로 시행하는 글로벌 영어능력 평가 인증 시험입니다.

GLT는 Level 1 부터 Level 5까지 다섯 등급으로 나뉘어진 등급 시험이며, 문제는 모두 4지 선다형의 객관식 형태로 출제됩니다. 문법/청취/ 독해 및 어휘로 이루어져 있으며, 각 영역에서 모두 75% 이상을 획득한 경우에 해당 응시 등급을 Mastery한 것으로 여겨집니다.

## 🌐 시험 특징

- 5단계(Level 1~5)의 수준별로 구분된 시험
- 문법/ 청취/ 독해 및 어휘 3가지 영역의 종합 영어 능력 평가 → 객관식 사지선다형
  (단, Level 1은 청취/ 독해 및 어휘 2가지 영역만 집중 평가)
- 절대 평가 방식
- 빠른 성적 확인 → 응시일로부터 일주일 이내 빠른 성적 발표
- **정기 시험**: Level 2 시험 → Level 2 정기 시험이 국가고시/국가자격시험/기업체 채용 시험에 주로 활용
  **수시 시험**: Level 1~5 시험

## 🌐 등급별 시험 구성

| 구분 | 출제 방식 및 시간 | 평가 기준 | 합격자의 영어 구사 능력 | 응시자격 |
|---|---|---|---|---|
| Level 1 | 청취: 30문항/약 30분<br>독해 및 어휘: 70문항/70분<br>합계: 100문항/약 100분 | Native Speaker에 준하는 영어 능력: 상담, 토론 가능 | • 모국어로 하는 외국인과 거의 대등한 의사소통이 가능<br>• 국제회의 통역도 가능한 수준 | Level 2 Mastery (영역별 75점 이상) |
| Level 2<br>공무원<br>군무원<br>자격증 등<br>영어 대체<br>시험에 활용 | 문법: 26문항/20분<br>청취: 26문항/약 30분<br>독해 및 어휘: 28문항/40분<br>합계: 80문항/약 90분 | 다양한 상황에서 대화 가능: 업무 상담 및 해외 연수 등이 가능한 수준 | • 일상생활 및 업무 상담 등에서 어려움 없이 의사소통할 수 있는 수준<br>• 외국인과의 회의 및 세미나 참석, 해외 연수 등이 가능한 수준 | 제한 없음 |
| Level 3 | 문법: 22문항/20분<br>청취: 24문항/약 20분<br>독해 및 어휘: 24문항/40분<br>합계: 70문항/약 80분 | 간단한 의사소통과 친숙한 상태에서의 단순 대화 가능 | • 간단한 의사소통과 친숙한 상태에서의 단순한 대화가 가능한 수준<br>• 해외여행과 단순한 업무 출장을 할 수 있는 수준 | 제한 없음 |
| Level 4 | 문법: 20문항/20분<br>청취: 20문항/약 15분<br>독해 및 어휘: 20문항/25분<br>합계: 60문항/약 60분 | 기본적인 문장을 통해 최소한의 의사소통이 가능한 수준 | • 기본적인 어휘의 짧은 문장을 통해 최소한의 의사소통이 가능한 수준<br>• 외국인이 자주 반복하거나 부연설명을 해 주어야 이해할 수 있는 수준 | 제한 없음 |
| Level 5 | 문법: 16문항/15분<br>청취: 16문항/약 15분<br>독해 및 어휘: 18문항/25분<br>합계: 50문항/약 55분 | 극히 초보적인 수준의 의사소통 가능 | • 영어 초보자<br>• 일상의 인사/소개 등을 듣고, 이해할 수 있는 수준<br>• 말 또는 글을 통한 자기표현은 거의 불가능한 수준 | 제한 없음 |

# G-TELP Level 4 란?

## 🌐 시험 구성

| 영역 | 내용 | 지문 수(개) | 문항 수(개) | 배점(점) | 시간(분) |
|---|---|---|---|---|---|
| Grammar (총 20문항) | 현재 진행형, 단순시제(단순 현재, 과거, 미래), there be동사, Wh Question | - | 20 | 100 | 20분 |
| Listening (총 20문항) | Part 1. Picture Descriptions | 1 | 5 | 100 | 약 15분 |
| | Part 2. Question & Answer | 1 | 5 | | |
| | Part 3. Conversations | 1 | 5 | | |
| | Part 4. Conversations | 1 | 5 | | |
| Reading & Vocabulary (총 20문항) | Part 1. Application or Registration Form | 1 | 5 | 100 | 25분 |
| | Part 2. Public announcement | 1 | 5 | | |
| | Part 3. Factual Account | 1 | 5 | | |
| | Part 4. Biographical Narrative | 1 | 5 | | |
| Total | | | 60 | 300 | 약 60분 |

\* 시험 시간을 특정 영역에 제한을 두지는 않으므로, 주어진 시간 내에 다른 영역의 문제풀이 가능
\* 각 영역 100점 만점으로 총 300점이며, 세 개 영역의 평균 값으로 성적 산출

## 🌐 출제 분야

• 문법 (Grammar)

이 등급에 해당되는 수험자는 다음과 같은 기본적인 문법구조와 아울러 어느 정도의 복잡한 문장구조를 이해하는 사람입니다.

- 현재 진행형: 현재 시점에서 어떤 동작이나 진행되고 있는 상황을 표현하는 구문
- 단순시제: 단순 현재, 과거, 미래 시제를 이용한 구문
- there be동사: there is/are, was/were를 이용한 구문
- Wh Questions: who, when, where, what, which, why, how를 포함한 의문문

• **청취 (Listening)**

이 단계에서의 응시자들은 영어를 모국어로 사용하는 사람과 기초적인 대화에서의 문자적 의미뿐만 아니라, 함축적 의미에 대해 이해합니다. 말하는 속도는 느리고, 학교 안, 밖에서 영어와의 접촉이 제한되어 있던 사람들에게 적합하며 다음과 같은 내용을 다루고 있습니다.

- 청자에게 묻는 한 개의 질문에 대한 이해
- 친숙한 상황에서의 간단한 물건 거래와 관련된 내용에 대한 이해
- 간단한 과제들을 수행하는 방법이 중심이 된 지시 내용에 대한 이해

• **독해와 어휘 (Reading & Vocabulary)**

독해와 어휘(Reading & Vocabulary)이 등급에 해당하는 사람은 영어 읽기 수준이 낮은 사람을 위해 쉬운 어휘로 구성된 아래와 같은 글을 읽고 이해할 수 있습니다.

- 과거 역사 속의 사건이나 현시대의 이야기
- 업무처리(business)에 기초한 간단한 지시내용과 시험지에 공백으로 처리된 내용을 이해하기
- 활동(activity)의 시간과 날짜들과 관련하여 기술된 최소한 내용에 대한 이해
- 잘 알려진 최근의 인물이나 잘 알려진 역사적인 인물들에 대한 기초적인 사실, 간단한 설명에 대한 이해
- 공공의 표지판 내용에 대한 이해

## 점수 비율

| Section | 점수 비율 | Mastery 기준 |
|---|---|---|
| 문법 | 100점 만점 | • **Mastery**: 세 가지 영역(문법, 청취, 독해 및 어휘) 모두 75% 이상 획득한 경우 |
| 청취 | 100점 만점 | • **Near Mastery**: 세 가지 영역(문법, 청취, 독해 및 어휘) 중 두개 영역에서 75% 이상 획득한 경우 |
| 독해 및 어휘 | 100점 만점 | |
| 총점 | 총 300점 만점 | • **No Mastery**: 세가지 영역(문법, 청취, 독해 및 어휘) 중 두개 이상의 영역에서 75% 미만을 획득한 경우 |
| 평균 | 100점<br>(성적표상 You have answered 100% of all the question in the test correctly 부분) | ** 국내에서는 대개 Level 2시험의 특정 평균 점수 이상을 획득하면 영어 대체 시험 합격점으로 인정 |

## 🌐 성적표

G-TELP의 개인성적표는 그 등급의 Mastery (합격) 여부를 표시하는 Overall Proficiency (전체 등급 능숙도)와 Skill area Score (문법, 청취, 독해 및 어휘 점수) 그리고 Task/Structure Score (각 기능의 세분화된 부분의 점수 및 문제 형태)에 대한 정보를 알려줍니다.

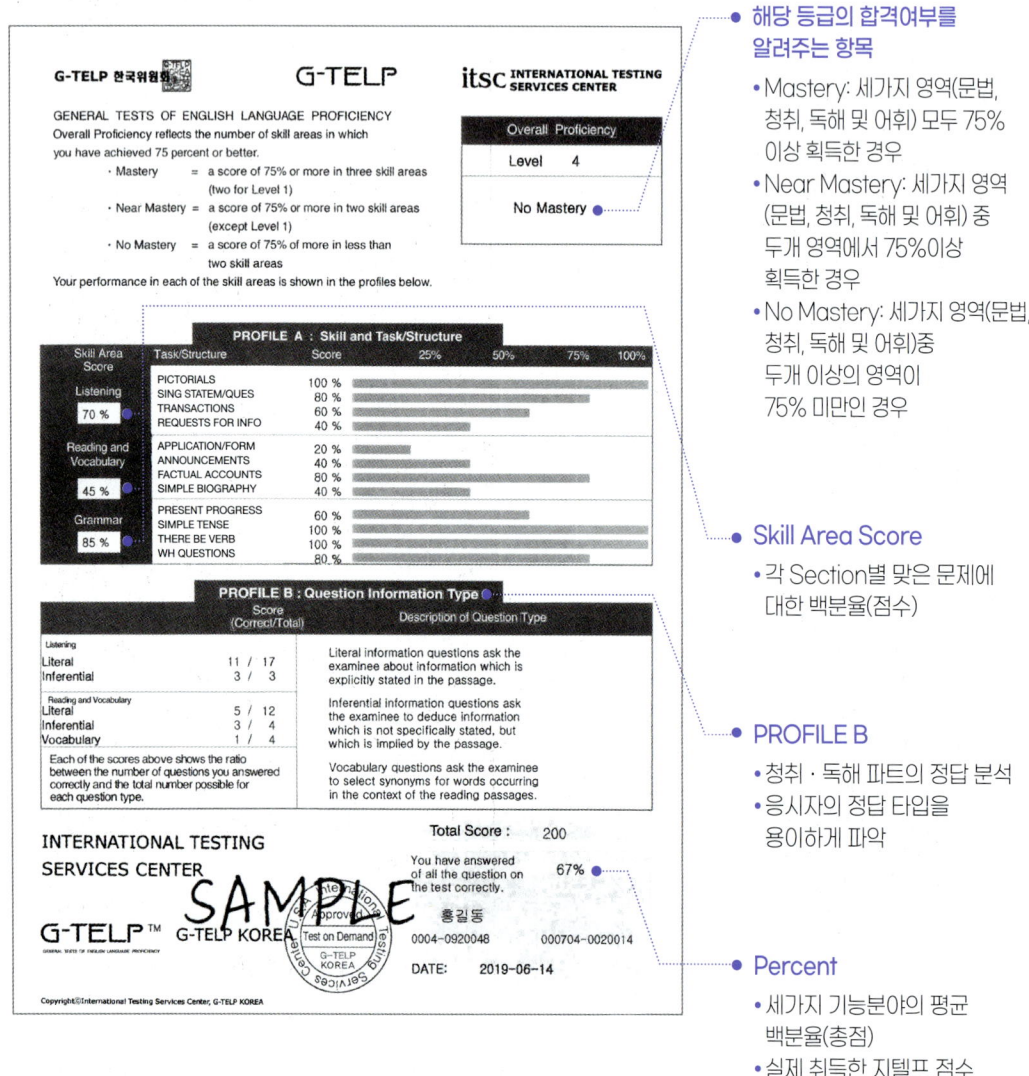

- **해당 등급의 합격여부를 알려주는 항목**
  - Mastery: 세가지 영역(문법, 청취, 독해 및 어휘) 모두 75% 이상 획득한 경우
  - Near Mastery: 세가지 영역 (문법, 청취, 독해 및 어휘) 중 두개 영역에서 75%이상 획득한 경우
  - No Mastery: 세가지 영역(문법, 청취, 독해 및 어휘)중 두개 이상의 영역이 75% 미만인 경우

- **Skill Area Score**
  - 각 Section별 맞은 문제에 대한 백분율(점수)

- **PROFILE B**
  - 청취·독해 파트의 정답 분석
  - 응시자의 정답 타입을 용이하게 파악

- **Percent**
  - 세가지 기능분야의 평균 백분율(총점)
  - 실제 취득한 지텔프 점수

## 🌐 성적발표

- 시험일로부터 5일 후 G-TELP KOREA 공식 홈페이지 (www.g-telp.co.kr)에서 성적 확인이 가능합니다.
- 원본 성적표는 온라인 성적표를 바로 인쇄하거나 시험일로부터 2주 이내에 기재하신 주소로 우편 발송됩니다.

## 🌐 성적 유효 기간

시험일로부터 2년간 유효

# 교재 구성 및 특징

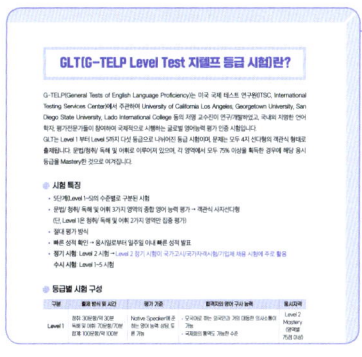

### 1) 지텔프 개요

지텔프 소개, 시험 소개, 성적 및 활용 현황 등을 간결하게 정리하여 수험자가 지텔프 시험에 대한 이해를 통해 체계적인 시험 대비를 할 수 있도록 구성하였습니다.

### 2) 학습 플랜 & 학습 체크 (부록)

학습 진도를 참고하여 자신에게 가장 알맞은 학습 기간을 선택하고, 최적화된 학습을 계획할 수 있도록 구성하였습니다. 계획한 학습 내용을 토대로 스스로의 학습상태를 확인하고 점검할 수 있습니다.

### 3) 출제 경향

해당 파트마다 출제 경향을 간략하게 소개하여 출제 유형을 한 눈에 이해할 수 있도록 깔끔하게 정리하였습니다.

### 4) 파트별 유형 연습 & 질문 공략

파트별로 유형을 파악하며 다양한 독해 스킬을 학습할 수 있습니다. 키워드 파악하기, 정답으로 자주 등장하는 표현, 정답의 근거 찾기, 패러프레이징 그리고 어휘학습까지 독해에 필요한 효과적인 스킬을 익히고 꼼꼼하게 학습할 수 있도록 구성하였습니다.

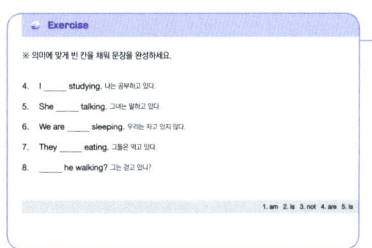

### 5) 연습 문제

본문 중간 중간에 연습문제를 수록하여 본문에서 학습한 내용을 점검할 수 있도록 구성하였습니다.

11

### 6) Practice Test (확인 문제)

해당 part에서 배운 내용을 적용하며, 실제 시험과 비슷한 난이도의 문제들을 풀면서 학습을 점검할 수 있도록 하였습니다. 또한 실전과 가장 유사한 문제 형식으로 구성하여 실전 감각을 익힐 수 있습니다.

### 7) 실전 모의고사 2회 (부록)

G-TELP LEVEL 4 실전 모의고사 2회분을 수록하여 최신 출제 경향에 맞춘 실전 문제를 풀이해보고, OMR카드를 통해 실제 시험과 똑같이 문제를 풀어보며 자신의 실력을 확인할 수 있습니다.

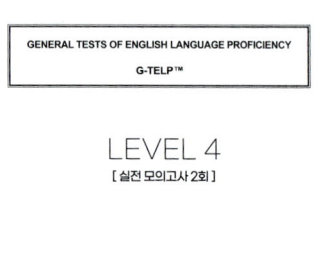

### 8) 점수 기록표 (부록)

스스로 문제를 풀어보면서 각 유형별로 점수를 기록할 수 있는 표를 제공합니다. 취약한 영역을 파악하고, 이를 보완할 수 있는 학습 계획을 수립할 수 있습니다.

### 9) 정답 및 해설 (별책)

연습문제, 실전문제, 모의고사에 대한 정답과 해석, 그리고 해설을 제공합니다. 문제를 풀어 본 후에 문제 유형과 단서를 통해 자신의 강점과 취약점을 분석하여 학습할 수 있으며, 해설에 제시된 풀이 방식과 자신의 풀이 방식의 차이점을 분석하며 문제 풀이 능력을 향상시킬 수 있습니다.

### 10) G-TELP Level Test 학습 맵 (부록)

Level 4에서 그치지 않고 지텔프의 더욱 다양한 등급에 도전할 수 있도록 학습 맵을 구성하였습니다. 더 높은 등급에 도전하며 영어 실력을 쌓아보세요.

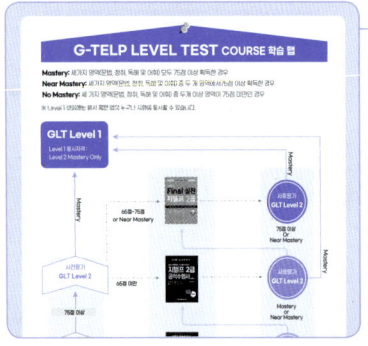

# 학습 플랜 & 학습 체크

## 🌐 학습 플랜

- 다음의 학습 플랜을 참고하여 매일 G-TELP를 학습합니다.
- 학습을 완료하면 해당 란에 자신만의 방법으로 학습 완료를 표시하세요. (ex. 동그라미 표시)
- 2주, 3주, 4주 중 자신에게 가장 적합한 학습 기간을 선택하고, 자신만의 학습 플랜을 만들어보세요.
- 교재를 끝까지 공부하면 2회독, 3회독을 통해 꼼꼼하게 복습하면 영어 실력을 더욱 향상시킬 수 있습니다.

### ▶ 2주 완성 학습플랜

|        | 1일 | 2일 | 3일 | 4일 | 5일 | 6일 | 7일 |
|--------|----|----|----|----|----|----|----|
| Week 1 | Grammar Part 1 | Grammar Part 2 | Grammar Part 3 | Grammar Part 4 | Listening Numbers | Listening Part 1 | Listening Part 2 |
|        | __월 __일 | __월 __일 | __월 __일 | __월 __일 | __월 __일 | __월 __일 | __월 __일 |
|        | 8일 | 9일 | 10일 | 11일 | 12일 | 13일 | 14일 |
| Week 2 | Listening Part 3&4 | Reading Part 1 | Reading Part 2 | Reading Part 3 | Reading Part 4 | Actual Test 1회 | Actual Test 2회 |
|        | __월 __일 | __월 __일 | __월 __일 | __월 __일 | __월 __일 | __월 __일 | __월 __일 |

### ▶ 3주 완성 학습플랜

|        | 1일 | 2일 | 3일 | 4일 | 5일 | 6일 | 7일 |
|--------|----|----|----|----|----|----|----|
| Week 1 | Grammar Part 1 | Grammar Part 2 | Grammar Part 3 | Grammar Part 4 | Grammar 복습 | Listening Numbers | Listening Part 1 |
|        | __월 __일 | __월 __일 | __월 __일 | __월 __일 | __월 __일 | __월 __일 | __월 __일 |
|        | 8일 | 9일 | 10일 | 11일 | 12일 | 13일 | 14일 |
| Week 2 | Listening Part 2 | Listening Part 3&4 | Listening 복습 | Reading Part 1 | Reading Part 2 | Reading Part 3 | Reading Part 4 |
|        | __월 __일 | __월 __일 | __월 __일 | __월 __일 | __월 __일 | __월 __일 | __월 __일 |
|        | 15일 | 16일 | 17일 | 18일 | 19일 | 20일 | 21일 |
| Week 3 | Reading 복습 | Actual Test 1회 | Actual Test 2회 | Actual Test 복습 | Grammar 최종점검 | Listening 최종점검 | Reading 최종점검 |
|        | __월 __일 | __월 __일 | __월 __일 | __월 __일 | __월 __일 | __월 __일 | __월 __일 |

## ▶ 4주 완성 학습플랜

| | 1일 | 2일 | 3일 | 4일 | 5일 | 6일 | 7일 |
|---|---|---|---|---|---|---|---|
| **Week 1** | Grammar Part 1 (Strategy 1, 2, 3) | Grammar Part 1 복습 & Practice Test 풀이 | Grammar Part 2 (Strategy 1) | Grammar Part 2 복습 & Practice Test 풀이 | Grammar Part 3 (Strategy 1, 2) | Grammar Part 3 복습 & Practice Test 풀기 | Grammar Part 4 (Strategy 1) |
| | __월 __일 | __월 __일 | __월 __일 | __월 __일 | __월 __일 | __월 __일 | __월 __일 |
| | 8일 | 9일 | 10일 | 11일 | 12일 | 13일 | 14일 |
| **Week 2** | Grammar Part 4 복습 & Practice Test 풀기 | Listening Numbers (Strategy 1, 2, 3) | Listening Numbers 복습 | Listening Part 1 (Strategy 1, 2) | Listening Part 1 복습 & Practice Test 풀기 | Listening Part 2 (Strategy 1, 2, 3) | Listening Part 2 복습 & Practice Test 풀기 |
| | __월 __일 | __월 __일 | __월 __일 | __월 __일 | __월 __일 | __월 __일 | __월 __일 |
| | 15일 | 16일 | 17일 | 18일 | 19일 | 20일 | 21일 |
| **Week 3** | Listening Part 3&4 (Strategy 1, 2) | Listening Part 3&4 복습 & Practice Test 풀기 | Reading Part 1 (Strategy 1, 2) | Reading Part 1 복습 & Practice Test 풀기 | Reading Part 2 (Strategy 1, 2) | Reading Part 2 복습 & Practice Test 풀기 | Reading Part 3 (Strategy 1) |
| | __월 __일 | __월 __일 | __월 __일 | __월 __일 | __월 __일 | __월 __일 | __월 __일 |
| | 22일 | 23일 | 24일 | 25일 | 26일 | 27일 | 28일 |
| **Week 4** | Reading Part 3 복습 & Practice Test 풀기 | Reading Part 4 (Strategy 1) | Reading Part 4 복습 & Practice Test 풀기 | Actual Test 1회 | Actual Test 1회 복습 | Actual Test 2회 | Actual Test 2회 복습 |
| | __월 __일 | __월 __일 | __월 __일 | __월 __일 | __월 __일 | __월 __일 | __월 __일 |

# 점수 기록표

각 영역별 Practice Test를 풀고 맞은 개수를 기록해서 G-TELP 4등급의 대략적인 점수를 환산할 수 있습니다.
점수를 체크해서 취약한 영역을 파악하고, 취약 부분을 보완하도록 합시다.

| Practice Test | | Part 1 | Part 2 | Part 3 | Part 4 |
|---|---|---|---|---|---|
| Grammar (20문항) | | ___개 / 20개 | ___개 / 20개 | ___개 / 20개 | ___개 / 20개 |
| Listening (20문항) | 1 | ___개 / 5개 | ___개 / 5개 | ___개 / 5개 | ___개 / 5개 |
| | 2 | ___개 / 5개 | ___개 / 5개 | ___개 / 5개 | ___개 / 5개 |
| | 3 | ___개 / 5개 | ___개 / 5개 | ___개 / 5개 | ___개 / 5개 |
| | 4 | ___개 / 5개 | ___개 / 5개 | ___개 / 5개 | ___개 / 5개 |
| Reading (20문항) | 1 | ___개 / 5개 | ___개 / 5개 | ___개 / 5개 | ___개 / 5개 |
| | 2 | ___개 / 5개 | ___개 / 5개 | ___개 / 5개 | ___개 / 5개 |
| | 3 | ___개 / 5개 | ___개 / 5개 | ___개 / 5개 | ___개 / 5개 |
| | 4 | ___개 / 5개 | ___개 / 5개 | ___개 / 5개 | ___개 / 5개 |
| 총 정답 수 (60문항) | | ___개 / 60개 | ___개 / 60개 | ___개 / 60개 | ___개 / 60개 |
| 총 점수 = 정답 수 X 1.25 | | ____점 | ____점 | ____점 | ____점 |

# Section 01

본 Grammar Section은 학습 편의를 위해 G-TELP Level 4의 문법 출제 유형을 분석하여 크게 4개의 Part로 분류하였습니다. 해당 영역에서는 Level 4에서 다루는 문법만을 수록하여 효과적인 시험 대비가 가능하도록 구성하였습니다.

실전문제를 통해 Part별로 완성하는
**지텔프 4급**

# Grammar

PART 01　**단순시제**
　　　　　(단순 현재시제 / 단순 과거시제 / 단순 미래시제)

PART 02　**현재진행형**

PART 03　**There be 동사**

PART 04　**WH 의문문**

# PART 01 Simple Tense 단순시제

지텔프 4급 문법 영역에서는 4가지 유형의 문법을 다루는데, 이중 하나는 단순 시제입니다. 동사가 나타내는 동작이나 상태의 시간 변화를 표현한 것을 시제라고 하며, 영어에는 단순시제, 진행시제 그리고 한국어에는 존재하지 않는 완료시제와 완료 진행시제가 있습니다. 단순 시제는 시간의 흐름에 따라 과거, 현재, 미래로 나뉘며, 단순 시제가 시험에서 어떻게 출제되는지 알아보도록 합시다.

# # STRATEGY

### ▶ Simple Present Tense (단순 현재시제)

#### ① 개념

단순 현재시제는 변하지 않는 사실, 현재의 사실, 동작, 상태, 일반적인 사실, 자연 현상 등을 표현할 때 사용합니다. 다시 말해서, 단순 현재시제는 지금 어떠한 일을 하고 있다는 짧은 순간을 묘사하기보다는 습관적으로 일어나는 일, 반복적인 동작을 표현합니다.

| | |
|---|---|
| 현재의 사실, 상태 | Rose is a good friend of mine.<br>로즈는 나의 좋은 친구이다. |
| 습관적인 일, 반복적인 동작 | I get up at 7 o'clock every day.<br>나는 매일 7시에 일어난다. |
| 변하지 않는 진리, 일반적 사실, 상식 | The moon orbits the Earth.<br>달은 지구 주위를 돈다. |
| 설명, 길(방향)을 알려줄 때 | Take the No.303 Bus to Jamsil.<br>잠실로 가는 303번 버스를 타세요. |
| 미리 합의된 약속 | My hair appointment is at 6:30 p.m.<br>6시 30분에 미용실 예약이 있어요. |
| 자연 현상, 격언 | A journey of a thousand miles begins with a single step.<br>천리길도 한걸음부터 |

## ② 형태

일반적으로 동사의 현재형은 동사원형과 같지만, 주어가 3인칭 단수일 때는 동사 뒤에 s(-es)를 써서 동사의 형태를 바꾸어야 합니다. 불규칙한 동사 변화도 있으므로 자주 쓰이는 불규칙 동사는 알아 두어야 합니다.

### 💬 일반동사

| 대부분의 동사 | -s | play**s**, walk**s**, run**s**, jump**s**… |
|---|---|---|
| s, ss, x, sh, ch, o로 끝나는 동사 | -es | go**es**, brush**es**, teach**es**… |
| 자음 + y로 끝나는 동사 | -ies | stud**ies**, tr**ies**, worr**ies**… |

### 💬 Be 동사

주어의 인칭에 따라 be 동사의 형태가 변하기 때문에 인칭에 따라 be 동사가 어떻게 다른지 알아봅시다.

| 인칭 | 현재형 변화 | 예문 |
|---|---|---|
| 1인칭 단수<br>I | am | - **I am** walking<br>- **I am** not walking.<br>- **Am I** walking?<br>- **Am I** not walking? |
| 1인칭 복수<br>We | are | - **We are** walking.<br>- **We are** not walking.<br>- **Are we** walking?<br>- **Aren't we** walking? |
| 2인칭 단수/복수<br>You | are | - **You are** walking.<br>- **You are** not walking.<br>- **Are you** walking?<br>- **Aren't you** walking? |
| 3인칭 단수<br>He / She / It | is | - **She is** walking<br>- **He is** not walking.<br>- **Is she** walking?<br>- **Isn't he** walking? |
| 3인칭 복수<br>They | are | - **They are** walking.<br>- **They are** not walking.<br>- **Are they** walking?<br>- **Aren't they** walking? |

## ③ 빈도 부사

현재시제는 습관적인 일이나 반복적인 동작을 표현하므로 빈도를 나타내는 부사들과 잘 쓰이는 경향이 있습니다. 빈도 부사의 종류와 문장에서 빈도 부사가 쓰이는 위치를 알아봅시다.

### 💬 빈도 부사의 종류

| | |
|---|---|
| 빈도부사 | always (항상) |
| | usually, generally, normally (대개로, 주로) |
| | often, frequently (종종) |
| | sometimes (때때로) |
| | occasionally (가끔) |
| | rarely, seldom, hardly ever 좀처럼[거의] …않는 |
| | naver (결코 안한다, 절대 안한다) |
| | every time (매번) |

### 💬 빈도 부사의 위치

| | |
|---|---|
| be 동사 뒤<br>[주어 + be 동사 + **빈도부사**] | Dogs are **always** cute.<br>강아지들은 언제나 귀엽다. |
| 조동사 뒤<br>[주어 + 조동사 + **빈도부사** + 동사원형] | I will **never** steal from others.<br>나는 절대 다른 사람들의 것을 훔치지 않을 것이다. |
| 일반동사 앞<br>[주어 + **빈도부사** + 일반동사] | I **usually** eat dinner with my family.<br>나는 대게 가족과 함께 저녁을 먹는다. |

1. I **always** get up at 8 o'clock. 나는 항상 8시에 일어난다.

2. People **generally** take care of others. 사람들은 일반적으로 다른 사람들을 신경 쓴다.

3. I **sometimes** play tennis on weekend. 나는 주말에 가끔 테니스를 친다.

### Exercise

※ 의미에 맞게 빈 칸을 채워 문장을 완성하세요.

1. I _____ studying. 나는 공부하고 있다.

2. She _____ talking. 그녀는 말하고 있다.

3. We are _____ sleeping. 우리는 자고 있지 않다.

4. They _____ eating. 그들은 먹고 있다.

5. _____ he walking? 그는 걷고 있니?

1. am  2. is  3. not  4. are  5. is

# # STRATEGY ②

> **Simple Past Tense (단순 과거시제)**

### ① 개념

단순 과거시제는 과거시점에서 일어났던 사건, 동작, 상태를 나타낼 때 사용됩니다.
과거 시점을 표현하는 부사(yesterday, last night, last day, a long time age 등)가 문장에 있으면 과거시제를 사용해야 합니다.

### ② 형태

보통 동사의 과거형은 동사원형 + (e)d이며, 그 외의 불규칙 동사는 암기가 필요합니다.

#### 💬 일반동사

| 일반동사 | + ed | ex **stay**ed, **watch**ed, **play**ed |
|---|---|---|
| 단모음 + 단자음 | 단자음 추가 + ed | ex **stopp**ed, **plann**ed |
| [자음 + y]로 끝나는 동사 | y 대신 + ied | ex **tri**ed, **cri**ed |
| [자음 + e]로 끝나는 동사 | + d | ex **love**d, **like**d |

#### 📖 Example Sentences

I **went** to Busan two times last year. 나는 작년에 부산에 두 번 갔었다.

I **dropped** my wallet. 나는 내 지갑을 떨어뜨렸다.

She **arrived** at Incheon airport at 9 o'clock this morning.
그녀는 오늘 아침 9시에 인천 공항에 도착했어요.

**Did** you go out last night? 어젯밤에 외출 했니?

I **didn't** play. 나는 놀지 않았다.

■ 인칭에 따른 be 동사 과거형을 알아 두고, 적절하게 사용해야 합니다.

| 인칭/조동사 | 과거형 변화 | 예문 |
| --- | --- | --- |
| 1인칭 단수<br>I | was | - I was busy.<br>- I was not busy.<br>- Was I busy?<br>- Wasn't I busy? |
| 1인칭 복수<br>We | were | - We were busy.<br>- We were not busy.<br>- Were we busy?<br>- Weren't we busy? |
| 2인칭 단수/복수<br>You | were | - You were walking.<br>- You were not walking.<br>- Were you walking?<br>- Weren't you walking? |
| 3인칭 단수<br>He / She / It | was | - She was walking<br>- He was not walking.<br>- Was she walking?<br>- Wasn't he walking? |
| 3인칭 복수<br>They | were | - They were walking.<br>- They were not walking.<br>- Were they walking?<br>- Weren't they walking? |
| do | did | - I did come here,<br>- I did not come here.<br>- Did I come here?<br>- Didn't I come here? |

## Exercise

※ 의미에 맞게 빈 칸을 채워 문장을 완성하세요.

1. I _____ with him. 나는 그와 함께 있었다.
2. She _____ here. 그녀는 여기 있었다.
3. He _____ not there. 그는 그곳에 없었다.
4. _____ we here? 우리가 여기 있었니?
5. I did _____ buy them. 내가 안샀어.

1. was  2. was  3. was  4. Were  5. not

Part 01 Simple Tense

# # STRATEGY 3

## Simple Future Tense (단순 미래시제)

### ① 개념

단순 미래시제는 현재를 기준으로 앞으로 일어날 일에 대한 추측, 계획, 의지 등을 말할 때 사용됩니다.
미래 시점을 표현하는 부사(tomorrow, next time, next week, next year 등)가 문장에 있으면 미래시제를 사용해야 합니다.

### ② 형태

미래 시제는 will과 be going to 두 가지를 사용하여 나타냅니다.

| will<br>+<br>동사원형 | – 의사/의지를 표현할 때<br>  막연한 계획<br>– 시간적 여유가 있는 미래의 일<br>  즉석에서 결정할 때 | - We **will** arrive at City Hall Station in 15 minutes.<br>- I **will not** be there.<br>- **Will** he be there?<br>- **Will** you help me? |
|---|---|---|
| be 동사<br>현재형<br>(am, are, is)<br>+<br>going to<br>+<br>동사원형 | – 가까운 시일에 예정된 계획<br>– 사전에 결정된 일 | - I'**m going to** visit my parents' tomorrow.<br>- We **are not going** to the school tomorrow.<br>- He **is going to** stop by the convenience store on his way there.<br>- **Are** you **going to** the theater tonight? |

### 🔄 Exercise

※ 의미에 맞게 빈 칸을 채워 문장을 완성하세요.

1. I _____ do that. 그거 내가 할게.

2. I _____ going to go to bed late tonight. 나 오늘 밤늦게 잘거야.

3. I _____ ask her when I see her. 그녀를 만나면 내가 물어볼게.

4. He _____ going to meet her this weekend. 그는 이번 주말에 그녀를 만날 것이다.

5. _____ you open the door? 문 좀 열어 줄래?

1. will  2. am  3. will  4. is  5. Will

## Practice Test

정답과 해설 202P

1. Jack didn't study with us yesterday. He _____ a movie instead.
   (a) is watching
   (b) watches
   (c) will watch
   (d) watched

2. Sandra had a terrible cold this week. She _____ it from her sister.
   (a) caught
   (b) is catching
   (c) will catch
   (d) catches

3. Danny's science project looks great. He _____ it last night.
   (a) finish
   (b) will finish
   (c) is finishing
   (d) finished

4. My parents are tired today. They _____ very busy yesterday.
   (a) are
   (b) were
   (c) was
   (d) is

5. I heard that last night's party was really fun. _____ many people there?
   (a) Was
   (b) Are
   (c) Is
   (d) Were

6. Can you please bring me another pen? I _____ mine earlier today.
   (a) am losing
   (b) lose
   (c) will lose
   (d) lost

7. I'm glad I made a high score on my test. I _____ hard for it.
   (a) am studying
   (b) will study
   (c) study
   (d) studied

8. Our city has too many cars. Next year we _____ more highways.
   (a) will build
   (b) built
   (c) were building
   (d) builds

Part 01  Simple Tense  25

9. Susan likes to play baseball. She _____ in a game tomorrow.

   (a) was playing
   (b) played
   (c) will play
   (d) plays

10. I can't do this math problem. John _____ me how to do it soon.

    (a) shows
    (b) will show
    (c) was showing
    (d) showed

11. There's a basketball game later tonight. I _____ it at my friend's house.

    (a) watches
    (b) was watching
    (c) will watch
    (d) watch

12. The teacher gives a test every Thursday. She _____ a test next Thursday, too.

    (a) was giving
    (b) give
    (c) gave
    (d) will give

13. I am enjoying my vacation. Sadly, I _____ to work next week.

    (a) returns
    (b) returned
    (c) was returning
    (d) will return

14. Charles needs a new bus pass. He _____ the bus to a job interview tomorrow.

    (a) will ride
    (b) was riding
    (c) ride
    (d) rode

15. Can you go to the store? We _____ more milk.

    (a) need
    (b) needs
    (c) needing
    (d) needed

16. Look at that house over there. It _____ so pretty.

    (a) am
    (b) is
    (c) are
    (d) will be

17. I don't sing very well. My sisters _____ much better at singing.

(a) are
(b) will be
(c) is
(d) were

18. I used to take trips on Friday nights. Nowadays, I always _____ on Sundays.

(a) am traveling
(b) will travel
(c) traveled
(d) travel

19. Do you enjoy eating vegetables? I _____ broccoli and carrots the best.

(a) was liking
(b) will like
(c) like
(d) am liking

20. Tennis is a lot of fun. _____ you like playing tennis?

(a) Done
(b) Does
(c) Do
(d) Doing

# PART 02 Present Progressive 현재진행형

지텔프 4급 문법 영역에서는 다루는 4가지 문법 유형 중 하나는 현재 진행형입니다. 현재진행형은 진행시제 중 하나로 현재 움직임이 계속되고 있음을 나타내는 동사 시제의 형태입니다. 현재진행형의 형태를 학습하고, 시험에서 어떻게 출제되는지 알아보도록 합시다.

# # STRATEGY

▶ **Present Progressive (현재 진행)**

① 개념

현재진행형은 '~하고 있다, ~하고 있는 중이다'의 의미로, 현재 시점에서 ①어떤 동작이 진행되고 있는 상황을 나타내거나 ②미래 대용으로 쓰입니다.

② 형태

> be 동사 현재형(am, are, is) + 동사원형 + ~ing

(1) 평서문

> 주어 + am, are, is + 동사원형 + ~ing

\* 주어의 인칭에 따라 be 동사가 변형되므로 주어에 따른 be 동사를 꼭 알아 둡시다.

| 인칭 | | 현재형 변화 |
| --- | --- | --- |
| 1인칭 단수 | I | am |
| 1인칭 복수 | we | are |
| 2인칭 단수/복수 | you | are |
| 3인칭 단수 | he, she, it<br>고유명사 | is |
| 3인칭 복수 | they | are |

## (2) 의문문

**am, are, is + 주어 + 동사원형 + ~ing**

→ 주어와 be 동사의 위치가 바뀌게 됩니다.

## (3) 부정문

**주어 + am, are, is + not + 동사원형 + ~ing**

→ be 동사 뒤에 not을 적습니다.

## (4) 예시

| 평서문 | 부정문 | 의문문 |
| --- | --- | --- |
| It **is raining** now.<br>지금 비가 오는 중이다. | It **is not raining** now.<br>지금 비가 오지 않고 있다. | **Is** it **not raining** now?<br>지금 비가 오고 있지 않나요? |
| She **is cleaning** her room.<br>그녀는 방을 치우고 있는 중이다. | She **is not cleaning** her room.<br>그녀는 방을 치우지 않고 있다. | **Is** she **not cleaning** her room?<br>그녀는 방을 치우고 있지 않나요? |
| Tom **is sleeping**.<br>Tom은 자고 있는 중이다. | Tom **is not sleeping**.<br>Tom은 자고 있지 않다. | **Is** he **sleeping**?<br>그는 자고 있는 중인가요? |
| I **am meeting** my friend in the café.<br>나는 카페에서 친구를 만나고 있는 중이다. | I **am not meeting** my friend in the café.<br>나는 카페에서 친구를 만나고 있지 않다. | **Are** you **meeting** my friend in the café?<br>카페에서 친구를 만나고 있는 중인가요? |

MEMO

## Exercise

※ 괄호 안의 단어를 적절하게 변형시켜 빈칸을 채워 보세요.

1. He ____ _____ the client now. 그는 지금 고객을 만나고 있는 중이다. (be동사, meet)
2. She ____ _____ with her friends. 그녀는 친구들과 놀고 있는 중이다. (be동사, play)
3. They ____ _____ Lily's place tonight. 그들은 오늘밤 Lily의 집에 갈 것이다. (be동사, visit)
4. ____ they running? 그들은 달리고 있니? (be동사)
5. It ____ ____ _____ heavily now. 지금 눈이 많이 내리지 않고 있다. (not, be동사, snow)
6. The water ____ _____. 물이 끓고 있다. (be동사, boil)
7. ____ he writing books? 그는 지금 책을 쓰고 있나요? (be동사)
8. I ____ _____ for my parents. 나는 우리 부모님을 위해서 기도해. (be동사, pray)
9. The cat ____ _____ a dog. 고양이는 개를 보고 있다. (be동사, watch)
10. My only wish ____ _____ to my hometown. 나의 유일한 소원은 고향으로 돌아가는 것이다. (be동사, return)

| | | | | |
|---|---|---|---|---|
| 1. is meeting | 2. is playing | 3. are visiting | 4. Are | 5. is not snowing |
| 6. is boiling | 7. Is | 8. am praying | 9. is watching | 10. is returning |

## Practice Test

1. Sharon usually teaches science. However, she _____ it this year.
   (a) is not teaching
   (b) are not teaching
   (c) have not taught
   (d) do not teach

2. Tom is busy right now. He _____ his car.
   (a) washed
   (b) is washing
   (c) has washed
   (d) washes

3. Henry is standing on the corner. He _____ for his friend.
   (a) is waiting
   (b) waits
   (c) waited
   (d) has waited

4. Jack works for a trading company. He _____ a special training course now.
   (a) took
   (b) takes
   (c) is taking
   (d) had taken

5. Please tell Helen I can't come to the phone right now. I _____ dinner.
   (a) am cooking
   (b) cooked
   (c) cook
   (d) was cooking

6. We can't dine in because the restaurant doesn't have free tables now. We _____ takeout instead.
   (a) were ordering
   (b) order
   (c) are ordering
   (d) had ordered

7. Why isn't Dennis ready yet? Tell him to hurry up, or we _____ without him.
   (a) are leaving
   (b) have left
   (c) were leaving
   (d) left

8. Mr. Burns asked us to write a book report. Now, I _____ the assigned book.
   (a) would read
   (b) was reading
   (c) had read
   (d) am reading

9. Mother needs flour to bake a cake. She _____ some now at the supermarket.

   (a) bought
   (b) had bought
   (c) is buying
   (d) buys

10. Don't make too much noise. Your baby sister _____, and you might wake her up.

    (a) is sleeping
    (b) sleeps
    (c) slept
    (d) will sleep

11. The students in the classroom are silent. The exam questions they _____ must be hard.

    (a) will answer
    (b) answered
    (c) answer
    (d) are answering

12. It is now noon, and the employees _____ lunch at the cafeteria.

    (a) have
    (b) were having
    (c) had
    (d) are having

13. Paul is enjoying his walk. The sun _____, and the air is cool.

    (a) will shine
    (b) is shining
    (c) shone
    (d) has shone

14. Allyson cannot sleep. Children _____ outside, and she can hear them through her bedroom window.

    (a) are playing
    (b) play
    (c) will play
    (d) played

15. My dog doesn't know Mr. Parker. It _____ at him right now.

    (a) barks
    (b) has barked
    (c) is barking
    (d) barked

16. Matthew has a headache. Now, he _____ the doctor at the school clinic.

    (a) saw
    (b) had seen
    (c) is seeing
    (d) sees

17. The Smiths will eat out. Right now, they _____ between Amber Restaurant and Luigi's Pizza.

   (a) choose
   (b) are choosing
   (c) chose
   (d) has chosen

18. Erica is excited. She _____ to the airport now to pick up her parents.

   (a) is driving
   (b) drives
   (c) had driven
   (d) drove

19. The night is cold, but I feel warm. I _____ a jacket.

   (a) will wear
   (b) wear
   (c) was wearing
   (d) am wearing

20. Paul is fall asleep. His alarm clock _____, but he cannot hear it.

   (a) rings
   (b) will ring
   (c) is ringing
   (d) rang

# PART 03 There be verb
## There be 동사

지텔프 4급 문법 영역에서는 다루는 4가지 문법 유형 중 하나는 "There be 동사" 구문입니다. There be 구문은 '~에 있다'라는 뜻으로 사람이나 사물의 위치와 수를 표현할 때 사용합니다. There be 구문에서는 수 일치와 적절한 시제 사용이 중요하기 때문에 문장 내 주어와 시제를 정확히 파악하는 것이 중요합니다. "There be 동사" 구문에 대해 학습하고, 시험에서 어떻게 출제되는지 알아보도록 합시다.

### [There be 구문] - 수 일치

주어가 ┌ 단수 명사 -> There is (현재), There was (과거)
       └ 복수 명사 -> There are (현재), There were (과거)

**There is an orange** in the basket. 바구니에 오렌지 한 개가 있다.

**There are three trees** in the park. 공원에 나무 세 그루가 있다.

### ① 현재시제

| 단수 | 긍정: There is + 단수 명사 ~. <br> 해석: ~이 있다 |
|---|---|
|  | 부정: There is not + 단수 명사 <br> 해석: ~이 없다 |

**There is a cat** on the sofa. 소파 위에 고양이가 있다.

**There's (= There is) a glass of milk** on the table. 탁자 위에 우유 한 잔이 있다.

**There is not a pencil** on the desk. 책상 위에 연필 한 자루가 없다.

**There isn't (= There is not) much money** in the wallet. 지갑에 돈이 많지 않다.

> **Tip**
>
> 셀 수 없는 명사는 항상 단수 취급하기 때문에 There is ~로 사용합니다.
>
> **There is some sugar** in the jar. (sugar는 셀 수 없는 명사)
>
> **There isn't any water** in the well. (water은 셀 수 없는 명사)

| 복수 | 긍정: There **are** + 복수 명사 ~. <br> 해석: ~이 있다 |
|---|---|
| | 부정: There **are not** + 복수 명사 <br> 해석: ~이 없다 |

**There are three balls** in the box. 상자 안에 공이 3개 있다.

**There're** (=There are) **twelve months** in a year. 일 년에는 12달이 있다.

**There are not many flowers** in the garden. 정원에는 꽃이 많지 않다.

**There aren't** (=There are not) **any stars** in the sky. 하늘에 별들이 하나도 없다.

> **Tip**
>
> '~이 하나도 없다'의 뜻은 **any**를 포함하여 다음과 같이 표현합니다.
>
> **There isn't any** + 셀 수 없는 명사
>
> **There aren't any** + 셀 수 있는 명사(복수형)

## ② 과거시제

과거 시제는 ┌ 앞 문장에 사용된 **과거 동사** ┐ 으로 판단할 수 있습니다.
　　　　　└ **과거 부사구**(yesterday, ago, last 등) ┘

I **had to** go shopping for food this morning. There **were** no eggs in the refrigerator.
나는 오늘 아침에 음식을 사러 가야 했다. 냉장고 안에는 계란이 없었다.

**Last night**, there **was** a lot of noise outside their house.
지난 밤, 그들의 집 밖에서는 많은 소음이 들렸다.

| 단수 | 긍정: There was + 단수 명사 ~. <br> 해석: ~이 있었다 |
|---|---|
| | 부정: There was not + 단수 명사 <br> 해석: ~이 없었다 |

**There** was **an old lady** sitting on the bench. 한 할머니가 벤치에 앉아 있었다.

**There** was not **any evidence** to support the case. 그 사실을 뒷받침할 증거가 없었다.

**There** wasn't (=There was not) **any money on my desk.** 내 책상 위에는 돈이 하나도 없었다.

| 복수 | 긍정: There were + 복수 명사 ~. <br> 해석: ~이 있었다 |
|---|---|
| | 부정: There were not + 복수 명사 <br> 해석: ~이 없었다 |

**There** were **many cars** in the middle of the road. 도로 가운데에는 많은 차들이 있었다.

**There** were not **several telephones** in the apartment. 아파트에는 전화가 몇 대 없었다.

**There** weren't (=There were not) **many games and toys all over the room.**
방에는 게임과 장난감이 많이 없었다.

## Exercise

※ 빈 칸에 적절한 be 동사를 넣어 문장을 완성하세요.

1. Denise doesn't know what type of doughnut to choose. There _____ too many flavors available.
2. I went to the beach yesterday. There _____ my friend Suzi walking along the beach.
3. There _____ a dog under the tree now.
4. There _____ three apples on the table last night. Now I can see only two.
5. There _____ a lot of sugar in this drink.

1. are  2. was  3. is  4. were  5. is

## Practice Test

1. Do you need some help? _____ an information booth at each entrance to the airport.
   (a) There is
   (b) There are
   (c) There were
   (d) There was

2. I borrowed many of Susan's pencils. _____ only one pencil left now.
   (a) There are
   (b) There were
   (c) There is
   (d) There was

3. Which recipe do you want to use? _____ many ways to bake a cake.
   (a) There were
   (b) There was
   (c) There is
   (d) There are

4. I like buying the latest dictionary. _____ hundreds of new words added every year.
   (a) There are
   (b) There were
   (c) There was
   (d) There is

5. Look out the window! _____ over 50 birds on the fence!
   (a) There were
   (b) There are
   (c) There is
   (d) There was

6. The house is empty. _____ no one living there these days.
   (a) There were
   (b) They are
   (c) There is
   (d) There was

7. I'm excited to unwrap presents on Christmas day. _____ so many gifts under the tree.
   (a) There is
   (b) There are
   (c) There were
   (d) There was

8. I have a lot of brothers and sisters. _____ six children in my family.
   (a) There were
   (b) There are
   (c) There is
   (d) There was

9. My office doesn't have much storage space. _____ only one drawer in my desk.
   (a) There was
   (b) There were
   (c) There are
   (d) There is

10. It's almost time to pay the rent. _____ only one day left before it's due.
    (a) There is
    (b) There was
    (c) There are
    (d) There were

11. Many cars were on the road last night. _____ a huge traffic jam!
    (a) There are
    (b) There was
    (c) There were
    (d) There is

12. North America has been well explored. _____ few unknown areas by the year 1930.
    (a) There was
    (b) There are
    (c) There is
    (d) There were

13. I went to the dentist this morning. _____ a lot of patients with toothaches.
    (a) There is
    (b) There are
    (c) There was
    (d) There were

14. Houses are built on higher ground now. Last century, _____ a terrible flood downtown.
    (a) there was
    (b) there were
    (c) there is
    (d) there are

15. We had a problem with our hotel. When we first arrived, _____ no rooms available.
    (a) there was
    (b) there were
    (c) there are
    (d) there is

16. Lots of wildfires have been burning. Last week alone, _____ three wildfires in our neighborhood.
    (a) there were
    (b) there was
    (c) there are
    (d) there is

17. Chester loves having birthday parties. _____ always piles of gifts for him to open.

    (a) There is
    (b) There are
    (c) There were
    (d) There was

18. My neighbor's dog barked all night. Apparently, _____ someone trying to break into his house.

    (a) there was
    (b) there is
    (c) there are
    (d) there were

19. Mrs. Jacobs was surprised to see that _____ raccoons living in her attic.

    (a) there are
    (b) there is
    (c) there were
    (d) there was

20. It rained while Tom was walking home. _____ nothing he could do but run.

    (a) There are
    (b) There were
    (c) There was
    (d) There is

# PART 04 WH Questions
## WH 의문문

WH 의문문은 의문사 what, who, when, where, why, how로 시작하는 의문문을 지칭하며, 의문의 내용을 답해야 하는 의문문이기 때문에 Yes나 No로 대답하지 않습니다. WH 의문사는 해석으로 구분해야 하기 때문에 문맥의 흐름을 정확히 파악하는 것이 중요합니다. 지텔프 4급 문법 영역에서 WH 의문문은 매번 5문항씩 출제되고 있기 때문에 그 의미와 쓰임을 확실히 알아 두어야 합니다.

### WH 의문사

의문사의 종류
: What, Who (Whom, Whose), When, Where, Why, How, Which

### WH 의문사의 의미

| 의문사 | 내용 | 뜻 |
|---|---|---|
| What | 사물에 대한 질문 | 무엇 |
| Which | 선택에 대한 질문 | 어느 것 |
| who | 인물/사람에 대한 질문 | 누구 |
| | | whom – 누구를(목적격) |
| | | whose – 누구의(소유격) |
| When | 시간에 대한 질문 | 언제 |
| Where | 장소/위치에 대한 질문 | 어디서 |
| How | 일이 일어난 경위에 대한 질문 | 어떻게 |
| Why | 이유에 대한 질문 | 왜 |

## 💬 WH 의문사의 쓰임

### [의문대명사]

의문대명사는 **명사** 역할을 하며, 문장 내 **주어, 목적어, 보어** 역할을 합니다.

| 종류 | 예문 |
|---|---|
| What | **What**'s the date today? 오늘은 며칠인가요? |
| Who | **Who** is that boy on the sofa? 소파에 앉아 있는 저 소년은 누구인가요? |
| Whose<br>Whom | **Whose** books are these? 그 책들은 누구의 것인가요?<br>**Whom** are these books for? |
| Which | **Which** is your pen? 어느 것이 당신의 펜인가요? |

### [의문형용사]

의문형용사는 **의문사 + 명사**로서 형용사 역할을 하며, 문장 내 **명사 앞에서 명사를 수식**하는 역할을 합니다.

| 종류 | 예문 |
|---|---|
| What | **What sports** do you like? 무슨 스포츠를 좋아하나요? |
| Whose | **Whose drink** is this? 이것은 누구의 음료인가요? |
| Which | **Which floor** do you live on? 당신은 어느 층에 사시나요? |

### [의문부사]

의문부사는 **부사** 역할을 하며, **시간(when), 장소(where), 이유(why), 방법(how)**를 묻는 역할을 합니다.

| 종류 | 예문 |
|---|---|
| When | **When** shall we meet? 언제 만날까요? |
| Where | **Where** are you going? 어디로 가시나요? |
| Why | **Why** do you study English so hard? 왜 영어를 그렇게 열심히 공부하니? |
| How | **How** can I go to the post office? 어떻게 우체국에 갈 수 있나요? |

## 정도를 나타내는 How 의문문

### How many ~?
(수의 많고 적음이) 얼마나 ~?

**How many** sisters do you have? 여자 형제가 얼마나 있어요?

**How many** books do you want to read? 당신은 얼마나 많은 책을 읽고 싶나요?

### How much ~?
(양의 많고 적음이, 가격이) 얼마나 ~?

**How much** is it? 얼마인가요?

**How much** sugar are you going to buy? 얼마나 많은 설탕을 살 것인가요?

### How tall ~?
(키가) 얼마나 ~?

**How tall** are you? 당신은 키가 얼마나 되나요?

**How tall** is the tree in the garden? 정원에 있는 나무는 얼마나 크니?

### How old ~?
(나이가) 몇 살 ~?

**How old** are you? 당신은 몇 살인가요?

**How old** were you when you first took a trip? 처음으로 여행했을 때 몇 살이었나요?

### How high ~?
(높이가) 얼마나 ~?

**How high** is that mountain? 저 산은 높이가 얼마나 되나요?

**How high** can we climb? 얼마나 높이 올라갈 수 있을까요?

## How long ~?
(길이가) 얼마나 ~? / (시간이) 얼마나 ~?

**How long** is this string? 이 끈은 길이가 얼마나 되나요?

**How long** does it take? 얼마나 걸리나요?

## How often ~?
(빈도, 횟수가) 얼마나 자주 ~?

**How often** do you visit your parents? 얼마나 자주 부모님께 방문하나요?

**How often** do you exercise? 얼마나 자주 운동을 하나요?

## How far ~?
(거리가) 얼마나 멀리 ~?

**How far** is it from here to the bus station? 여기서 버스 정류장까지는 거리가 얼마나 먼가요?

**How far** is the moon? 달은 얼마나 멀리 있나요?

## How soon ~?
(시간이) 얼마나 빨리 ~?

**How soon** can you finish the homework? 얼마나 빨리 숙제를 끝낼 수 있나요?

**How soon** can you get ready for the next step? 다음 단계를 얼마나 빨리 준비할 수 있나요?

## Practice Test

1. I get to work by subway. _____ do you usually go to work?
   (a) Who
   (b) How
   (c) What
   (d) Which

2. James wants to do something fun. _____ do you suggest?
   (a) What
   (b) When
   (c) How
   (d) Why

3. Judy isn't in her room. _____ did she go?
   (a) Which
   (b) Where
   (c) How much
   (d) Who

4. I'm going to take the train to Los Angeles. _____ does the ticket cost?
   (a) How many
   (b) Which
   (c) How much
   (d) Where

5. Sally went to the dance with Tom. _____ did Cathy go with?
   (a) What
   (b) Where
   (c) Which
   (d) Whom

6. You can borrow my pen. _____ do you want, the blue or black pen?
   (a) Which one
   (b) Which way
   (c) How many
   (d) How much

7. Hi, I'm a new student here, and I'm a little lost. _____ is the library?
   (a) How
   (b) What
   (c) Where
   (d) When

8. I started playing the piano six years ago. _____ have you been playing?
   (a) How much
   (b) How long
   (c) How often
   (d) How far

9. Mrs. Smith is my homeroom teacher this year. _____ is yours?

    (a) Why
    (b) Who
    (c) What
    (d) When

10. Oh, you went to the museum yesterday? _____ did you see there?

    (a) Where
    (b) Whose
    (c) What
    (d) How

11. Sarah doesn't know we're planning her birthday party. She keeps asking _____ we're acting suspiciously.

    (a) where
    (b) when
    (c) what
    (d) why

12. I bought five souvenirs from that shop! _____ souvenirs did you buy?

    (a) How much
    (b) How long
    (c) How far
    (d) How many

13. Charlie is walking very fast. _____ is he in such a hurry?

    (a) What
    (b) Where
    (c) Why
    (d) How

14. This T-shirt is my favorite gift. Sadly, I don't remember _____ gave it to me.

    (a) who
    (b) what
    (c) which
    (d) when

15. Leslie just finished reading a long book in one sitting. _____ did she do it?

    (a) Which
    (b) How
    (c) What
    (d) When

16. All these videogames are exciting. _____ would you like to play?

    (a) Which one
    (b) Which way
    (c) How much
    (d) How far

17. Mandarin seems difficult to learn. I wonder _____ made Rob decide to study it.

    (a) why
    (b) what
    (c) how
    (d) when

18. Our favorite diner is full of customers. _____ should we eat?

    (a) Why
    (b) How
    (c) Where
    (d) When

19. Everybody else has gone home already. _____ is Lisa still at school?

    (a) Who
    (b) What
    (c) Why
    (d) Which

20. I really need my car to go to work. _____ can you fix its air conditioner?

    (a) How long
    (b) How soon
    (c) How often
    (d) How much

# Section 02

본 Listening Section은 G-TELP Level 4의 청취 영역 대부분에서 등장하는 숫자를 정확히 익힐 수 있도록 숫자를 가장 먼저 다루고, 그 다음 각 청취의 파트별 전략을 순서대로 학습할 수 있도록 구성하였습니다. 해당 영역에서는 숫자에 대한 기초 실력 향상과 시험 전략 학습이 동시에 가능합니다.

실전문제를 통해 Part별로 완성하는
**지텔프 4급**

# LISTENING

**Numbers.** **숫자 익히기**
(숫자 이해하기 / 시간 읽기 / 돈 세기)

**PART 01** **그림 묘사**
(위치를 나타내는 전치사 / 교통수단에 사용되는 전치사 / 계절 및 날씨 표현)

**PART 02** **질문에 답하기**
(예/아니오 의문문 / 의문사 의문문 / 문장 추론)

**PART 03&04** **대화 흐름 파악하기**
(질문 예측하기 / 전치사 by, until)

# Numbers
## 숫자 익히기

숫자는 Listening의 모든 영역에서 활용되기 때문에 반드시 익혀 두어야 하는 내용입니다. 특히, 숫자마다 발음과 표현법이 다르기 때문에 잘 알아 두는 것이 중요합니다. 보통 Listening에서는 두 사람의 대화 속에서 여러 숫자가 쓰이기 때문에 숫자를 정확히 듣고 문제지에 빠르게 적어 두면 문제를 쉽게 풀 수 있습니다.

# STRATEGY 1

Strategy 1에서는 일의자리부터 십의 자리까지의 숫자를 읽는 방법에 대해 자세히 알아보겠습니다.
숫자를 정확하게 읽을 수 있도록 연습하면, 청취 문제를 들었을 때 대화에서 말한 숫자를 헷갈리지 않고 정확하게 파악할 수 있습니다.

 **숫자 이해하기** (일, 십의 자리)

먼저 숫자를 읽는 방법부터 간단하게 알아보겠습니다.

(1) 13~19까지의 숫자들은 일의 자리 숫자 뒤에 **teen**을 붙여줍니다.

| 일의 자리 | | | 십의 자리 | | |
| --- | --- | --- | --- | --- | --- |
| 3 | three | 쓰리 | 13 | thir**teen** | 썰틴 |
| 4 | four | 포얼 | 14 | four**teen** | 폴틴 |
| 5 | five | 파이브 | 15 | fif**teen** | 핍프틴 |
| 6 | six | 씩스 | 16 | six**teen** | 씩스틴 |
| 7 | seven | 쎄븐 | 17 | seven**teen** | 쎄븐텐 |
| 8 | eight | 에잇 | 18 | eigh**teen** | 에잇틴 |
| 9 | nine | 나인 | 19 | nine**teen** | 나인틴 |

(2) 20부터는 twenty를 붙이고 뒤에 숫자를 순서대로 붙여줍니다.

| 21 | twenty-one | 트웨니 원 |
| --- | --- | --- |
| 22 | twenty-two | 트웨니 투 |
| 23 | twenty-three | 트웨니 쓰리 |
| 24 | twenty-four | 트웨니 포얼 |
| 25 | twenty-five | 트웨니 파이브 |

(3) 30부터의 숫자들은 일의 자리 숫자 뒤에 **ty**를 붙여줍니다.

| 일의 자리 | | 십의 자리 | | |
| --- | --- | --- | --- | --- |
| 3 | three | 30 | thir**ty** | 썰티 |
| 4 | four | 40 | fort**ty** | 포티 |
| 5 | five | 50 | fif**ty** | 피프티 |
| 6 | six | 60 | sixt**ty** | 씩스티 |
| 7 | seven | 70 | seven**ty** | 쎄븐티 |
| 8 | eight | 80 | eigh**ty** | 에잇티 |
| 9 | nine | 90 | nine**ty** | 나인티 |

👉 숫자들 중에는 발음이 서로 비슷한 것들이 있습니다.
이런 경우에는 올바른 숫자를 고를 때 혼동될 수도 있습니다.

| 3 | three | 13 | thirteen | 30 | thirty |
| --- | --- | --- | --- | --- | --- |
| 4 | four | 14 | fourteen | 40 | forty |
| 5 | five | 15 | fifteen | 50 | fifty |
| 6 | six | 16 | sixteen | 60 | sixty |
| 7 | seven | 17 | seventeen | 70 | seventy |
| 8 | eight | 18 | eighteen | 80 | eighty |
| 9 | nine | 19 | nineteen | 90 | ninety |

이 숫자들은 빠르게 말하면 thirteen이 thirty와 아주 비슷하게 들리기 때문에 헷갈리는 경우가 많습니다.
따라서 잘 익혀 두는 것이 중요합니다.

  정답과 해설 218P

※ 2개의 지시문에 대한 질문을 듣고, 주어진 보기 중에서 질문에 가장 적절한 응답을 골라보세요.

| | Instruction 1 | | Instruction 2 |
|---|---|---|---|
| 1 | (a) in room 9<br>(b) in room 90<br>(c) on the third floor<br>(d) in room 19 | 4 | (a) gate 80<br>(b) gate 24<br>(c) gate 18<br>(d) gate 8 |
| 2 | (a) in room 7<br>(b) in room 11<br>(c) in room 17<br>(d) in room 70 | 5 | (a) gate 6<br>(b) gate 4<br>(c) gate 60<br>(d) gate 16 |
| 3 | (a) in room 30<br>(b) in room 13<br>(c) in room 11<br>(d) in room 3 | 6 | (a) gate 40<br>(b) gate 14<br>(c) gate 12<br>(d) gate 2 |

1. (d)  2. (d)  3. (b)  4. (a)  5. (c)  6. (b)

## ② 숫자 이해하기 (백, 천의자리)

먼저 100과 1000을 읽는 방법을 알아보겠습니다.

| 100 | (one) hundred | (원) 헌드레드 |
| --- | --- | --- |
| 200 | two hundred | 투 헌드레드 |
| 300 | three hundred | 쓰리 헌드레드 |
| 1000 | (one) thousand | (원) 따우젠드 |

200, 300, 2000, 3000과 같이 앞의 자리 숫자가 바뀔 경우에는 괄호 부분에 숫자를 넣어주면 됩니다.

주소, 방 번호, 항공기 번호 등에 100 이상의 숫자가 들어갈 때는 읽는 방법이 달라집니다.

### 예시 ❶

| 634 Adams Avenue | six thirty-four | 씩스 썰티 포얼 |

예를 들어 634 Adams Avenue 같은 세 자리의 숫자는 six thirty-four로 읽습니다.

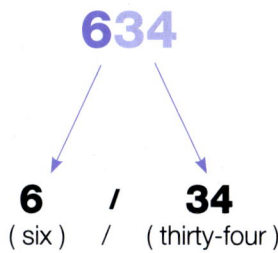

첫 번째 숫자 6을 하나의 숫자로 간주해서 six로, 나머지 두 숫자 3과 4를 또 다른 한 숫자 34로 간주해서 thirty-four로 읽는 것입니다.

### 예시 ❷

| Flight 1342 | thirteen forty - two | 썰틴 포티 투 |

비행 편 1342호기와 같이 네 자리의 숫자는 thirteen forty-two로 읽습니다.

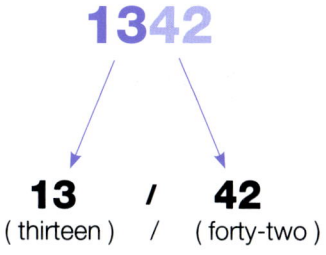

첫 번째 숫자 13을 하나의 숫자로 간주해서 thirteen으로, 나머지 두 숫자 42를 또 다른 한 하나의 숫자로 간주해서 forty-two로 읽는 것입니다.

### 예시 ③

| room number 605 | six oh five | 씩스 오 파이브 |
|---|---|---|

숫자 0은 [오]로 발음합니다.

※ 아래의 예시를 통해 숫자를 읽는 방법을 더 알아봅시다.

| 725 Elm Street | 7 / 25 | **seven** twenty-five |
|---|---|---|
| 310 Spruce Drive | 3 / 10 | **three** ten |
| 904 Louis Road | 9 / 0 / 4 | **nine oh two** |

| Room 3189 | 31 / 89 | **thirty-one** eighty-nine |
|---|---|---|
| Room 1410 | 14 / 10 | **fourteen** ten |

| Flight 2067 | 20 / 67 | **twenty** sixty-seven |
|---|---|---|
| Flight 1508 | 15 / 0 / 8 | **fifteen oh eight** |

MEMO

## Exercise ❷

정답과 해설 220P

※ 다음의 2개의 지시문과 질문을 듣고, 주어진 보기 중에서 질문에 가장 적절한 응답을 골라보세요.

| | Instruction 1 | | Instruction 2 |
|---|---|---|---|
| 1 | (a) 730 Lakewood Street<br>(b) 3014 Rosecrans Street<br>(c) 3045 Lakewood Street<br>(d) 1345 Rosecrans Street | 4 | (a) 5613 West Ash Street<br>(b) 930 Market Street<br>(c) 6530 West Ash Street<br>(d) 430 Market Street |
| 2 | (a) room 507<br>(b) room 45<br>(c) room 705<br>(d) room 517 | 5 | (a) room 67<br>(b) room 430<br>(c) room 760<br>(d) room 617 |
| 3 | (a) 165 Lemon Avenue<br>(b) apartment 109<br>(c) 1109 Lemon Avenue<br>(d) 1119 Rosecrans Street | 6 | (a) 420 West Ash Street<br>(b) 1402 Market Street<br>(c) 4120 West Ash Street<br>(d) 4102 Market Street |

1. (d)  2. (a)  3. (c)  4. (c)  5. (d)  6. (b)

MEMO

# # Strategy ②

Strategy 2에서는 시간을 표현하는 다양한 방법에 대해 자세히 알아보겠습니다.
청취 전반적으로 시간을 표현하는 문제가 자주 출제되기 때문에 쉬운 난이도부터 어려운 난이도까지의 여러가지 시간을 표현하는 방법을 정확히 학습하는 것이 중요합니다.

## ① 시간 읽기

(1) 시간은 일반적으로 오전(a.m.)과 오후(p.m.)로 나뉩니다.

| |
|---|
| **a.m.**은 자정(밤 12시)~정오(낮 12시)까지의 오전 시간을 가리킵니다. |
| **p.m.**은 정오(낮 12시)~자정(밤 12시)까지의 오후(저녁, 밤) 시간을 가리킵니다. |

(2) 시간에 12시가 들어가면, 12시 대신 noon이나 midnight을 사용할 수 있습니다.

| **noon** | **midnight** |
|---|---|
| 낮 12시 | 밤 12시 |

※ 아래의 예시를 통해 자세히 알아봅시다.

| 12:30 pm | half past **noon** |
|---|---|
| 11:45 pm | a quarter to **midnight** |

(3) 15분은 두 가지의 방법으로 읽을 수 있습니다.

| | 설명 | 예시 |
|---|---|---|
| 15분 | (시간) **fifteen** | ex three fifteen (3:15) |
| | **a quarter past(=after)** (시간) | ex a quarter past three (3:15)<br>a quarter after three (3:15) |

(4) 30분도 두 가지의 방법으로 읽을 수 있습니다.

| 30분 | 설명 | 예시 |
|---|---|---|
| | **(시간)-thirty** | ex four-thirty (4:30) |
| | **half past (시간)** | ex half past four (4:30) |

(5) 정각 15분 전(45분)은 다음과 같이 읽을 수 있습니다.

| 45분 | 설명 | 예시 |
|---|---|---|
| | **(시간) forty-five** | ex three forty-five (3:45) |
| | **a quarter to (시간)** | ex a quarter to four (3:45) |

MEMO

## Exercise ❶

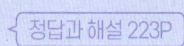

※ 다음 그림들을 보고, 네 개의 보기 중에서 가장 적절한 응답을 골라보세요.

1.

   (a) midnight
   (b) half past twelve
   (c) noon
   (d) twelve thirty

2.

   (a) at 1 p.m.
   (b) at 10 p.m.
   (c) at 12 noon
   (d) at 11:30 a.m.

3.

   (a) 1:00 p.m.
   (b) 11:30 a.m.
   (c) 1 hour
   (d) Room 615

4.

   (a) 10:00 p.m.
   (b) 2:00 a.m.
   (c) half past two
   (d) midnight

5.

   (a) at 10:30 a.m.
   (b) at 1:30 p.m.
   (c) at 8:00 a.m.
   (d) at 1:00 p.m.

1. (b)  2. (d)  3. (a)  4. (b)  5. (c)

## Exercise ❷

정답과 해설 224P

※ 다음의 2개의 지시문과 질문을 듣고, 주어진 보기 중에서 질문에 가장 적절한 응답을 골라보세요.

|   | Instruction 1 |   | Instruction 2 |
|---|---|---|---|
| 1 | (a) 9:15<br>(b) 8:45<br>(c) 8:15<br>(d) 9:45 | 4 | (a) 12:30<br>(b) 1:30<br>(c) 11:45<br>(d) 12:15 |
| 2 | (a) 10:15<br>(b) 11:30<br>(c) 11:45<br>(d) 10:30 | 5 | (a) 1:45<br>(b) 2:15<br>(c) 1:30<br>(d) 2:30 |
| 3 | (a) 12:15<br>(b) 11:45<br>(c) 12:30<br>(d) 1:30 | 6 | (a) 2:45<br>(b) 2:15<br>(c) 3:30<br>(d) 3:15 |

1. (a)  2. (d)  3. (a)  4. (b)  5. (a)  6. (d)

MEMO

# # Strategy ③

Strategy 3에서는 돈을 셀 때 사용하는 여러 단위에 대해 자세히 알아보겠습니다.
돈과 관련된 문제 역시 청취 전반적으로 자주 출제되기 때문에 다양한 화폐 단위에 대해 꼼꼼하게 숙지하고 있는 것이 중요합니다.

## ① 돈 세기

1달러 이하의 작은 돈(센트)을 나타내는 기본 단위는 다음과 같습니다.

| | |
|---|---|
| penny | 1센트 |
| nickel | 5센트 |
| dime | 10센트 |
| quarter | 25센트 |
| dollar (= buck) | 100센트 |

※ 아래의 예시를 통해 단위가 어떻게 활용되는지 알아봅시다.

> **Dr. Mason:** Could I have change for a **buck**?
> 1달러를 잔돈으로 바꿔주시겠어요?
>
> **Jean:** Sure. What would you like?
> 물론이죠. 어떻게 드릴까요?
>
> **Dr. Mason:** Three **quarters**, two **dimes** and a **nickel**.
> 25센트 동전 3개, 10센트 동전 2개, 5센트 동전 1개로 주세요.

💬 **1달러 이상의 액수 나타내는 방법**

| That book sells for $24.95 | |
|---|---|
| 1) twenty-four **dollars** and ninety-five **cents** | (달러 센트 O) |
| 2) twenty-four ninety-five | (달러, 센트 X) |

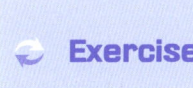 **Exercise**

정답과 해설 226P

※ 다음 대화를 듣고, 주어진 네 개의 보기 중 가장 알맞은 답을 골라보세요.

1. (a) in the economics department
   (b) at McMullen Publishing Company
   (c) at the Lomax University bookstore
   (d) at the Joyner Publishing Company

2. (a) one order
   (b) two orders
   (c) three orders
   (d) four orders

3. (a) The publishing company will send copies right away.
   (b) The text will be published in three weeks.
   (c) The publishing company does not have copies right now.
   (d) The text is now available at the Lomax bookstore.

4. (a) $24.95
   (b) $37.95
   (c) $32.95
   (d) $15.95

5. (a) 15 copies
   (b) 30 copies
   (c) 40 copies
   (d) 50 copies

6. (a) put them on the shelves
   (b) contact the professor by phone
   (c) send them in three weeks
   (d) inform Jean Wilson right away

1. (c)  2. (b)  3. (a)  4. (a)  5. (a)  6. (d)

# PART 01 Picture Descriptions 그림묘사

지텔프 4급 청취 파트1은 그림과 관련된 질문을 듣고, 주어진 4개의 보기 중 그림을 가장 적절하게 묘사한 보기를 고르는 파트입니다. 각 선택지는 한 문장으로 구성되어 있기 때문에 자주 사용되는 필수 단어를 꼼꼼히 학습하는 것이 중요합니다. 또한 단어와 그림을 연결하는 연습을 함으로써, 그림 묘사 문제를 어렵지 않게 풀 수 있을 뿐만 아니라 영어로 표현된 상황을 보다 쉽게 파악하는 능력을 기를 수 있습니다.

# # STRATEGY 1

Strategy 1에서는 위치와 교통수단의 전치사에 대해 자세히 알아보겠습니다.

파트1에서는 해당 그림 속 사람 또는 사물이 어디에 위치해 있는지 묘사하는 문제가 자주 출제되므로 **위치를 나타내는 전치사**를 정확히 학습하는 것이 중요합니다. 또한 교통수단에 대한 문제도 출제되므로 **교통수단을 표현하는 전치사**도 함께 학습하도록 하겠습니다.

 **위치를 나타내는 전치사**

그림 속 사물의 위치는 전치사를 통해 묘사하기 때문에 위치 전치사의 의미와 쓰임새를 숙지하는 것이 중요합니다.

위치를 나타내는 전치사에는 '~위에', '~아래에','~안에', '~옆에', '~뒤에', 'A와 B 사이에~'와 같은 의미를 가지는 것들이 있으며, [전치사 + 명사]의 순서로 사용됩니다.
주로 사용되는 위치 표현 전치사의 종류와 사용법을 알아보겠습니다.

💬 **위치 표현 전치사 종류**

| ~위에 | ~아래에 | ~안에 | ~옆에 | ~뒤에 | ~사이에 |
|---|---|---|---|---|---|
| on<br>on top of<br>above<br>over | under<br>below | in | by<br>next to<br>beside | behind | between<br>(A and B) |

> **Tip**

위치 전치사가 나타내는 정확한 위치는 다음과 같습니다.

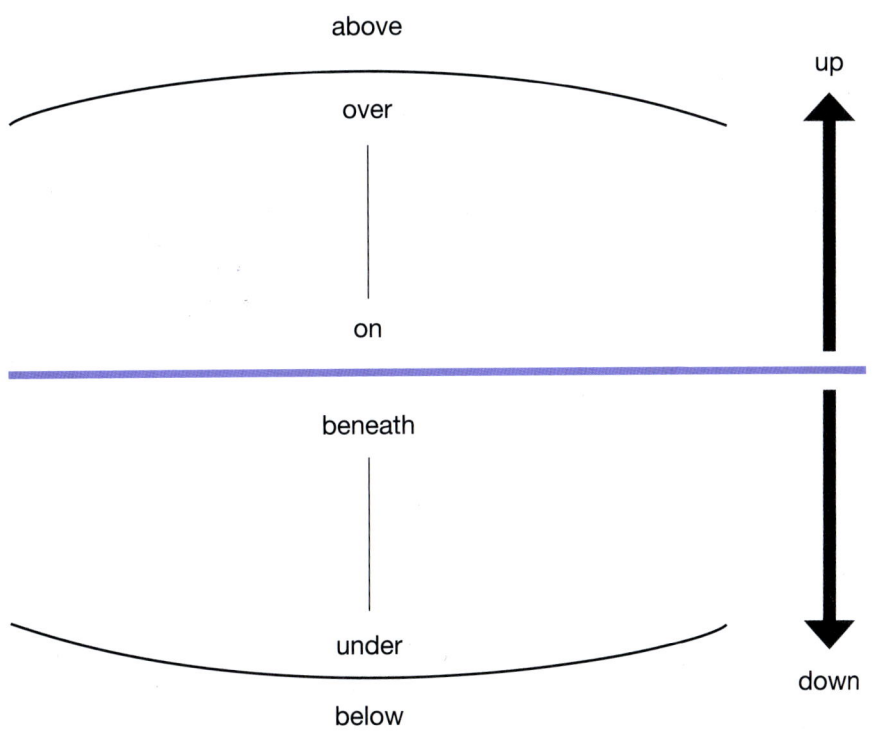

## Examples

### ❶ on / on top of ~위에

The books are **on** the table.
책들은 테이블 위에 있다.

The apple is **on top of** the books.
사과는 책들 위에 있다.

### ❷ over ~위에

The airplane is flying **over** the mountains
비행기는 산 위를 날아간다.

### ❸ above / below ~위에 / ~아래에

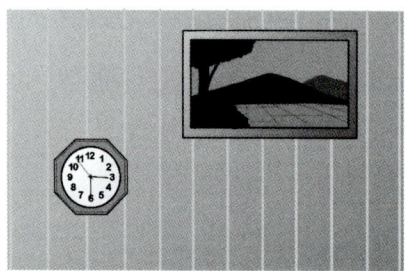

The painting is **above** the clock.
그림은 시계 위에 있다.

The clock is **below** the painting.
시계는 그림 아래에 있다.

### ❹ under ~아래에

The submarine is traveling **under** the water.
잠수함은 물 아래를 여행한다.

## ⑤ in ~안에

The cat is **in** the box.
고양이는 상자 **안에** 있다.

## ⑥ by / next to / beside ~옆에

The boy is **next to** his mom.
소년은 그의 엄마 **옆에** 있다.

They are standing **by** a big tree.
그들은 큰 나무 **옆에** 서 있다.

## ⑦ behind ~뒤에

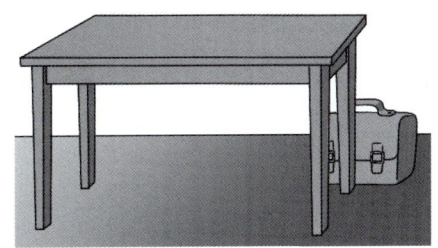

My bag is **behind** the table.
내 가방은 테이블 **뒤에** 있어.

## ⑧ between (A and B) (A와 B) 사이에

The dog is sitting **between** a boy **and** a girl.
개는 소년과 소녀 **사이에** 앉아 있다.

## Exercise ❶

정답과 해설 228P

※ 질문을 듣고, 네 개의 보기 중에서 그림을 가장 적절하게 묘사한 것을 선택하세요.

1.

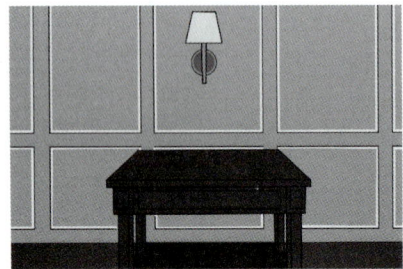

(a) under the desk
(b) above the desk
(c) on the desk
(d) in the desk

3.

(a) above the boy
(b) under the boy
(c) above the bed
(d) under the bed

2.

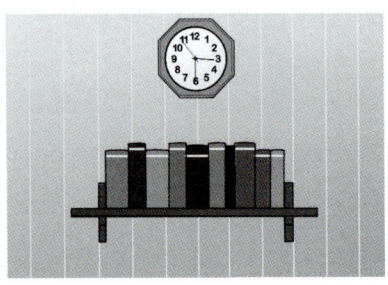

(a) behind the clock
(b) under the shelf
(c) on top of the clock
(d) on the shelf

1. (b)  2. (d)  3. (d)

## ② 교통수단에 사용되는 전치사

어디를 이동할 때 교통 수단 앞에 전치사 by 사용합니다.
단, by와 교통수단 사이에는 관사나 소유격을 쓰지 않습니다.

He is going there **by car**.

I went to the museum **by bus**.

단, '걸어서' 라고 말할 때는 on foot을 쓰며, 예외적으로 전치사 on을 씁니다.

I go to school **on foot**.

---

**by + 교통수단**

by car, by train, by subway, by plane, by helicopter, by boat, by ship

(예외) on foot 걸어서

---

MEMO

## 📖 **Examples**

He travels **by car**.
그는 **차를 타고** 여행한다.

They travel **by train**.
그들은 **기차를 타고** 여행한다.

She travels **by bus**.
그녀는 **버스를 타고** 여행한다.

I go to school **by bicycle**.
나는 **자전거를 타고** 학교에 간다.

We go to the library **on foot**.
우리는 도서관에 **걸어서** 간다.

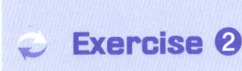 **Exercise ❷**

정답과 해설 229P

※ 질문을 듣고, 네 개의 보기 중에서 그림을 가장 적절하게 묘사한 것을 선택하세요.

1.

(a) by bus
(b) by boat
(c) by train
(d) by plane

3.
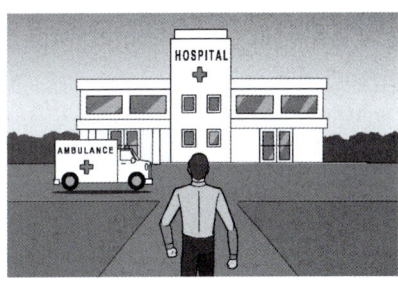

(a) by taxi
(b) by bus
(c) on foot
(d) by subway

2.

(a) by bicycle
(b) by car
(c) by bus
(d) by train

1. (c)  2. (a)  3. (c)

Part 01  Picture Descriptions

# # STRATEGY ②

Strategy 2에서는 계절 및 날씨를 나타내는 표현에 대해 자세히 알아보겠습니다.

파트 1에서는 계절이나 날씨를 나타내는 그림 묘사를 보고 적절한 문장을 찾는 문제가 출제됩니다.
계절 및 날씨에 대한 그림이 어떤 방식으로 제시되는지를 살펴보고, 이를 묘사할 때 주로 사용되는 형용사들에 대해서 학습하도록 하겠습니다.

## 💬 계절

| Spring<br>봄 | Summer<br>여름 |
|---|---|
| Fall = Autumn<br>가을 | Winter<br>겨울 |

## 💬 날씨 표현 형용사

| hot<br>더운 | cold<br>추운 |
|---|---|
| warm<br>따뜻한 | cool<br>시원한 |
| sunny<br>화창한 | cloudy, overcast<br>흐린 |
| fine, clear<br>맑은 | rainy<br>비가 오는 |
| calm, mild<br>잔잔한, 온화한 | wet, humid<br>습한 |
| dry<br>건조한 | windy<br>바람이 부는 |

## 📖 Examples

It's **sunny** outside.
밖은 맑아요.

It's **cloudy** and **rainy**.
흐리고 비가 와요.

The desert's climate is usually very **hot**.
대부분의 사막의 기후는 매우 덥다.

It's getting **windy**.
점점 바람이 분다.

## Exercise

정답과 해설 230P

※ 네 개의 보기 중에서 그림을 가장 잘 표현하는 것을 선택하세요.

1.

(a) fall
(b) summer
(c) spring
(d) winter

2.

(a) hot
(b) warm
(c) cool
(d) cold

3.

(a) warm and sunny
(b) cold and windy
(c) warm and cloudy
(d) sunny and cold

4.

(a) autumn
(b) winter
(c) spring
(d) summer

5.

(a) warm and windy
(b) hot and sunny
(c) rainy and windy
(d) clear and cold

1. (b)  2. (d)  3. (a)  4. (a)  5. (c)

## Practice Test 1

정답과 해설 231P

**Part 1.** Look at the pictures below. You will hear a question about each picture. Choose the best answer to each question in the time provided.

1.

   (a) on the table
   (b) beside the table
   (c) behind the table
   (d) under the table

2.

   (a) cold
   (b) empty
   (c) warm
   (d) hot

3.

   (a) She is standing
   (b) She is talking
   (c) She is writing
   (d) She is running

4.

   (a) one
   (b) two
   (c) three
   (d) four

5.

   (a) at 6:30 a.m.
   (b) at 12:00 p.m.
   (c) at 3:30 p.m.
   (d) at 9:15 p.m.

Part 01  Picture Descriptions  **73**

## 📷 Practice Test ❷

정답과 해설 232P

**Part 1.** Look at the pictures below. You will hear a question about each picture. Choose the best answer to each question in the time provided.

1.

(a) the boy in the front
(b) the boy talking to the teacher
(c) the boy at the back
(d) the boy in the striped shirt

2.

(a) for studying
(b) for cooking
(c) for painting
(d) for exercising

3.

(a) on the right side of the fries
(b) on the left side of the fries
(c) on top of the hot dog
(d) in front of the hot dog

4.

(a) They are shaking hands.
(b) They are drinking coffee.
(c) They are spilling coffee.
(d) They are having lunch.

5.

(a) He has too much work to do.
(b) He has too much furniture to move.
(c) He is holding too many books.
(d) He is carrying too many papers.

## Practice Test 3

정답과 해설 234P

**Part 1.** Look at the pictures below. You will hear a question about each picture. Choose the best answer to each question in the time provided.

1.

   (a) six
   (b) five
   (c) four
   (d) two

2.

   (a) at 6:30 a.m.
   (b) at 6:00 a.m.
   (c) at 7:00 a.m.
   (d) at 7:30 a.m.

3.

   (a) Karl
   (b) Alex
   (c) Sally
   (d) Ernie

4.

   (a) On the first floor
   (b) On the top floor
   (c) On the second floor
   (d) On the third floor

5.

   (a) books
   (b) toys
   (c) packages
   (d) letters

# Practice Test 4

**Part 1.** Look at the pictures below. You will hear a question about each picture. Choose the best answer to each question in the time provided.

1.

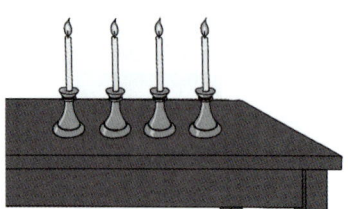

(a) one
(b) four
(c) three
(d) ten

2.

(a) The teacher is writing on the board.
(b) The students are taking a test.
(c) The teacher is sitting at her desk.
(d) The students are writing on the board.

3.

(a) He cannot find his map.
(b) He does not know where to go.
(c) He is looking for his car.
(d) He needs to get his car fixed.

4.

(a) in her nightstand
(b) on the shelf
(c) in her bed
(d) behind the window

5.

(a) feeding the dog
(b) playing with the dog
(c) chasing the dog
(d) walking the dog

# PART 02

# Question & Response
## 질문에 답하기

지텔프 4급 청취 파트2는 질문을 듣고 가장 적절한 응답을 고르는 파트입니다. 질문의 종류에 따라 답변 형식이 어느정도 정해져 있기 때문에 의문문의 유형 및 의문문에 따른 답변을 꼼꼼하게 학습하는 것이 중요합니다.

# # STRATEGY

Strategy 1에서는 "Yes or No 의문문"에 대해 알아보겠습니다.
Yes or No 의문문이란 대답을 Yes 또는 No로 해야 하는 의문문을 뜻하며, be동사나 조동사(do, can, will 등)로 시작하는 질문을 말합니다. 시제에 따른 다양한 형태의 Yes or No 의문문과 긍정 또는 부정의 답변 방법을 학습하도록 합시다.

### 💬 Yes or No 의문문 만드는 방법

| | |
|---|---|
| be동사 의문문 | **be 동사 + 주어**<br><br>She is pretty. => **Is she** pretty?<br>그녀는 예쁘다 → 그녀는 예쁘니? |
| 일반 동사 의문문 | **조동사 do/does/did + 주어 + 동사원형**<br><br>**do**: I, you가 주어일 때<br>**does**: she, he, 기타 3인칭 주어일 때<br>**did**: 동사가 과거시제일 때<br><br>He bought a new jacket. => **Did he buy** a new jacket?<br>그는 새 자켓을 샀다 → 그는 새 자켓을 샀니? |

# ① 현재시제

## Be 동사 의문문

> be 동사 의문문: **am, are, is** + 주어 ?
> 긍정의 답변: Yes, 주어 + **am, are, is**.
> 부정의 답변: No, 주어 + **am, are, is** + **not**.

**Is Daisy** sick right now?  Daisy는 지금 아픈가요?
Yes, **she is**. 네, 그렇습니다.

**Are you** busy this afternoon?  너는 오늘 오후에 바쁘니?
Yes, **I am**. 네, 그렇습니다.

**Are you** free tomorrow morning?  내일 아침에 시간이 있니?
No, **I'm not**. 아니, 없어.

## 일반동사 의문문

> 일반동사 의문문: **do, does** + 주어 + **동사원형**?
> 긍정의 답변: Yes, 주어 + **do, does**.
> 부정의 답변: No, 주어 + **do, does** + **not**.

**Does Kevin have** to call Sharon to find out information?
Kevin은 정보를 알아내기 위해 Sharon에게 전화를 해야 하나요?
Yes, **he does**. 네, 그렇습니다.

**Does she have** the flu?  그녀는 독감에 걸렸나요?
No, **she doesn't**. She just has a cold.  아니요, 그렇지 않아요. 감기에 걸린 것 뿐이에요.

**Does Olivia have** a list of the coaches and parents?  Olivia는 코치와 학부모의 명단을 가지고 있나요?
No, **she doesn't**. 아니요, 그렇지 않습니다.

## ② 현재진행시제

> 현재진행형 의문문: **am, are, is** + 주어 + 동사 ing?
> 긍정의 답변: Yes, 주어 + **am, are, is**.
> 부정의 답변: No, 주어 + **am, are, is** + **not**.

**Are Scott and Alex making** an announcement? Scott과 Alex는 안내문을 만들고 있니?
Yes, **they are**. 네, 그렇습니다.

**Are you lying** in bed at the moment? 너는 지금 침대에 누워 있니?
Yes, **I am**. 응, 맞아.

**Are you going** to work today? 오늘 회사에 갈 거니?
No, **I'm not**. 아니, 안 그럴 거야.

**Is Jeffrey stopping** by Bob's house tonight? Jeffrey는 Bob의 집에 들를 것인가요?
No, **he isn't**. 아니요, 그러지 않을 거예요.

## ③ 과거시제

### Be 동사 의문문

> be 동사 의문문: **was, were** + 주어?
> 긍정의 답변: Yes, 주어 + **was, were**.
> 부정의 답변: No, 주어 + **was, were** + **not**.

**Was Emily** at work today? Emily는 오늘 회사에 있었나요?
Yes, **she was**. 네, 그렇습니다.

**Was the test** easy? 시험이 쉬웠어요?
No, **it wasn't**. 아니요, 그렇지 않았어요.

## 일반동사 의문문

> 일반동사 의문문: **did** + 주어 + **동사원형**?
> 긍정의 답변: Yes, 주어 + **did**.
> 부정의 답변: No, 주어 + **did not**.

**Did Susan see** the course announcement?　Susan은 강좌 안내문을 보았나요?
Yes, **she did**.　네, 그렇습니다.

**Did you meet** her yesterday?　너 어제 그녀를 만났어?
No, **I didn't**.　아니, 그렇지 않았어.

## ④ 미래시제

> 의문문: **will** + 주어 + **동사원형**?
> 긍정의 답변: Yes, 주어 + **will**.
> 부정의 답변: No, 주어 + **will** + **not** (= **won't**).

**Will Sally hold on** for Daniel?　Sally는 Daniel을 위해 기다려줄까?
Yes, **she will**.　응, 그럴 거야.

**Will Megan leave** the apartment today?　Megan은 오늘 아파트에서 나갈까?
No, **she won't**.　아니요, 그러지 않을 것입니다.

### Tip

부정의 대답은 보통 줄여서 간단하게 표현한다는 사실을 알아 둡시다.

| | |
|---|---|
| No, **I am** not. | No, **I'm** not. |
| No, **you are** not. | No, you **aren't**. / No, **you're** not. |
| No, **he is** not. | No, he **isn't**. / No, **he's** not. |
| No, he **was** not. | No, he **wasn't**. |
| No, they **were** not. | No, they **weren't**. |
| No, we **do** not. | No, we **don't**. |
| No, she **does** not. | No, she **doesn't**. |
| No, I **did** not. | No, I **didn't**. |
| No, I **will** not. | No, I **won't**. |

## Exercise ❶

정답과 해설 236P

※ 다음 질문을 듣고, 각각의 질문에 가장 적절한 응답을 골라보세요.

1. (a) No, she isn't.
   (b) Yes, they do.
   (c) No, she doesn't.
   (d) Yes, they are.

2. (a) No, they aren't.
   (b) Yes, they do.
   (c) Yes, we do.
   (d) Yes, they are.

3. (a) Yes, she is.
   (b) No, I'm not.
   (c) Yes, she does.
   (d) No, she isn't.

4. (a) No, he isn't.
   (b) Yes, they do.
   (c) No, he doesn't.
   (d) Yes, they are.

5. (a) Yes, they are.
   (b) No, she doesn't.
   (c) Yes, she is.
   (d) No, they aren't.

6. (a) Yes, they do.
   (b) Yes, they are.
   (c) No, we don't.
   (d) No, they aren't.

1. (a)  2. (b)  3. (c)  4. (d)  5. (c)  6. (a)

## Exercise ❷

정답과 해설 238P

※ 다음 질문을 듣고, 각각의 질문에 가장 적절한 응답을 골라보세요.

1. (a) No, he isn't.
   (b) Yes, he will.
   (c) No, he wasn't.
   (d) Yes, he did.

2. (a) No, it didn't.
   (b) Yes, it will.
   (c) No, it doesn't.
   (d) Yes, it is.

3. (a) No, she doesn't.
   (b) No, she wasn't.
   (c) Yes, she is.
   (d) Yes, she did.

4. (a) Yes, it was.
   (b) No, it isn't.
   (c) Yes, it will.
   (d) No, it didn't.

5. (a) Yes, it did.
   (b) No, it isn't.
   (c) Yes, it does.
   (d) No, it won't.

6. (a) No, he didn't.
   (b) Yes, they will.
   (c) No, he won't.
   (d) Yes, they did.

1. (d)  2. (c)  3. (c)  4. (a)  5. (d)  6. (b)

# # STRATEGY ②

Strategy 2에서는 의문사 의문문에 대해 알아보겠습니다.
의문사 의문문은 "언제, 어디서, 누가, 무엇을, 왜, 어떻게"와 같은 특정 정보를 물어보는 질문이므로, Yes, No로 대답할 수 없습니다. 의문사의 종류를 알아보고 의문사 의문문에 대해 학습하도록 합시다.

### 💬 의문사 의문문이란?

**What, Who (Whom, Whose), When, Where, Why, How, Which**로 시작하는 의문문
→ Yes/No로 대답할 수 없으며, 의문사에 맞게 답변해야 합니다.

### 💬 WH 의문사의 의미

| 의문사 | 내용 | 뜻 |
| --- | --- | --- |
| **What** | 사물에 대한 질문 | 무엇 |
| **Which** | 선택에 대한 질문 | 어느 것 |
| **who** | 인물/사람에 대한 질문 | 누구<br>**whom** – 누구를(목적격)<br>**whose** – 누구의(소유격) |
| **When** | 시간에 대한 질문 | 언제 |
| **Where** | 장소/위치에 대한 질문 | 어디서 |
| **How** | 일이 일어난 경위에 대한 질문 | 어떻게 |
| **Why** | 이유에 대한 질문 | 왜 |

### 💬 의문사 의문문을 만드는 방법

앞서 학습했던 Yes/No 의문문 앞에 WH 의문사를 적으면 됩니다.

**의문사** +  be 동사 + 주어
do/does/did + 주어 + 동사원형
조동사(will, can, should 등) + 주어 + 동사원형

### 💬 be 동사 의문문

> 의문사 + [ am, are, is (현재) / was, were (과거) ] + 주어?

**When** is his birthday? 그의 생일은 **언제** 인가요?

**Who** are you? 너는 **누구**니?

**What** is she doing now? 그녀는 지금 **무엇**을 하고 있나요?

**Why** are you sleeping? 너는 **왜** 자고 있니?


### 💬 일반동사 의문문

> 의문사 + [ do (현재) / does (3인칭 단수) / did (과거) ] + 주어 + 동사원형?

**Why** do you like your new room? 당신은 **왜** 새로운 방이 마음에 드나요?

**How** do I get to the post office? 우체국에 **어떻게** 가야 하나요?

**Where** does she live? 그녀는 **어디에** 살고 있나요?

**What** did they want to do last night? 그들은 지난밤에 **무엇을** 하길 원했을까?


### 💬 의문문에서 주어가 의문사일 경우

> 의문사가 주어 역할을 하는 경우
> **who, what** + 동사?

**Who** locked the door? 누가 문을 잠갔지?

**Who** saw Tom today? 누가 오늘 Tom을 봤나요?

**What** happened? 무슨 일이야?

**Exercise**  정답과 해설 239P

※ 다음 문장을 의문문이 되도록 올바른 순서로 배열해보세요.
(문장의 첫 번째 철자는 대문자를 사용합니다.)

1. do / did / last evening / you / what
   _____ ?

2. you / when / do / get up / in the morning
   _____ ?

3. moving / is / to Scotland / why / she
   _____ ?

4. yesterday / meet / did / you / whom
   _____ ?

5. you / from / are / where
   _____ ?

6. do / to work / get / how / you
   _____ ?

---

1. What did you do last evening?
2. When do you get up in the morning?
3. Why is she moving to Scotland?
4. Whom did you meet yesterday?
5. Where are you from?
6. How do you get to work?

MEMO

# # STRATEGY ③

Strategy 3에서는 문장이 내포하는 의미나 그 문장을 통해 어떤 추론을 할 수 있는지를 학습하도록 하겠습니다.
추론 연습을 통해 의사소통 속 다양한 맥락과 흐름을 쉽게 파악하는 능력을 기를 수 있습니다.

### 💬 문장의 숨은 뜻 파악하기

대화를 할 때 하나의 문장이 실제로는 더 많은 정보를 담고 있는 경우가 있습니다.
다시 말해 그 문장에는 하나 이상의 의미가 들어있을 수 있다는 것입니다.

> **I went to the grocery store.** 나는 식료품 매장에 갔다.

이 문장에서는 단순히 화자가 식료품 매장에 갔다고만 말하고 있습니다.
하지만 문장을 자세히 살펴보면 화자가 가게에서 식료품을 샀을 것임을 유추할 수 있습니다.

이렇듯 어떠한 문장을 통해 알 수 있는 새로운 생각이나 결론을 파악하는 과정을 **추론**이라고 합니다.

추론은 시간적 순서에 따라 일어나는 경우가 많습니다.

| 문장 | **After Mike gets up, he eats breakfast.** Mike는 기상을 한 다음, 아침을 먹는다. |
|---|---|
| 추론 | **Then he went to work.** 그리고 나서 그는 출근을 한다. |

이처럼 시간의 흐름에 따라 사건이 일어나는 순서를 유추하는 것이 일반적이기 때문에, Mike가 아침을 먹은 후 회사에 가게 될 것이라고 추론하는 것은 논리적인 추론입니다.

MEMO

 **Exercise**

※다음 문장을 듣고, 각 문장에 대해 가장 적절한 응답을 골라보세요

1. _____.

    (a) I went to the bank yesterday.
    (b) That bank is big.
    (c) Yes, it's very close.
    (d) It's two blocks from here.

2. _____.

    (a) A table for two, please.
    (b) Yes, I'm ready to order.
    (c) An iced coffee, please.
    (d) Thank you very much!

3. _____.

    (a) At 8 a.m.
    (b) In Manhattan.
    (c) I drive to work.
    (d) Last Monday.

4. _____.

    (a) Ten minutes.
    (b) Three times a week.
    (c) Sure, I do.
    (d) During the day.

5. _____.

    (a) He is in his office.
    (b) I'm at the library.
    (c) He is my officemate.
    (d) It's under the table.

6. _____.

    (a) I'm on my way.
    (b) It's 10 o'clock.
    (c) I missed the train.
    (d) It's not nice.

1. (d)  2. (c)  3. (a)  4. (b)  5. (a)  6. (c)

# Practice Test ❶

정답과 해설 242P

**Part 2.** You will hear five statements or questions. Choose the best response to each statement or question in the time provided.

1. _____.

    (a) Yes, I eat with my friends
    (b) No, I eat breakfast
    (c) No, I eat at twelve
    (d) No, I eat with my family

2. _____.

    (a) Today is my birthday.
    (b) Yes, I will come.
    (c) It's next Friday.
    (d) At my house.

3. _____.

    (a) I saw the movie yesterday.
    (b) A TV series.
    (c) No, thank you.
    (d) Sure, let's watch together.

4. _____.

    (a) Henry and Pamela went
    (b) Diane isn't going
    (c) Elena is going
    (d) Jason can't go

5. _____.

    (a) Five dollars
    (b) Three hours
    (c) Two cups
    (d) Ten dollars in dimes

# Practice Test ❷

정답과 해설 243P

**Part 2.** You will hear five statements or questions. Choose the best response to each statement or question in the time provided.

1. _____.

    (a) At 7 a.m.
    (b) He took the train.
    (c) Every day.
    (d) He goes by car.

2. _____.

    (a) She was fine
    (b) She was a librarian
    (c) She was at home
    (d) She was jealous

3. _____.

    (a) I am feeling sad.
    (b) I take a nap.
    (c) I'll go to the gym later.
    (d) I went to bed early.

4. _____.

    (a) I know her.
    (b) She's my cousin.
    (c) He is your friend.
    (d) She isn't here.

5. _____.

    (a) She is better
    (b) She is at the beach
    (c) She is cooking
    (d) She is a kindergarten teacher

## Practice Test 3

정답과 해설 245P

**Part 2.** You will hear five statements or questions. Choose the best response to each statement or question in the time provided.

1. _____.

   (a) They are all okay.
   (b) I have three brothers.
   (c) I haven't seen them.
   (d) I'm 30 years old.

2. _____.

   (a) No, he isn't
   (b) No, he wasn't
   (c) Yes, he did
   (d) Yes, he does

3. _____.

   (a) at the park
   (b) every day at 5:30
   (c) an American teacher
   (d) with a pen and books

4. _____.

   (a) I will eat out.
   (b) I am watching a movie.
   (c) I played basketball.
   (d) I go to school.

5. _____.

   (a) To the beach.
   (b) Tomorrow.
   (c) I will go.
   (d) To cook.

# Practice Test ❹

**Part 2.** You will hear five statements or questions. Choose the best response to each statement or question in the time provided.

1. _____.

   (a) Yes, I usually leave home early.
   (b) I left sometime during the week.
   (c) I leave home early in the morning.
   (d) Yes, I leave my home.

2. _____.

   (a) Tuesday was my favorite day.
   (b) No, we do not meet on Fridays.
   (c) Weekends were fine.
   (d) Let's meet on Sunday.

3. _____.

   (a) It is my ticket.
   (b) My ticket number is 303.
   (c) It is in my purse
   (d) I bought it a month ago.

4. _____.

   (a) These are for sale.
   (b) I love books.
   (c) Those are mine.
   (d) On the bookshelf.

5. _____.

   (a) Everything is on sale.
   (b) The sale will last one week.
   (c) This is the last sale.
   (d) Sales take time.

# PART 03&04 Conversations
## 대화의 흐름 파악하기

지텔프 4급 청취 파트3&4는 실생활에서 쉽게 접할 수 있는 주제에 관한 두 사람의 대화를 듣고 적절한 응답을 고르는 파트입니다. 대화 주제는 주로 여행 경험, 참여한 교육 프로그램 등 일상적인 경험으로 구성됩니다. 일상적인 대화 내용이지만, 단어의 난이도가 높아 의미를 파악하기 어려울 경우에는 대화의 문맥을 토대로 문제 상황을 파악해야 합니다. 또한, 어휘는 듣기에서도 매우 중요한 요소이기 때문에 평상시 듣기 연습과 함께 어휘 학습을 철저히 해야 합니다.

# # STRATEGY

Strategy 1에서는 보기에 따라 질문을 미리 예측하는 방법을 알아보고, 예측한 질문을 통해 정답을 빠르고 정확하게 찾는 전략을 학습하겠습니다.

지텔프 4급 청취에서 질문은 대부분 의문사 when, where, who, what, why, how가 포함된 의문문으로 구성되며, 이러한 의문사를 통해 어떤 종류의 정보를 찾아야 하는지 쉽게 파악할 수 있습니다. 이때, when은 시기, where은 장소, who는 사람, what은 무엇, why는 이유, how는 방법을 질문할 때 사용합니다.

또한, 지텔프 4급 청취에서 질문이 주어지지 않기 때문에 듣고 파악해야만 합니다. 하지만, 문제의 보기를 통해 질문에 어떤 의문사를 사용했을 지 예상할 수 있기 때문에 예상되는 의문사에 초점을 맞추어 듣는다면 정답의 단서를 보다 쉽게 찾을 수 있습니다.

○ 아래의 보기들은 특정 인물들을 나타내고 있습니다.

(a) Mr. Dern
(b) Emily
(c) The head cashier
(d) A customer

→ **Who** did Linda have dinner with yesterday?

이는 누군가의 정체를 묻는 문제에 대한 정답 선택지라고 예상할 수 있습니다. 따라서 의문사 **who**로 시작하는 질문일 것이라고 추측할 수 있습니다.

○ 아래의 보기들은 특정 시점을 나타내고 있습니다.

(a) yesterday
(b) this morning
(c) last week
(d) three days ago

→ **When** did Jenny last see David?

따라서 의문사 **when**으로 시작하는 질문일 것이라고 추측할 수 있습니다.

○ 아래의 보기들은 행위 내용을 포함하고 있습니다.

(a) tell the cashier about the remodeling
계산원에게 리모델링에 대해 말한다.
(b) prepare a remodeling announcement
리모델링 안내문을 준비한다.
(c) take a lunch break with Mr. Dern
Mr. Dern과 점심 시간을 갖는다.
(d) inform the customers coming in the store
매장 안으로 들어오는 고객들에게 안내를 한다.

→ **Wha**t will she do at 11 o'clock?

따라서 "무엇을 하는가?, 무엇을 했는가?, 무엇을 할 것인가?"와 같은 질문에 대한 답변임을 예상할 수 있으므로 의문사 **what**과 "~하다"의 동사 "**do**"가 포함된 질문일 것이라고 추측할 수 있습니다.

○ 아래의 보기에는 위치와 장소를 나타내고 있습니다.

(a) in the store windows
매장 창문에
(b) in the newspaper
신문에
(c) at the cash registers
계산대에
(d) on car windows in the parking lot
주차장 내 차 유리창에

→ **Where** is her wallet?

따라서 의문사 **where**로 시작하는 질문일 것이라고 추측할 수 있습니다.

이처럼 선택지를 먼저 읽고 난 후, 문제가 어떤 것일지를 짐작하면서 청취 지문을 듣는다면 훨씬 수월하게 문제의 단서를 찾을 수 있습니다. 특히, 문제가 어떤 의문사로 시작할지 파악하면서 지문을 듣는다면 지문을 이해하는 데 많은 도움이 될 것입니다.

 **Exercise**   정답과 해설 247P

※ 다음 질문을 듣고, 각각의 질문에 가장 적절한 응답을 골라보세요.

1. (a) a customer
   (b) Emily
   (c) a cashier
   (d) Mr. Dern

2. (a) yesterday
   (b) this morning
   (c) last week
   (d) three days ago

3. (a) leave it unchanged
   (b) reduce its size
   (c) expand it greatly
   (d) remove it from the store

4. (a) several days
   (b) a couple of weeks
   (c) three months
   (d) six or seven months

5. (a) start remodeling the store
   (b) prepare an announcement
   (c) take a lunch break with Mr. Dern
   (d) inform the customers coming in the store

6. (a) in the store windows
   (b) in the newspaper
   (c) at the cash registers
   (d) in the parking lot

1. (d)  2. (a)  3. (c)  4. (c)  5. (b)  6. (a)

# # STRATEGY 2

Strategy 2에서는 끝나는 시점을 나타내는 전치사 by와 until에 대해 알아보겠습니다.
by와 until은 "~까지"로 해석되며, 두 전치사는 비슷해 보이지만 차이가 있습니다. by는 특정 시점에 완료되는 일을 지칭할 때 사용하며, until은 어떤 시점까지 지속적으로 행동을 할 때 사용합니다. 두 전치사 뒤에 나오는 시점이 정답의 단서가 되는 경우가 많기 때문에 차이점을 잘 숙지해야 합니다.

**전치사 by**는 특정 시점에 완료되는 일에 대해 말할 때 사용하며, 그 일은 완료시점 이전에 끝날 수도 있습니다.
기한, 마감과 함께 사용하기 때문에 종료를 나타내는 finish, stop, be done 등과 같은 동사와 주로 쓰입니다.

I should be finished **by** 6 p.m. 오후 6시까지는 수업이 끝날 거야.

I stopped attending **by** the third week. 3주 만에 수강을 그만 두었어.

I'll be done **by** 7. 7시까지는 끝낼 거야.


**전치사 until**은 해당 시점까지 동작이나 행위가 일어나는 것을 나타낼 때 사용하며, 시점이전에 동작이나 행위가 끝나지 않습니다.

I'll have to keep studying **until** test day if you don't help me.
네가 도와주지 않으면 시험 보는 날까지 계속 공부하느라 정신없을 거야.

I'll come over and help you **until** about 9.
내가 가서 9시 정도까지 도와 줄게.

MEMO

## 📖 Example Conversation

※ 다음 대화를 보고, by와 until이 문맥상 어떻게 사용되는지 확인해 보세요.

---

**Carlos:** Jose, can you come over tonight?

**Jose:** I think so. I should be finished with class **by** 6 p.m.

**Carlos:** Good. I need some help with my statistics class.

**Jose:** Statistics? I don't know statistics.

**Carlos:** Didn't you take a class last year?

**Jose:** I stopped attending **by** the third week. It was too difficult.

**Carlos:** Come on, I'll have to keep studying **until** the test day if you don't help me.

**Jose:** Okay, I'm eating dinner at the campus cafeteria. I'll be done **by** 7. I'll come over and help you **until** about 9.

**Carlos:** Great. See you later.

---

### 해석

**Carlos:** Jose, 오늘밤에 올 수 있어?

**Jose:** 그럴 것 같아. 오후 6시까지는 수업이 끝날 테니까.

**Carlos:** 좋아, 통계 수업 때문에 네 도움이 필요해

**Jose:** 통계? 나도 통계는 몰라.

**Carlos:** 작년에 수업을 듣지 않았어?

**Jose:** 3주 만에 그만 두었어. 너무 어려워.

**Carlos:** 이런. 네가 도와주지 않으면 시험 보는 날까지 계속 공부하느라 정신없을 거야.

**Jose:** 알겠어. 나는 학교 식당에서 저녁을 먹을 거야. 7시까지는 식사를 끝낼 거야. 내가 가서 9시 정도까지 도와 줄게.

**Carlos:** 좋아. 나중에 보자.

MEMO

 **Exercise**

정답과 해설 250P

※ 다음 대화를 듣고, 주어진 4개의 보기 중에서 가장 적절한 응답을 골라보세요.

1. (a) his friend Carlos
   (b) his parents
   (c) the English department office
   (d) Carlos's friend Teresa

2. (a) last Wednesday
   (b) a few weeks ago
   (c) last December
   (d) three months ago

3. (a) at 2:30
   (b) after 6 p.m.
   (c) before 3 o'clock
   (d) at lunchtime

4. (a) Tuesday
   (b) Wednesday
   (c) Thursday
   (d) Friday

5. (a) an informal meeting
   (b) a business meeting
   (c) a study group meeting
   (d) a class meeting

6. (a) a half hour
   (b) one hour
   (c) an hour and a half
   (d) three hours

1. (d)  2. (c)  3. (b)  4. (c)  5. (a)  6. (b)

# Practice Test 1

정답과 해설 252P

**Part 3.** You will hear a conversation between two people. First you will hear questions 1 through 5. Then you will hear the conversation. Choose the best answer to each question in the time provided.

1. (a) last summer
   (b) during the holiday
   (c) last fall
   (d) on her birthday

2. (a) because he also went there last summer
   (b) because Paris is his favorite city
   (c) because he wants to know about her activities
   (d) because he is planning to go there

3. (a) walking around Paris at night
   (b) going to the Eiffel Tower
   (c) visiting a famous museum
   (d) shopping around the city

4. (a) because she likes looking at art
   (b) because the museum was big
   (c) because she likes crowds
   (d) because the museum was beautiful

5. (a) She has paintings displayed there.
   (b) She wants to learn how to paint.
   (c) She will be motivated to paint more.
   (d) She has never been there before.

**Part 4.** You will hear a conversation in which one person gives information to another person. First you will hear questions 1 through 5. Then you will hear the conversation. Choose the best answer to each question in the time provided.

1. (a) because they sold him a broken TV
   (b) because he needs a technician
   (c) because his television is broken
   (d) because he wants to buy a new TV

2. (a) turn the TV off and on again
   (b) replace the power plug
   (c) wait for the screen to turn on
   (d) plug the TV into another outlet

3. (a) because it is already old
   (b) because it was overused
   (c) because it has a burned plug
   (d) because it was left unused

4. (a) She will send a replacement TV.
   (b) She will ask him to visit their store.
   (c) She will send over a professional.
   (d) She will suggest that he fix it himself.

5. (a) because he will not be available after that
   (b) so he can use his TV immediately
   (c) because he is not in town right now
   (d) so he can help fix the TV while he is home

 **Practice Test ②**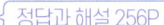

---

**Part 3.** You will hear a conversation between two people. First you will hear questions 1 through 5. Then you will hear the conversation. Choose the best answer to each question in the time provided.

---

1. (a) as a gift for himself
   (b) as a gift for his mother
   (c) as a gift for his girlfriend
   (d) as a gift for his teacher

2. (a) $ 38.84
   (b) $ 8.84
   (c) $ 3.84
   (d) $ 38.00

3. (a) Something was wrong with it.
   (b) He wanted something else.
   (c) Nothing was wrong with it.
   (d) He wanted the money instead

4. (a) under the third shelf
   (b) on the left side of the third shelf
   (c) on the right side of the third shelf
   (d) in the center of the third shelf

5. (a) $ 69.99
   (b) $ 49.99
   (c) $ 149.99
   (d) $ 169.99

**Part 4.** You will hear a conversation in which one person gives information to another person. First you will hear questions 1 through 5. Then you will hear the conversation. Choose the best answer to each question in the time provided.

1. (a) while he was eating breakfast
   (b) while he was frying eggs
   (c) while he was grilling meat
   (d) while he was boiling eggs

2. (a) because he can treat the burn himself
   (b) because the hospital is very far
   (c) because Ivy will treat his burned finger
   (d) because he is not feeling any pain

3. (a) by running cool water over it
   (b) by drinking cold water
   (c) by putting ice on it
   (d) by applying ointment on it

4. (a) to make it heal quickly
   (b) to prevent swelling
   (c) to stop the pain
   (d) to prevent infection

5. (a) go to the nearest hospital
   (b) put on more ointment
   (c) take a pain reliever
   (d) replace the bandage

# Practice Test 3

정답과 해설 261P

**Part 3.** You will hear a conversation between two people. First you will hear questions 1 through 5. Then you will hear the conversation. Choose the best answer to each question in the time provided.

1. (a) a white shirt
   (b) a pair of shorts
   (c) his wife's skirt
   (d) some ties

2. (a) on the top floor
   (b) next to the ties
   (c) by the belts
   (d) by the coats

3. (a) $15.00
   (b) $50.00
   (c) $25.00
   (d) $10.00

4. (a) a suit
   (b) socks
   (c) a coat
   (d) pants

5. (a) to the shoe department
   (b) to the hat department
   (c) to the first floor
   (d) to the third floor

**Part 4.** You will hear a conversation in which one person gives information to another person. First you will hear questions 1 through 5. Then you will hear the conversation. Choose the best answer to each question in the time provided.

1. (a) She is returning a damaged book.
   (b) She is complaining about the store.
   (c) She is asking about the latest titles.
   (d) She is having trouble finding a book.

2. (a) the name of the book's author
   (b) what the book is all about
   (c) the full title of the book
   (d) where she learned of the book

3. (a) by searching the store's shelves
   (b) by checking with another branch
   (c) by searching in the store's computer
   (d) by calling the book's publisher

4. (a) because it was written by Lana Moss
   (b) because it was released this year
   (c) because its price is $27.99
   (d) because its title has the word "buried"

5. (a) buy the book from the store
   (b) thank the customer service worker
   (c) return the book to the store
   (d) speak with the manager

# Practice Test 4

**Part 3.** You will hear a conversation between two people. First you will hear questions 1 through 5. Then you will hear the conversation. Choose the best answer to each question in the time provided.

1. (a) a tourist and a hotel clerk
   (b) a visitor and a guide
   (c) a tenant and a landlord
   (d) an employee and an employer

2. (a) the first floor
   (b) the third floor
   (c) the second floor
   (d) the fourth floor

3. (a) carry her bags
   (b) sign the register
   (c) pay the waiter
   (d) take another room

4. (a) with a credit card
   (b) with cash
   (c) with a debit card
   (d) with traveler's checks

5. (a) two
   (b) three
   (c) four
   (d) none

**Part 4.** You will hear a conversation in which one person gives information to another person. First you will hear questions 1 through 5. Then you will hear the conversation. Choose the best answer to each question in the time provided.

1. (a) a rare book for her research
   (b) the city's only public library
   (c) directions to a building
   (d) the nearest barber shop

2. (a) She has argued with the librarian.
   (b) It does not have what she needs.
   (c) She does not know where it is.
   (d) It is not close enough to walk to.

3. (a) when reaches the barber shop
   (b) when the officer signals her
   (c) when she reaches Cherry Street
   (d) when she reads the street sign

4. (a) by telling her to go to Moon Street
   (b) by giving her specific directions
   (c) by showing her famous landmarks
   (d) by coming with her to the place

5. (a) because of a giant statue of a bird
   (b) because of a big sign outside
   (c) because it is just around the corner
   (d) because the librarian will meet her

# Section 03

본 Reading & Vocabulary Section은 각 파트별 글의 종류 및 그에 따른 문제 유형에 대해 알아보며 전략적 학습이 가능하도록 구성하였습니다. G-TELP Level 4의 독해 및 어휘 영역은 파트별로 글의 종류가 정형화되어 있으므로 문제 풀이 전략을 익히면 정답에 보다 쉽게 접근할 수 있습니다.

실전문제를 통해 Part별로 완성하는
**지텔프 4급**

# READING & VOCABULARY

PART 01　신청서 또는 등록 양식

PART 02　공고문

PART 03　사실 설명

PART 04　전기 서사

# PART 01
# Application or Registration Form
## 신청서 또는 등록 양식

지텔프 4급 독해 파트 1에서는 과정 등록, 행사 참가 등을 위해 작성된 신청서 또는 등록 양식이 제시됩니다. 신청서는 관청이나 기관, 단체에 어떤 사항을 요청하는 뜻을 나타내는 문서로 신청자의 이름과 주소, 전화번호 등 개인 인적 사항을 작성하는 공란이 있으며, 간결하지만 다양한 정보를 담고 있습니다. 이번 학습을 통해 영어 서류에 있는 핵심 정보를 파악하는 능력을 기르도록 합시다.

# STRATEGY 1

Straegy 1에서는 각종 신청서 또는 등록 양식에 개인 정보들이 어떻게 기입되어 있는지 아래의 예시를 통해 알아보겠습니다.

---

**NATIONAL COMPUTER INSTITUTE**

**Application Form**

1) Name: Eric Theodore Garcia
          FIRST   MIDDLE   LAST

Age: 30

Address: 3544 Garrett Street
             Fort Bertkil, FL

4) Contact Number: (305)555-0156

2) Birthdate: 4/23/94

3) Gender: Male ✓   Female ___

Marital Status: Married ___   Single ✓

Do you have a friend or relative in the U.S.?
    ☑ Yes.
    ☐ No.

If "Yes", complete the following

Name: _Laura Marie Chandler_
         **FIRST  MIDDLE  LAST**

Contact Number: _(925)555-0101_

Birthdate: _5/29/97_

Age: _25_

Gender: Male ____ Female _✓_

Address: _7972 W Ball Rd_
           _Goldville, CA_

Marital Status: Married _✓_ Single ____

How many months do you plan to study English? _6 mos._

FOR INTERNATIONAL APPLICANTS ONLY:

Do you have a friend or relative in the U.S.?

    ☑ Yes.

    ☐ No.

Level of English Ability

BEGINNING ____ INTERMIDIATE _✓_ ADVANCED ____

5) **Other Languages** _____**N/A**_____

Part 01   Application or Registration Form   **109**

## ① **Name 이름**

우선 영어 이름은 First name (Given name) + Middle name + Last name (Surname, Family name)으로 구성되어 있습니다.

First name (Given name)은 부르는 이름을 의미하고 Last name (Surname, Family name)은 성을 의미합니다. 영어권 나라의 사람들은 먼저 Last name을 쓰고 나서 First name을 쓰는 것이 일반적입니다.

이름을 쓸 때는 Last name + First name + Middle name (성 + 이름 + 중간 이름) 순으로 표기하는 것이 올바른 표기법입니다.

| LAST name (성) | FIRST name (이름) | MIDDLE name (중간 이름) |
|---|---|---|
| Garcia | Eric | Theodore |

## ② **Birthdate 생년월일**

생년월일을 기입하는 신청서도 있습니다. 미국에서는 날짜를 월 / 일 / 연 순으로 씁니다.
그러나 같은 영어권이라도 일 / 월 / 연 순으로 쓰는 나라도 많이 존재합니다.

| May 29, 1997 | 5 / 29 / 97 |
|---|---|
| October 6, 1992 | 10 / 6 / 92 |

## ③ **Gender & Marital Status 성별 및 결혼여부**

신청서에는 때때로 남성(male/소년 또는 남자)인지 아니면 여성(female/소녀 또는 여자)인지 기입하는 칸이 있습니다. 이외에도 결혼 여부 즉, 기혼(married)인지 미혼(not married, single)인지를 묻는 경우도 있습니다.

| Male (남성) | Female (여성) |
|---|---|
| Married (기혼) | Single (미혼) |

## ④ Contact Number 연락처

일반적으로 신청서에는 연락처를 기입하는 칸이 있습니다.
연락처, 즉 전화번호를 쓰는 방식은 나라마다 차이가 있지만, 미국에서 가장 많이 사용하는 방법 중 하나는 2~3자리 숫자를 세 번 나열하는 것입니다.

→ 지역번호가 있을 때는 괄호 안에 넣어 맨 앞에 씁니다.

| PHONE NUMBER | (305) 555-0156 |
|---|---|

→ 미국에서 쓰는 전화번호는 지역번호가 대개 세 자리 수입니다.

| PHONE NUMBER | (925) 555-0101 |
|---|---|

## ⑤ Not applicable 해당되지 않음

신청서의 문항 중에는 기입해야 하는 항목이 본인과 상관없기 때문에 대답을 할 수 없는 질문들이 있을 것입니다. 이러한 경우 "해당되지 않음"을 나타내기 위해 영어로 "Not applicable" 또는 줄여서 "N/A"라고 쓰면 됩니다.

MEMO

# # STRATEGY 2

Strategy 2에서는 각종 신청서 또는 등록 양식에서 등장하는 단어들을 학습하겠습니다.

[기출 단어]

| 단어 | 의미 |
| --- | --- |
| NAME | 이름 |
| BIRTHDATE | 생년월일 |
| DATE OF BIRTH (DOB) | |
| AGE | 나이 |
| ADDRESS | 주소 |
| ZIP | 우편번호 |
| COUNTRY OF ORIGIN (COO) | 출생지 |
| GENDER (SEX) | 성별 |
| MALE | 남성 |
| FEMALE | 여성 |
| EMAIL | 이메일 주소 |
| MAILING ADDRESS | |
| TELEPHONE | 전화번호 |
| TELEPHONE NUMBER | |
| PHONE NUMBER | |
| CONTACT NUMBER | 연락 가능한 전화 번호 |
| DAY /WORK PHONE | 직장 전화번호 |
| MOBILE PHONE | 핸드폰 번호 |
| HOME PHONE | 집 전화번호 |
| MARITAL STATUS | 결혼 여부 |
| MARRIED | 기혼 |
| SINGLE | 미혼 |
| GRADE | 학년 |
| SCHOOL | 학교 |
| STUDENT ID NUMBER | 학생증 번호 |
| ACCOUNT NUMBER | 계좌번호 |
| EXPIRATION DATE | 유효기간 |
| SIGNATURE | 서명 |

MEMO

## Practice Test 1

**Part 1.** Read the following application form and answer the questions. The underlined words in the form are for a vocabulary question.

---

## Application Form

Name (Last name/First name): __Carter, Beverly__

Student ID Number: __77369218__

Street address: __1740 Newcastle Avenue__ / City: __Sea Bright__ /

State: __CA__ / Zip code: __92173__

Work phone: __(619) 555-0189__

Home phone: __(619) 555-0189__

Company: __Carter Computer Services__

Position: __President__

Course Number: __M8680__    Start Date: __June 12__    Tuition: __$520__

Course Name: __Introduction to Online Marketing__

Course Number: __M8687__    Start Date: __July 22nd__    Tuition: __$750__

Course Name: __Online Business Development__

Payment method / Payment Method for **Enrollment**: ☐ cash  ☐ check  ☐ credit card

Enclosed check: __$238__

    Or my registration fee claim: __(one circle) VISA Mastercard__

    Account number: Due date: _____

    Cardholder Signature: _____

1. Why are this person's phone numbers for work and home the same?

   (a) She works on computers.
   (b) She lives at work.
   (c) She works at home.
   (d) She made a mistake.

2. What is the most likely reason for her to take these courses?

   (a) She wants to learn how to program computers.
   (b) She runs a computer business.
   (c) She does not know how to use the Internet.
   (d) She does not have anything to do.

3. How many courses is she taking in June?

   (a) one
   (b) two
   (c) three
   (d) none

4. Why did she leave some empty blanks on the form?

   (a) She forgot to finish it.
   (b) She is paying with her credit card.
   (c) She wants to pay later.
   (d) She is paying with a check.

5. In the context of the passage, the word **enrollment** means _____.

   (a) credit
   (b) schedule
   (c) announcement
   (d) registration

## Practice Test ❷

**Part 1.** Read the following application form and answer the questions. The underlined words in the form are for a vocabulary question

---

### 4th Annual Valley Creek E-Sports Tournament
### REGISTRATION FORM

Name: _Jeremy Walters_

Age: _14_

(If below 18 years old, please **present** a parent's or guardian's permission slip)

Address: _853 Rile Hike Pass, Valley Creek, NV_

Contact Number: _(775) 555-0163_

Are you entering as part of a team?
- ☐ Yes. If Yes, please write the name of your team: _____
- ☑ No.

Are you bringing your own equipment?
- ☑ Yes. If Yes, please specify what you are bringing: _Tablet_
- ☐ No.

Please check which events are you competing in. Contestants are limited to three events.

&lt;Console Games&gt;
- ☐ Judgment of Zeus
- ☐ Operation Downtrodden
- ☐ Death of the Magi 4

&lt;Mobile Games&gt;
- ☑ Tribal Combat
- ☑ Triggerland Unlimited
- ☑ Deckout II

_Jeremy Walters_

Contestant's Signature

1. What is the purpose of the form?

    (a) to register for a competition
    (b) to ask for a parent's consent
    (c) to order console games
    (d) to order mobile games

2. Based on the form, what else does Jeremy need to play in the tournament?

    (a) a team to play with
    (b) his own gadget
    (c) a permission slip
    (d) a phone number

3. Why most likely is Jeremy bringing a tablet?

    (a) because he doesn't like playing on desktops
    (b) because he prefers playing with his own equipment
    (c) because it is required by the tournament
    (d) because his teammates say so

4. How many events is Jeremy competing in?

    (a) none
    (b) one
    (c) two
    (d) three

5. In the context of the passage **present** means _____.

    (a) gift
    (b) show
    (c) curren
    (d) charge

# Practice Test 3

**Part 1.** Read the following application form and answer the questions. The underlined words in the form are for a vocabulary question.

---

HomeSearch, Inc.
APARTMENTS FOR RENT

Let us send you information about an apartment for you!
<u>Fill in</u> the application and mail it to us.

Name: Janice Beauvoir
Current address: 8507 Fernald Ave.
City: Morton Grove   State: Illinois   Zip: 60053
Phone: work (555)444-7392   home (555)439-2988
Date apartment needed? August, 2021
Desired location? near bus route
Furnished or unfurnished? unfurnished
Size of apartment? 3 bedroom   Price range? $700-800/month
Number of children? 2   Ages? 5 and 7
Any pets? Cat
Do you desire a six-month or one-year lease? 6-month

1. When does Janice want to rent a new apartment?

   (a) in six months
   (b) in one month
   (c) in August
   (d) when it is available

2. Why did Janice fill out this form?

   (a) so the apartment manager will know about her cat
   (b) so she will be near her children's school
   (c) so the company will help her find a new place to live
   (d) because she needs to find a new job

3. Where does Janice live now?

   (a) in Morton Grove, Illinois
   (b) near a bus route
   (c) in a house
   (d) in Canada

4. How old are Janice Beauvoir's children?

   (a) two and three
   (b) four and six
   (c) six and one
   (d) five and seven

5. In the context of the passage, **fill in** means _____.

   (a) close
   (b) complete
   (c) feed
   (d) occupy

## Practice Test 4

**Part 1.** Read the following application form and answer the questions. The underlined words in the form are for a vocabulary question

### Jean Claude Elementary School
### Summer Camp Program

### REGISTRATION FORM

Name: _Diana Lee_                     Contact Number: _317-555-0136_

Age: _13_                              Grade: _7_

Address: _1552 Elk City Road,_        Adviser: _Mr. H. Tomkins_
_Indianapolis, IN_

Food and drinks will be provided by the school.

Allergies: _peanuts_

Preexisting Health Condition: _none_

Please answer the following:
  Preference:
  ☑ Chicken
  ☑ Pork/Beef
  ☐ Vegetarian

**WHAT TO BRING**
- extra clothes and blankets
- bug and insect repellant
- emergency supplies (first aid, medications, etc.)

**WHAT NOT TO BRING**

- electronics
- toys
- other non-essentials

**Parent's Permission Slip**

- ☑ I am allowing my son/daughter to join Jean Claude Elementary School's Summer Camp Program.
- ☐ I am not allowing my son/daughter to join Jean Claude Elementary School's Summer Camp Program.

Emergency contact number:

_____317-555-0136_____

_____Maria Chester Lee_____
Parent's Signature

*NOTE:* The bus will be waiting at the school parking lot. Students should be at the parking lot on departure day at 5 a.m. **sharp**. Parents should pick up their child/children at the parking lot on arrival day at 6 p.m. Parents will be informed of any changes to the schedule.

1. What is the purpose of the form?

   (a) to register for a summer program
   (b) to enter an elementary school
   (c) to ask for the parent's permission
   (d) to update student's health records

2. According to the form, what kind of food does Diana not prefer?

   (a) vegetable-based dishes
   (b) recipes with chicken
   (c) courses with beef
   (d) pork-based food items

3. Based on the form, which of the following would Diana probably bring?

   (a) her mobile phone
   (b) her anti-allergy medication
   (c) her favorite book
   (d) her portable radio

4. How will the parents know about changes in the schedule?

   (a) It will be posted at the parking lot.
   (b) They will find out from the bus driver.
   (c) It will be put up inside the bus.
   (d) They will be given information.

5. In the context of the passage, **sharp** means _____.

   (a) pointedly
   (b) suddenly
   (c) cleverly
   (d) exactly

# PART 02 Public Announcement
## 공고문

지텔프 4급 독해 파트 2에서는 행사 소개, 초대장, 구인 공고, 모집 등 다양한 내용의 공고문이 소개됩니다. 보통 짧은 안내문 형식의 공고문이며, 해당 공고문에서 다루는 정보와 관련된 다양한 질문이 주어집니다. 공고문 내 여러가지 정보들을 바탕으로 질문에서 요구하는 정답을 찾는 방법을 학습해 보겠습니다.

# # STRATEGY

공고문은 여러 사람들에게 정확한 정보를 전달해야 하므로 주로 간결하고 명료한 구문을 사용하지만, 정보가 많이 포함되어 있으므로 글을 읽고 모든 정보를 기억하는 것은 어렵습니다.

따라서 **문제의 의도**를 먼저 파악하고, 그 문제의 **단서가 있는 부분의 정보를 파악**한다면 보다 신속하게 문제 풀이가 가능할 것입니다. 특히, **정보 파악**에 중점을 두고 공고문을 읽어 나가면서 신속하게 내용을 파악하는 것이 중요합니다.

또한, 공고문 내에는 소재가 굉장히 많기 때문에 빠르고 정확하게 **소재를 파악**하는 것이 중요합니다. 주로 공고문에서 다루는 내용으로는 각종 행사 소개, 초대장, 구인 공고, 모집, 소개 등이 있습니다.

각 공고문의 성격에 따라 해당 공고의 주제, 목적 등에 관해 자세히 묻는 질문들이 나오므로 **지문의 내용을 포괄적으로** 파악하는 것이 가장 중요합니다. 그 후 각 질문에 따른 **세부 정보를 찾아** 나가는 전략이 필요합니다.

## ① 의문사 KEY WORDS 확인하기

독해에서 정답이 어디 있는지를 알아내는데 도움을 주는 단어를 핵심 단어(KEY WORDS)라고 합니다.
이러한 핵심 단어 중의 하나로는 '**의문사**'가 있습니다.
그렇다면 자주 쓰이는 의문사는 어떤 것이 있는지 살펴보겠습니다.

| 의문사 | 의문사의 사용 | 단서 |
|---|---|---|
| **Who** | 사람과 동물을 가리킬 때 | |
| **What** | ① 사물, 사건, 행위를 가리킬 때<br>② 사물의 이름을 물어볼 때 | 이름을 쓸 때는 첫 글자를 대문자로!<br>➡ **대문자**를 찾자! |
| **When** | 특정 날짜나 시간을 물어볼 때 | ① 년, 월, 일을 찾자!<br>② **am, pm, o'clock**<br>   **midnight** 등의 용어를 찾자! |
| **Where** | 장소나 위치를 물어볼 때 | **주소, 특정 건물, 방** 등을 언급한 부분을 찾자! |
| **How many<br>/ How much** | 수치(양)을 물어볼 때<br>How many: 셀 수 없는 명사<br>How much: 셀 수 있는 명사 | **숫자**를 찾자!<br>※ How much: 돈에 관한 질문<br>➡ **달러 표시($)**를 찾자! |
| **How long** | 기간을 물어볼 때 | **분, 시간, 날짜**에 관한 숫자를 찾자! |

## ② 문맥 활용하기

독해를 하다 보면 모르는 단어가 나타날 것입니다. 그러나 단어의 의미를 파악하는 방법이 항상 사전만 존재하는 것은 아닙니다. 바로 문맥을 활용해 의미를 알아내는 방법입니다.

**문맥**이란 문장 안에 있는 다른 단어들의 의미를 말합니다. 이러한 문장 속 다른 단어들의 의미가 스스로 모르는 단어의 뜻을 이해하는 데 도움을 줄 수 있습니다.

> ex The Midwest Tool **Company, a business near my home**, recently opened a new store.

이 문장에서 'company'라는 단어가 무슨 뜻인지 모른다고 가정해 봅시다.

이 때, 문맥을 보면 company가 business의 일종임을 알 수 있습니다. 또한 문장에는 '새로운 매장을 열었다'는 내용도 포함되어 있습니다. 이러한 내용들을 종합하여 'company'란 매장을 포함하는 business의 일종임을 알 수 있습니다.

이처럼 우리는 앞뒤의 문맥을 통해 충분히 모르는 단어의 의미를 파악할 수 있습니다.

## ③ Commas 쉼표 확인

문장 중에는 쉼표(,)를 사용해서 별도로 다루는 단어 군이 들어있는 경우가 있습니다.

위 예문에서는 'a business near my home'이라는 구가 쉼표로 분리되어 그 앞에 나오는 명사나 명사구(The Midwest Tool Company)를 설명해줍니다.

이와 같은 구를 **동격구(절)**라고 합니다.

---

**BUSINESS MEETING ANNOUNCEMENT**

The AmerEast Company will hold its monthly business meeting next Monday, September 26, at 7 p.m. in the Singapore Hilton. Company president Howard Dorman will first introduce some new company officials. They will discuss their responsibilities briefly.

Marsha Wilson, **company sales manager**, will discuss our newest product. She will explain how this device increases the speed of most computers by 50%. The company expects to start selling this item in about 6 months.

The meeting will last about two hours. Clients can meet with company officials for a short time after the meeting.

---

위 예시에서 'company sales manager'라는 동격구 또한 쉼표로 분리되어 앞에 나오는 명사(Marsha Wilson)를 설명해주고 있습니다.

※ 동격구는 문장의 끝에 오는 경우도 있습니다.

> [ex] Bob enjoyed most of his breakfast, but he did not like the oatmeal, **a kind of hot cereal**.

이 문장에서 쉼표 뒤에 나오는 동격구(a kind of hot cereal)는 문장 끝에서 오트밀이라는 단어를 설명해주고 있습니다.

# # STRATEGY ②

### ① 동사, 명사 KEY WORDS 확인하기

앞서 우리는 의문문에서 정답을 찾는 데 도움을 주는 의문사 핵심 단어에 대해 배웠습니다.
그러나, 의문사는 핵심 단어의 종류 중 한 가지에 불과합니다.

사실상 해답을 찾는 데 도움을 주는 것이라면 모든 단어가 다 핵심 단어가 될 수 있습니다.
그 중, 주로 **동사나 명사**가 핵심 단어가 됩니다.
다음 예문을 살펴보겠습니다.

> ex) Underground living is becoming more and more practical. **1) Stronger materials allow homes** of several thousand square feet to be built under the earth. Usually, one side with the main entryway to the house is above the ground, while the other **2) three sides are buried under tons of dirt.** A vegetable garden might grow on top of the roof. **3) Such structures are highly energy-efficient because the earth acts as natural insulation.**

윗글을 읽고, 다음과 같은 세가지 질문에 답한다고 가정하겠습니다.

1. What **allows** large **homes** to be built underground?
   지하에 대형 주택을 건설할 수 있게 된 것은 무엇 때문인가?

→ 1번 문제에서는 동사 allow와 명사 homes가 핵심 단어입니다.
이 두 가지 핵심 단어는 모두 두 번째 문장에 포함되어 있습니다. 따라서 답은 "**Stronger materials**"임을 알 수 있습니다.

2. How many **sides** of a house are usually **underground**?
   일반적으로 주택의 몇 면이 지하로 들어가는가?

→ 2번 문제에서는 명사 sides와 형용사 underground가 핵심 단어입니다.
두 번째 문장에 sides가 존재하기는 하지만, underground는 없습니다. 대신에, buried under tons of dirt라는 말이 underground와 비슷한 의미를 갖습니다. 이처럼 문제에 나오는 핵심 단어는 다른 말로 바꾸어 사용되기도 합니다. 따라서 답은 "**three sides**"입니다.

3. **Why** do such houses save **energy**?
   이와 같은 주택들이 에너지를 절약할 수 있는 이유는 무엇인가?

→ 3번 문제에서는 의문사 why와 명사 energy가 핵심 단어입니다.
의문사 why를 통해 because로 시작하는 마지막 문장에 답이 있음을 알 수 있습니다. 또한 Energy는 energy-efficient라는 표현으로 나타나고 있으므로 답은 "**because the earth acts as natural insulation**"입니다.

핵심 단어를 찾아내서 활용하면 독해 문제에서 답을 훨씬 쉽게 찾을 수 있습니다.
질문에 나오는 핵심 단어가 지문에도 똑같이 나온다면 더할 나위 없이 좋겠지만, 앞서 본 것과 같이 핵심 단어가 지문에서는 다른 말로 바뀌어 표현되는 경우도 있습니다. 따라서 이처럼 단어 간의 유사한 의미를 파악할 수 있어야 합니다.

## ② 등위접속사

문장과 문장을 연결해주는 단어를 등위접속사라고 합니다.
영어에는 **and, or, but, so, yet, for** 등 여섯 개의 등위접속사가 있습니다.

### ① AND

and는 동등한 관계에 있는 두 문장을 연결해줍니다.
주로 동시에 일어나는 어떤 행동이나 상태를 나타낼 때 많이 사용합니다.

- She is a kind person **and** I like her very much. [상태]
  
  그녀는 친절한 사람이고 나는 그녀를 아주 좋아한다.

- John washed the dishes **and** Larry cleaned the floor. [행동]
  
  John은 접시를 닦고 Larry는 바닥을 청소했다.

→ 앞선 문장의 행동이 뒷문장의 행동보다 앞서 일어나는 경우도 있습니다.

- Mary got in the car **and** she drove away.
  
  Mary는 차에 탔고 그녀는 차를 몰고 떠났다.

② **OR**

or는 두 가지의 행동이나 상황 중에서 하나를 선택해야 할 때 사용합니다.

- We could go to a movie **or** we could stay home.
  우리는 영화를 보러 갈 수도 있고 아니면 집에 있을 수도 있다.

- Perhaps he forgot about our appointment, **or** maybe he got stuck in traffic.
  아마 그가 약속을 잊어버렸거나 아니면 교통 체증에 걸렸을 것이다.

➡ 문장이 길 때는 등위접속사 앞에 쉼표가 오는 경우가 많습니다.
이는 다른 등위접속사의 경우도 마찬가지입니다.

③ **BUT, YET**

but과 yet은 서로 상반되는 두 문장을 연결할 때 사용합니다.
즉, 두 문장 사이에는 긍정-부정의 관계가 성립되며 yet은 but과 같은 의미입니다.

- Terry studied well for the test **but** she didn't get a good grade.
  Terry는 시험 공부를 열심히 했지만 좋은 점수를 받지 못했다.

- Terry studied well for the test **yet** she didn't get a good grade.
  Terry는 시험 공부를 열심히 했지만 좋은 점수를 받지 못했다.

➡ 시험 공부를 열심히 하면 대개 좋은 점수를 받을 것이라고 기대합니다.
하지만 Terry는 이와 반대의 경우이기 때문에 두 문장이 상반되는 것입니다.

④ **SO**

so는 결과절을 이끕니다.
즉, 첫 번째 문장의 행동이나 상태를 통해 두 번째 문장의 행동이나 상태를 짐작할 수 있습니다. 일종의 긍정-긍정 관계라고 생각할 수 있습니다.

- Lenora studied well for the test **so** she got a good grade.
  Lenora는 시험 공부를 열심히 해서 좋은 점수를 받았다.

➡ 공부를 열심히 했을 때의 긍정적인 결과는 좋은 점수를 받는 것입니다.

⑤ **FOR**

for는 원인절을 이끕니다.

즉, 첫 번째 문장이 왜 맞는지 두 번째 문장이 설명해줍니다. for는 because와 같은 의미이기는 하나, 대화에서는 많이 사용하지 않습니다.

- Lenora got a good grade **for** she studied hard.

    Lenora는 시험 공부를 열심히 했기 때문에 좋은 점수를 받았다.

MEMO

**Practice Test 1**

**Part 2.** Read the following announcement and answer the questions. The underlined words in the announcement is for a vocabulary question.

## SAN CARLOS LITTLE LEAGUE

This Saturday, January 20, will be our final registration for Little League from 1 to 4 p.m. at the San Carlos Recreation Center.

We have teams for all ages : Pee-Wee T-ball for 5-years-olds, T-ball for 6-to 8-years-olds, Caps for 8-and 9-year-olds, Majors for 11-to 12-year-olds, and Senior Majors for 14-and 15-year-olds. The season begins Saturday, March 23, and runs through Saturday, June 15. For player ages 16 to 18, we have the Big League program, which begins right after the high school baseball season ends in May and **runs** through the middle of July.

For information about whether a game will be played or not, call Player Agent Jim Jones at 555-2886, or connect with us through the Internet.

The Internet address is : http://hello.aol.com/SnCarlosLL.

1. In order to be able to play on a Little League team, how old must a child be?

    (a) at least five years old
    (b) at least six years old
    (c) at least 15 years old
    (d) at least 18 years old

2. How long is the Little League season?

    (a) from the end of May through July
    (b) from January 20 through March 23
    (c) from March 23 through June 15
    (d) from the end of May through June 15

3. Who plays in the Big League program?

    (a) senior citizens
    (b) children under age 15
    (c) high school students
    (d) high school graduates

4. Which teams have the 11-year-old players?

    (a) Majors
    (b) Caps
    (c) Senior Majors
    (d) Junior Majors

5. In the context of the passage, the word **runs** means _____.

    (a) continues
    (b) races
    (c) escapes
    (d) flows

 **Practice Test ❷**

**Part 2.** Read the following announcement and answer the questions. The underlined words in the announcement is for a vocabulary question.

# FREE TREES FOR HOMEOWNERS!

From April through May, over 100 trees will be planted along the streets and sidewalks of San Carlos neighborhoods to improve the appearance of the community. You can receive a free tree if you attend a brief meeting to select your type of tree, sign a city tree permit, and receive instructions on how to care for your tree.

You can choose between many different species of trees. The city now requires 40 feet of separation between street trees, which means that except on corner lots, most homes will qualify for only one tree. Call the Tree Coordinator at 555-0127 to **reserve** your tree.

1. Why are trees being planted in San Carlos?

   (a) to attract more birds
   (b) to make it more attractive
   (c) to teach people about trees
   (d) to shade cars from the sun

2. What should homeowners do to receive a free tree?

   (a) keep the tree alive
   (b) dig a large hole
   (c) sign a tree permit
   (d) build a sidewalk

3. How will trees be selected?

   (a) by the Tree Coordinator
   (b) by the city of San Marcos
   (c) by the community
   (d) by the homeowner

4. According to the announcement, which lots are likely to qualify for more than one tree?

   (a) street lots
   (b) corner lots
   (c) sidewalk lots
   (d) 30-foot lots

5. In the context of the passage, **reserve** means _____.

   (a) store
   (b) hold
   (c) ready
   (d) supply

## Practice Test 3

**Part 2.** Read the following announcement and answer the questions. The underlined words in the announcement is for a vocabulary question.

# INTERNATIONAL STUDENTS

There will be a meeting on Saturday, September 12, for all students who want to join the International Friends organization. All students are welcome to come. This will be the first meeting of the school year. Peter Baxter, an art student, will show slides he took while on a trip through Nepal. There will also be food and drinks from different countries and a discussion of the activities **planned** for this year. Membership is free. This is a good chance for international students to practice their English. The meeting will be held in Phillips Library, Room 314, at 7 p.m.

1. Where will the International Friends' meeting be?

    (a) in Nepal
    (b) in Peter Baxter's room
    (c) in Phillips Library
    (d) in a restaurant

2. When is the meeting?

    (a) during class time
    (b) on the weekend
    (c) during the day
    (d) during summer vacation

3. Why should international students join the organization?

    (a) to study in the library
    (b) to plan their travel to Nepal
    (c) to practice speaking English
    (d) to make money selling food and drinks

4. Who is invited to attend the meeting?

    (a) students of English
    (b) only international students
    (c) librarians
    (d) all students

5. In the context of the passage, **planned** means _____.

    (a) arranged
    (b) mapped
    (c) drawn
    (d) finished

## Practice Test 4

**Part 2.** Read the following announcement and answer the questions. The underlined words in the announcement is for a vocabulary question.

# BUS RULES

Riders of the local bus from San Diego State University to Fashion Valley should be aware of some facts. Bus Number 81 runs between the campus and the shopping center from 7 a.m. until 11 p.m. When riding the bus, passengers should carry the exact fare, which is $1.00 for the regular bus, and $1.25 for the **express** bus. The passengers should also be aware that smoking, eating and drinking are not allowed on the bus. Standing on the bus is also prohibited. Our goal is to give the best service to all those who ride the bus.

1. What is the bus route?

   (a) between San Francisco State University and Fashion Valley
   (b) between two local university campuses
   (c) between San Diego State University and Fashion Valley
   (d) between several scenic mountains and valleys

2. What is Fashion Valley?

   (a) a shopping center
   (b) a college campus
   (c) a bus name
   (d) a pretty view

3. How much money should a passenger carry to take the regular bus?

   (a) $ 1.25
   (b) $ 1.50
   (c) $ 1.00
   (d) less than $ 1.00

4. What activities are NOT allowed on the bus?

   (a) eating and drinking
   (b) smoking and eating
   (c) standing
   (d) all of the above

5. In the context of the passage, **express** means _____.

   (a) show
   (b) freight
   (c) faster
   (d) messenger

Part 02  Public Announcement

# PART 03 Factual Account 사실 설명

지텔프 4급 독해 파트 3에서는 특정 주제에 관한 유용한 정보나 지식을 사실적 설명으로 전달하는 설명문이 제시됩니다. 해당 설명문은 생소한 사물이나 생물들에 대해 사실과 관련된 세부 요소를 설명하며 새로운 정보를 습득할 수 있도록 구성되어 있습니다. 따라서 정확한 해석을 통해 문제의 정답을 찾는 것이 가장 중요합니다.

# # STRATEGY

Strategy 1에서는 설명문을 읽는 데 필요한 전략 세 가지를 살펴보겠습니다.
파트 3에서 출제되는 설명문은 평소에 접하기 어려운 생소한 주제를 바탕으로 이루어져 있기 때문에 정확하게 해석하지 않으면 풀기 어렵게 느껴질 수 있습니다.

## ▶ Reading Skills

### ① 정의 내리기

설명문에는 어떤 단어에 대해 완전한 정의를 내리는 문장이 자주 출제되고 있습니다.
따라서 한 단어의 정의를 어떻게 내리는지 알아두는 것이 필요합니다.

다음 예문을 보겠습니다.

> [ex] A company is a commercial business which is involved in sales or service.

이 문장은 기업(company)이라는 단어에 대해 공식적인 정의를 내리고 있습니다.
이와 같은 정의 방식에 대해 몇 가지 알아 두어야 할 것이 있습니다.

| ① | 주로 **be동사**를 많이 사용합니다. |
|---|---|
| ② | Be 동사 다음에는 **카테고리**가 등장합니다.<br>이 예문의 경우에는 사업(business)이라는 명사를 사용하고 있습니다. 따라서 기업(company)이란 사업 (business)의 일종이라는 것을 알 수 있습니다. |
| ③ | 그 사업의 종류에 대해 더 자세히 설명하기 위해 commercial과 같은 **형용사**나 involved in sales or service와 같이 **명사를 꾸며주는 구**를 사용하기도 합니다. |

위의 내용을 다음과 같이 정리할 수 있습니다.

ex) A company **is** a **commercial business involved in sales or services**.
　　　　　　be동사　　형용사　　카테고리　　　　　　구

이처럼 단어의 의미를 명확히 서술하는 방법을 익혀 둔다면 설명문을 읽을 때 조금 더 쉽게 단어를 파악할 수 있습니다.

## ② 소재의 정의 및 기원

독해 파트 3에서는 앞서 언급한 것과 같이 소재의 정의와 기원을 묻는 문제가 주로 출제됩니다.
따라서 설명문의 소재를 잘 파악하기 위해서는 단서가 되는 문장을 확인하며 읽는 것이 중요합니다.

| 질문 | 단서가 되는 문장 |
|---|---|
| ① What is [소재]?<br>[소재]가 무엇인가? | - [소재] be from ~<br>- [소재] be named after ~<br>- [소재] originated from ~<br>- [소재] is called ~<br>- [소재] dates back to ~<br>- [소재] derives from ~ |
| ② What is the origin of [소재]<br>[소재]의 기원은 무엇인가? | |
| ③ What did the name of [소재] probably come from?<br>[소재]의 이름(어원)은 어디에서 오는가? | |

## ③ 특징 파악하기

설명문에서는 소재에 대한 세부적인 질문들이 가장 많이 출제됩니다.
따라서 해당 주제에 대한 세부적인 특징을 잘 파악하는 것이 중요합니다.

> **해석**
>
> [소재]는 언제 / 어디서 / 어떻게 / 왜 / 무엇을 / 누가 ~하는가?

| 질문 | 단서가 되는 문장 |
|---|---|
| ① **When ~?** <br> 언제 | - The end of ~ <br> - By the end of ~ <br> - Last ~ <br> - Beginning in ~ <br> - [소재] be made up of ~ <br> - [소재] be composed of ~ <br> - [소재] include ~ <br> - [소재] is characterized by ~ <br> - [소재] is described as ~ <br> - [소재] was/were found by 사람/연구 <br> - 사람/연구 discovered ~ <br> - 사람/연구 found ~ |
| ② **Where ~?** <br> 어디서 | |
| ③ **How ~?** <br> 어떻게 | |
| ④ **Why ~?** <br> 왜 | |
| ⑤ **What ~?** <br> 무엇 | |
| ⑥ **Who ~?** <br> 누구 | |

MEMO

**Practice Test** ❶

**Part 3.** Read the following factual account and answer the questions. The underlined word in the account is for a vocabulary question.

## MOUNTAIN LIONS

Last year in Southern California, two people who were hiking in the mountains were killed by mountain lions. Now the National Rifle Association is working to get a law passed that would allow people to hunt mountain lions. However, the **risk** of attack by a mountain lion is extremely small—about the same chance as being hit by lightning. Wildlife experts who study mountain lions say that hunting mountain lions will not reduce attacks, but may increase them because animals injured by hunters are more likely to attack.

Other animals are far more dangerous to humans. Each year, bees kill about 43 people, dogs kill 14, and rattlesnakes kill 10. But no one suggests a hunting season for bees and dogs!

1. Who is likely to belong to the National Rifle Association?

   (a) people who do not believe in hunting
   (b) people who were attacked by animals
   (c) people who pass laws against guns
   (d) people who own guns and like to hunt

2. According to wildlife experts, when are mountain lions more likely to attack?

   (a) when it is dark
   (b) when they are injured
   (c) when people are around
   (d) when there is lightning

3. According to the passage, which animal is most dangerous to humans?

   (a) mountain lions
   (b) bees
   (c) rattlesnakes
   (d) dogs

4. What is the main idea of this passage?

   (a) Mountain lions attack humans for food.
   (b) Mountain lions should be reduced.
   (c) Mountain lions are not as dangerous as people believe.
   (d) Mountain lions really are friendly to humans.

5. In the context of the passage, **risk** means _____.

   (a) accident
   (b) luck
   (c) success
   (d) danger

## Practice Test ❷

**Part 3.** Read the following factual account and answer the questions. The underlined word in the account is for a vocabulary question.

# ORANGES

The end of February marks the best part of the season for navel oranges. A navel orange gets sweeter as it hangs longer on the tree. By the end of the season, it's as sweet as it can get. Local navel oranges are grown in North County, in Southern California and are plentiful.

A **multitude** of other citrus fruits are in season right now. The blood orange, with its red flesh and mild flavor, will be at its best for the next few weeks. Locally grown Mineola tangerines, a cross between a grapefruit and a tangerine, are also becoming available now. The fruit is seedless, fairly sweet, and easy to peel. Limas, also known as sweet limes, are in season as well. The fruit tastes like an orange, but looks like a lemon.

1. When are navel oranges the least sweet?

   (a) in the best part of the year
   (b) at the end of February
   (c) at the end of the season
   (d) at the start of the season

2. Which citrus fruit has a red color inside?

   (a) the navel orange
   (b) the blood orange
   (c) the tangerine
   (d) the grapefruit

3. Which fruit is probably very convenient to eat?

   (a) the lima bean
   (b) the tangelo
   (c) the Mineola tangerine
   (d) the orange

4. What is interesting about the lima?

   (a) It is like more than one citrus fruit.
   (b) It has a taste like a lemon.
   (c) It looks like a lime.
   (d) It looks like an orange.

5. In the context of this passage, **multitude** means _____.

   (a) crowd
   (b) decrease
   (c) period
   (d) variety

# Practice Test 3

**Part 3.** Read the following factual account and answer the questions. The underlined word in the account is for a vocabulary question.

## WHALE WATCHING

Beginning in November, nearly all of the world's 23,000 gray whales have their summer feeding grounds in the Arctic Ocean and Bering Sea and swim south, down the Pacific Coast to Baja California. Upon reaching the warm Mexican waters, the gray whales give birth and bond with their young before returning north.

Off the San Diego, California coastline, gray-whale watching begins after Christmas and peaks in mid-January. When the whales begin their return trip around February, whale-watching boats must travel nine to 12 miles off the coast to see the parade of whale pods. Just 25 years ago, observers on the shore could count as many as 400 gray whales passing by in a single day. Today, to see 40 whales from the same place would be **unusual**.

1. Where do some gray whales spend the summer?

   (a) in Baja California
   (b) in San Diego, California
   (c) in Mexican waters
   (d) in the Bering Sea

2. When can the most whales be seen as they swim south?

   (a) in February
   (b) in mid-January
   (c) before Christmas
   (d) in November

3. What important event happens when the female whales reach the warm waters?

   (a) they swim in circles
   (b) they give birth
   (c) they bond with blue whales
   (d) they have a parade

4. How are people best able to watch the gray whales today?

   (a) from a boat, close to the coast
   (b) from a boat, miles off the coast
   (c) from the shore, in early December
   (d) from the shore, in whale pods

5. In the context of this passage, **unusual** means _____.

   (a) natural
   (b) practical
   (c) common
   (d) extraordinary

**Part 3.** Read the following factual account and answer the questions. The underlined word in the account is for a vocabulary question.

## THE SUBMARINE SANDWICH

Depending on where you go in the US, the submarine sandwich is called either a hero, a hoagie, grinder, poor-boy, bomber, rocker, torpedo, or the original "sub." And no one seems to agree on what ingredients need to be in a true sub, except perhaps the signature submarine roll that looks like an underwater boat. Some stores call their sandwiches subs just because they are served on a sub roll. In the finest sub shops, the ingredients are always freshly cut, and each sandwich is made to order.

The sub center of the **universe** is Philadelphia—South Philly, to be exact. Sub experts also know that great subs can be found in Wilmington, Delaware, just a few miles south of Philadelphia. A 12-foot-long Wilmington sub was once ordered by the US House of Representatives in Washington, DC.

1. What is a submarine sandwich called in other parts of the country?

   (a) Its name differs depending on the area of the country.
   (b) It is usually on a submarine or hamburger roll.
   (c) It is called either a hoagie or poor boy in the south.
   (d) Its name always includes the word "sub."

2. What are the ingredients of a submarine sandwich?

   (a) lettuce, tomatoes, and meat
   (b) roast beef, cheese, and onions
   (c) whatever a person orders
   (d) only freshly cut meats and vegetables

3. Who ordered a 12-foot-long sub?

   (a) the submarine passengers
   (b) a hero
   (c) South Philly
   (d) the US House of Representatives

4. What did the name of the submarine sandwich probably come from?

   (a) It is named after a branch of the military.
   (b) It is an inferior food.
   (c) It once was made in basements.
   (d) It resembles a kind of ship.

5. In the context of this passage, **universe** means _____.

   (a) air
   (b) space
   (c) world
   (d) place

# PART 04 Biographical Narrative
## 전기 서사

지텔프 4급 독해 파트 4에서는 특정 인물의 일대기를 서술하는 전기문이 제시됩니다. 해당 전기문은 역사적 위인이나 근현대의 유명한 인물이 주로 등장합니다. 기존에는 과거의 위인이나 역사적 인물들이 많이 등장했으나, 최근에는 동시대의 친숙한 유명 인사들도 등장하고 있습니다. 순차적인 흐름에 따라 진행되는 지문이 대다수이지만 그렇지 않은 지문도 있기 때문에 글의 흐름을 파악하면서 읽어 나가는 방법을 학습해야 합니다. 또한 시기별로 중요한 사건이나 업적 등을 묻는 문제들이 주로 출제되기 때문에 해당 표현을 암기해두는 것이 좋습니다.

# # STRATEGY 1

Strategy 1에서는 글의 전개 순서(인물 소개 → 인물의 어린 시절 → 주요 활동, 연구 및 작품 등 → 현재 근황 또는 죽음)를 바탕으로 특정한 세부사항을 파악하는 방법을 알아보겠습니다.
인물이 유명한 이유, 각 시기별 활동, 진로 선택 계기 등 빈출이 많이 되는 문제들의 관련 표현을 익혀 두면 문제의 단서를 쉽게 찾을 수 있습니다.

### ▶ Reading Skills

 세부사항 파악하기

전기문에는 특정한 세부사항을 묻는 문제가 가장 많이 출제되며, 보통 해당 인물이 유명한 이유, 진로를 정하게 된 계기, 시기별로 인물이 한 일 등의 세부사항을 묻습니다.

따라서 질문의 적절한 키워드를 파악하고, 이를 지문에서 찾아내는 것이 핵심 전략입니다. 문제에서는 세부적인 내용을 묻기 때문에 키워드의 주변 내용 즉, 앞 뒤 문장의 내용만 주의 깊게 파악해도 쉽게 정답을 찾아낼 수 있습니다.

정답은 주로 **지문에 그대로 언급**되어 있거나 **다른 말로 바꾸어 표현**한 형태로 등장합니다.

## ① 유명한 이유

**해석**

[인물]은 **무엇으로 가장 유명한가**?

| 질문 | 해당 문장 예시 |
|---|---|
| ① What is [인물의 이름] most known for? | - [인물] **is best known for her experience** in different sites.<br>- [인물] **is famous for** her sad lyrics.<br>- [인물] **is recognized for** being the top in her class |
| ② What is [인물의 이름] best known for? | |
| ③ What is [인물의 이름] famous for? | |
| ④ What is [인물의 이름] noted for? | |
| ⑤ What is [인물의 이름] recognized for? | |

## ② 시기별 활동

해당 인물의 시기별 주요 활동에 대한 세부사항을 묻는 문제가 자주 출제되며, 그 중 업적에 관해 묻는 문제가 주로 출제됩니다.

**해석**

- [인물]의 [세부 활동]은 **언제 시작되었는가**?
- [인물]의 경력은 **어떻게 시작되었는가**?
- [인물]은 **무엇을 성취(발명)했는가**?

| 질문 | 해당 문장 찾기 |
|---|---|
| ① When did [인물]'s [세부 활동] get started? | - After graduating, ~<br>- Since ~<br>- By ~<br>- When he/she was [나이] years old |
| ② How did [인물]'s [경력사항] career get started? | |
| ③ How did [인물] first begin working ~? | |
| ④ What did [인물] accomplish in [연도]? | |

### ③ 진로를 정한 계기

진로를 선택한 계기를 묻는 문제가 자주 출제되며, 그 중 어린 시절에 관한 세부사항을 묻는 문제가 주로 출제됩니다.

**해석**

| 질문 | 해당 문장 찾기 |
| --- | --- |
| 무엇이 [인물]이 [진로]를 시작하도록 했는가? | |
| ① What made (인물) start (진로)? | - At the age of ~<br>- At age ~<br>- Since ~<br>- When he/she was (나이) years old ~<br>- Inspire 인물 to<br>- first show an interest in<br>- be introduced to |
| ② When did (인물) start ~ | |

## ② True / False 사실 혹은 거짓 판단

전기문에는 인물과 관련된 사건에 대해 사실이거나 사실이 아닌 것을 판단하는 문제가 출제됩니다.

해당 문제는 각 보기와 지문 내용을 하나씩 대조하면서 소거하는 방식을 통해 정답을 선택해야 합니다. 따라서 문제가 묻는 것이 무엇인지 먼저 확인한 뒤, 문제와 관련된 부분에서 각 **보기의 키워드가 언급된 부분의 내용**을 주의 깊게 읽어야 합니다.

### 💬 True / False 문제 풀기 TIP!

| 문제 유형 | 정답 |
| --- | --- |
| True | 지문에 내용이 그대로 언급되거나 다른 말로 바꾸어 표현된 것이 주로 정답입니다. |
| False | 지문의 내용과 일치하지 않거나 지문에서 아예 언급되지 않은 것이 보통 정답일 가능성이 높습니다. |

### 💬 True / False 문제 유형

| 문제 유형 | Which is true about [인물] ~?<br>What is not true about ~? |
| --- | --- |
| 해석 | [인물]의 ~에 대해 사실인 것은?<br>[인물]의 ~에 대해 사실이 아닌 것은? |

| 문제 유형 | What is mentioned about ~? |
| --- | --- |
| | What is not mentioned about ~? |
| 해석 | [인물/사건]에 대해 언급된 것은? |
| | [인물/사건]에 대해 언급되지 않은 것은? |

## ③ 추론

전기문에는 인물에게 일어난 사건 등에 대해 추론할 수 있는지 묻는 문제도 출제됩니다.

**반드시 키워드가 언급된 부분을 토대로 가장 적절히 추론한 보기를 찾기!**

추론 문제는 지문에서 직접적인 정답을 찾기 어렵기 때문에 까다롭다고 느끼실 수 있습니다.
하지만 지문에서 문제의 키워드가 언급된 내용을 읽고, 이를 바탕으로 4개의 보기 중 가장 적절한 추론을 한 보기를 찾으면 어렵지 않게 정답을 찾을 수 있습니다.

※ 일반 상식을 통해 추론할 수 있는 내용을 정답으로 고르지 않도록 주의해야 합니다.

### 💬 추론 문제 유형

| 문제 유형 | Why most likely did ~? |
| --- | --- |
| | Why probably did ~? |
| 해석 | 왜 (인물)은 ~했어야 했던 것 같은가? |
| | 왜 (인물)은 ~을 할 수 있었을 것 같은가? |

## ④ 어휘

모든 독해에는 지문에서 밑줄 친 어휘와 비슷한 단어를 묻는 문제가 출제됩니다.

해당 문제는 주어진 **어휘가 사용된 문맥의 내용**을 정확히 이해하고, 어휘가 무슨 뜻으로 사용되었는지를 파악하는 것이 중요합니다. 사전적으로는 비슷한 의미의 단어일지라도, 문맥에서 사용된 것과 의미가 다를 수 있기 때문에 암기한 단어의 의미만을 생각하고 무조건 정답으로 선택하지 않도록 주의해야 합니다.

### 💬 어휘 문제 유형

| 문제 유형 | In the context of the passage, **best** means _____. |
| --- | --- |
| 해석 | 글의 문맥에서 "best"는 _____을 의미한다. |

**Part 4.** Read the following biography and answer the questions. The underlined words in the biography are for vocabulary questions.

## ANTONIE VAN LEEUWENHOEK

Antonie van Leeuwenhoek was a Dutch microscopist best known for being the first to **observe** microorganisms like bacteria and protozoa. His findings disproved the theory of spontaneous generation that states living creatures can be produced from nonliving things.

Although he was not born to a rich family and received no formal education in the sciences, Leeuwenhoek was extremely curious. He had a skill at grinding lenses, which he used to create his microscopes. Unlike compound microscopes that were more prevalent, Leeuwenhoek's only uses one lens mounted on a three- to four-inch brass plate.

He is known to have made over 500 microscopes, which he used to **examine** and describe organisms. He sent his findings to the Royal Society of London. These were published and among these were the first descriptions of bacteria ever recorded.

Through his observations, Leeuwenhoek proved that these low forms of life also bred and helped establish the fields of bacteriology and protozoology.

1. What is Antonie Van Leeuwenhoek most known for?

   (a) inventing the microscope
   (b) being the first to observe microorganisms
   (c) founding a new branch of study
   (d) proposing a scientific theory

2. How are Leeuwenhoek's microscopes different?

   (a) They only have a single lens.
   (b) He made them with three lenses.
   (c) They are made out of brass.
   (d) He made them extremely small.

3. Why did Leeuwenhoek send his findings to the Royal Society of London?

   (a) for verification
   (b) to prove his theories
   (c) for publication
   (d) to ask for their help

4. In the context of the passage, **observe** means _____.

   (a) follow
   (b) remark
   (c) watch
   (d) celebrate

5. In the context of the passage, **examine** means _____.

   (a) test
   (b) study
   (c) question
   (d) score

**Part 4.** Read the following biography and answer the questions. The underlined words in the biography are for vocabulary questions.

# HOWARD CARTER

Howard Carter was a British archaeologist who is best known for discovering the largely intact tomb of the Egyptian pharaoh, Tutankhamen. His discovery is one of the most important archaeological **finds** of the century.

At age 17, Carter began by working as an artist for an archaeologist in Egypt. He made illustrations of archeological digs and was able to work in different sites including Thebes, Edfu, and Armana.

In 1907, he was hired by Lord Carnarvon, a rich English aristocrat, to dig at a location believed to be the location of Tutankhamen's tomb. And on February 16, 1923, Carter stepped into the innermost chamber of King Tut's sarcophagus.

The tomb was undisturbed for thousands of years covered by tons of rubble. It contained so many treasures that cataloging all of its content lasted until 1932 under his supervision. Carter spent the rest of his life **touring** museums and giving talks about Egypt and Tutankhamen.

1. What is Howard Carter most known for?

   (a) his skill in making illustrations
   (b) his talks on Egyptian history
   (c) his contributions to archeology
   (d) his experience in different sites

2. How did Carter first begin working in Egypt?

   (a) by working as an archeologist
   (b) by drawing historical sites
   (c) by working for a rich Englishman
   (d) by searching for an ancient tomb

3. Why probably did it take Carter nine years to catalog all the contents of the tomb?

   (a) because he was giving talks on Egyptology
   (b) because there were many items
   (c) because he was busy building a museum
   (d) because the site was buried

4. In the context of the passage, **finds** means _____.

   (a) discoveries
   (b) receptions
   (c) considerations
   (d) observations

5. In the context of the passage, **touring** means _____.

   (a) traveling
   (b) performing
   (c) visiting
   (d) enjoying

**Part 4.** Read the following biography and answer the questions. The underlined words in the biography are for vocabulary questions.

# RUTH BADER GINSBURG

Joan Ruth Bader Ginsburg was an associate justice of the Supreme Court of the United States and was only the second woman to **serve** on the Supreme Court. She was known for her powerful dissenting statements on several key court rulings.

Ginsburg graduated first in her class at Columbia Law School in 1959; however, despite her excellent record, she had difficulty finding a job as a lawyer because of her gender. After serving as a clerk, she landed teaching positions at Rutgers and Columbia, where she became the first female tenured professor.

In 1993, Ginsburg was appointed to the Supreme Court by President Bill Clinton. As a justice, she was involved in several important rulings including Bush v. Gore, which decided the 2000 presidential election, and Obergefell v. Hodges, which legalized same-sex marriage in all 50 states.

She **obtained** pop culture attention for her flaming dissents on court rulings and earned the nickname "The Notorious R.B.G."

1. What is Ruth Bader Ginsburg best known for?

    (a) her strongly worded speeches
    (b) being the first woman in the Supreme Court
    (c) her time as a professor
    (d) being the top in her class

2. According to the article, what caused Ginsburg's difficulty in finding a job?

    (a) her being overqualified
    (b) her being a woman
    (c) her lack of teaching experience
    (d) her poor record as a lawyer

3. What is true about some of the cases in which Ginsburg was involved?

    (a) The cases were assigned by the president.
    (b) The cases had international influence.
    (c) The cases had a big impact on the country.
    (d) The cases were pop culture interests.

4. In the context of the passage, **serve** means _____.

    (a) assist
    (b) work
    (c) provide
    (d) treat

5. In the context of the passage, **obtained** means _____.

    (a) arrived
    (b) increased
    (c) added
    (d) gained

# Practice Test 4

**Part 4.** Read the following biography and answer the questions. The underlined words in the biography are for vocabulary questions.

## EFREN REYES

Efren "Bata" Reyes is a Filipino professional pool player best known as "The Magician" for his ability to "hide" balls during games and hit shots from difficult angles. He is the first player in the history of the World Pool Billiard Association to win two championships in two different categories.

Reyes earned his moniker "Bata," which means "kid" in Filipino, from regulars in billiard halls where he used to hang out when he was young. He rose to popularity after beating international players in money tournaments and **pocketing** large prizes.

Reyes is lauded by other pool players for his humility and sense of humor. This led to other non-billiards projects, including a short stint in the movies in the Philippines.

He is considered by many as one of the **top** pool players of all time. And in 2003, he became the first Asian to be inducted into the Billiard Congress of America's Hall of Fame.

1. What is Efren Reyes best known for?

   (a) his ability to perform trick shots
   (b) his unique in-game moniker
   (c) his multiple international championships
   (d) his big prize winnings

2. How did Reyes became popular?

   (a) by hanging out in pool halls
   (b) by winning global tournaments
   (c) by receiving the highest civilian distinction
   (d) by spending large amounts of money

3. Which is true about Reyes's career as a billiards player?

   (a) He is the only Asian in the Hall of Fame.
   (b) His achievements were unrecognized.
   (c) He gained a reputation as a film star.
   (d) He won a lot of money playing pool.

4. In the context of the passage, **pocketing** means _____.

   (a) stealing
   (b) losing
   (c) taking
   (d) hiding

5. In the context of the passage, **top** means _____.

   (a) highest
   (b) greatest
   (c) sharpest
   (d) earliest

**THIS IS THE END OF THE TEST**

# Practice Test

실전문제를 통해 Part별로 완성하는
지텔프 **4급**

# 실전모의고사

- 실전 모의고사 1회
- 실전 모의고사 2회

TEST BOOKLET NUMBER:

**GENERAL TESTS OF ENGLISH LANGUAGE PROFICIENCY**

**G-TELP™**

# LEVEL 4
[ 실전 모의고사 1회 ]

COPYRIGHT © INTERNATIONAL TESTING SERVICES CENTER, G-TELP KOREA

# GRAMMAR SECTION

총 20 문항 - 시계를 맞추고 20분 안에 풀어야 합니다.

## DIRECTIONS:

The following items need a word or words to complete the sentence. From the four choices for each item, choose the best answer. Then blacken in the correct circle on your answer sheet.

Example:

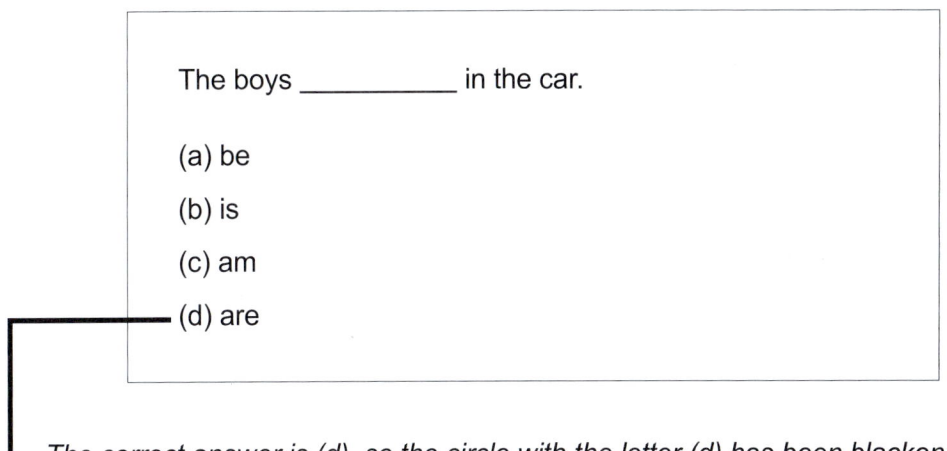

The correct answer is (d), so the circle with the letter (d) has been blackened.

**NOW TURN THE PAGE AND BEGIN**

1. Charles takes good care of his Aunt Sally. He _____ her very much.

   (a) loves
   (b) is loving
   (c) loved
   (d) has loved

2. _____ too many passengers on the train, so we had no seats.

   (a) There were
   (b) There was
   (c) They were
   (d) There is

3. Alice went to the store. _____ did she buy?

   (a) Where
   (b) When
   (c) What
   (d) Which

4. Tom and John are meeting later, after school. They _____ basketball.

   (a) were playing
   (b) played
   (c) will play
   (d) had played

5. The Andersons are taking a trip to Colorado. _____ will they travel?

   (a) Who
   (b) Which
   (c) How
   (d) What

6. Marlene likes tennis very much. She _____ tennis three times a week.

   (a) has played
   (b) played
   (c) is playing
   (d) plays

7. My nephew's toy car is broken. He _____ right now.

   (a) cried
   (b) is crying
   (c) will cry
   (d) cries

8. _____ a good movie on TV last night.

   (a) There was
   (b) There is
   (c) They were
   (d) There were

9. Karl is trying to decide between cereal and eggs for breakfast. _____ is better for him?

(a) Who
(b) When
(c) How
(d) Which

10. _____ large forests in this area two hundred years ago.

(a) There were
(b) They were
(c) It was
(d) There was

11. Jane is so tired after three hours of biking. She _____ at the moment.

(a) slept
(b) is sleeping
(c) sleeps
(d) has slept

12. Summers in Arizona are very hot. The temperature _____ 100°F many times each summer.

(a) reached
(b) is reached
(c) has reached
(d) reaches

13. It's a beautiful evening for the Smiths. They _____ barbecue in their garden right now.

(a) had
(b) will have
(c) are having
(d) were having

14. _____ a fire at my house yesterday.

(a) It was
(b) There was
(c) There were
(d) They were

15. Julie and Martha have to go to Chicago. _____ will the tickets cost?

(a) How far
(b) How many
(c) How often
(d) How much

16. Owls are rarely seen flying in the daytime. They _____ to hunt at night.

(a) preferred
(b) prefer
(c) have preferred
(d) are preferring

17. We went to the Plaza Theater last night. _____ a play by William Ing.

    (a) There was
    (b) There were
    (c) They were
    (d) It was

18. Fred's mom said she would pick him up. He _____ for her outside right now.

    (a) was waiting
    (b) is waiting
    (c) waited
    (d) has waited

19. Dahlia's class will have a bake sale tomorrow. She _____ chocolate chip cookies now.

    (a) had made
    (b) was making
    (c) makes
    (d) is making

20. The robins fly south for the winter. _____ do they return?

    (a) What
    (b) How much
    (c) When
    (d) Which

*THIS IS THE END OF THE GRAMMAR SECTION.
DO NOT GO ON UNTIL TOLD TO DO SO.*

# LISTENING SECTION

 총 20 문항 - 15분 안에 풀어야 합니다.

## DIRECTIONS:

The Listening Section has four parts. In each part you will hear a number of questions or statements, or a passage. From the four choices for each question or statement, choose the best answer. Then blacken in the correct circle on your answer sheet.

Now you will hear an example question. Then you will hear an example passage.

Now listen to the example question.

(a) one
(b) two
(c) three
(d) four

Bill Johnson has four brothers, so the best answer is (d). The circle with the letter (d) has been blackened.

**NOW TURN THE PAGE AND BEGIN**

 실전 모의고사 1회 청취 듣기  정답과 해설 313P

**Part 1.** Look at the pictures below. You will hear a question about each picture. Choose the best answer to each question in the time provided.

21.

(a) on the book
(b) near the book
(c) at the book
(d) under the book

23.

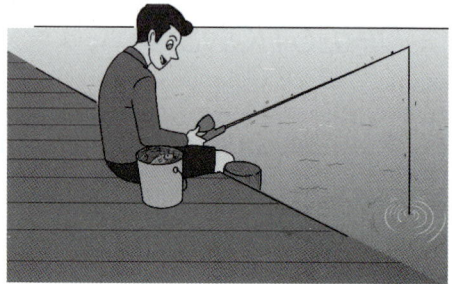

(a) He likes to fish.
(b) He likes to hunt.
(c) He likes to study.
(d) He likes to hike.

22.

(a) It's nice.
(b) It's clear.
(c) It's stormy.
(d) It's sunny.

24.

(a) There are seven birds in that tree.
(b) There are four birds in that tree.
(c) There are six birds in that tree.
(d) There are five birds in that tree.

25.

(a) It arrives at three forty.
(b) It arrives at three fourteen.
(c) It arrives at seven fifteen.
(d) It arrives at four minutes past three.

**Part 2.** *You will hear five statements or questions. Choose the best response to each statement or question in the time provided.*

26. _____.

(a) He's at home now
(b) He's a teacher
(c) His name is Clark
(d) He's five feet tall

27. After that, she _____.

(a) drinks coffee
(b) goes to bed
(c) has lunch
(d) goes home

28. _____.

(a) Yes, I was.
(b) Not yet.
(c) No, I didn't.
(d) No, I won't.

29. _____.

(a) He has never been there.
(b) He went by himself.
(c) He has been there for six months.
(d) He'll go next year.

30. _____.

(a) No, he wasn't
(b) Yes, he has
(c) Yes, he will
(d) Yes, it is

**Part 3.** You will hear a conversation between two people. First you will hear questions 31 through 35. Then you will hear the conversation. Choose the best answer to each question in the time provided.

31. (a) at a souvenir store
    (b) at a bakery
    (c) at a supermarket
    (d) at a school

32. (a) They cost the same.
    (b) The dishes cost more.
    (c) The T-shirt cost more.
    (d) The T-shirt cost less.

33. (a) Dishes are heavy.
    (b) Dishes break easily.
    (c) Dishes are cheaper.
    (d) Dishes are smaller.

34. (a) another city
    (b) Canada
    (c) another state
    (d) another country

35. (a) magnets
    (b) another T-shirt
    (c) gift wrapping
    (d) a greeting card

**Part 4.** You will hear a telephone conversation in which one person gives information to another person. First you will hear questions 36 through 40. Then you will hear the conversation. Choose the best answer to each question in the time provided.

36. (a) to request a repairman
    (b) to return his order
    (c) to complain about his order
    (d) to order a refrigerator

37. (a) The item has scratches all over it.
    (b) The item has not arrived yet.
    (c) The item has missing parts.
    (d) The item has a part that is not working.

38. (a) The refrigerator's wiring is damaged.
    (b) The refrigerator's light bulb is broken.
    (c) The refrigerator's door is damaged.
    (d) The refrigerator's light switch is broken.

39. (a) by replacing the product right away
    (b) by refunding the man's order
    (c) by sending a repairman to fix the item
    (d) by sending the man a gift card

40. (a) He is very impatient.
    (b) He wants to sell it right away.
    (c) He needs light at home.
    (d) He is going to use it right away.

*THIS IS THE END OF THE LISTENING SECTION*
*DO NOT GO ON UNTIL TOLD TO DO SO*

# READING AND VOCABULARY SECTION

총 20 문항 - 시계를 맞추고 25분 안에 풀어야 합니다.

## DIRECTIONS:

*You will now read four different passages. Each passage is followed by comprehension and vocabulary questions. From the four choices which follow each question, choose the best answer. Then blacken in the correct circle on your answer sheet.*

*Read the following example passage and example question.*

*Example:*

> Bill Johnson lives in New York. He is 25 years old.
> He has four brothers and two sisters.
>
> How many brothers does Bill Johnson have?
>
> (a) one
> (b) two
> (c) three
> (d) four

The correct answer is (d), so the circle with the letter (d) has been blackened.

ⓐ ⓑ ⓒ ●

**NOW TURN THE PAGE AND BEGIN**

**Part 1.** *Read the following application form and answer the questions. The underlined word in the form is for a vocabulary question.*

# Fort Bertkil Library
## BOOK LOVERS CLUB
### Application Form

Name: __Annie Rivers__   Contact Number: __269-213-3133__

Age: __14__   Grade: __8__

Address: __3544 Garrett Street, Fort Bertkil, MI__   School: __St. Agnes High School__

Do you **have** a library card?

- ☐ Yes, Library Card No. _____
- ☑ No.

What kind of books do you like reading? You can check as many as applicable:

- ☐ Science fiction
- ☐ Action/Thriller
- ☐ Horror
- ☐ Literature (poetry, drama, etc.)
- ☐ Non-Fiction History
- ☐ Non-Fiction Science
- ☑ Non-Fiction Autobiographies
- ☑ Non-Fiction Travel Essays
- ☑ Non-Fiction Essays
- ☐ Self-Help Books
- ☐ Comics/Graphic Novels
- ☐ Others

Why do you want to join the Book Lovers Club? Check as many as applicable:

- ☐ I would like to read more books.
- ☑ I would like to socialize with other readers.
- ☐ It is a school requirement
- ☑ Others. Please specify: __My friends asked me to join.__

*Annie Rivers*
Applicant's Signature

41. Why is Annie Rivers filling up the form?

    (a) She wants to borrow books.
    (b) She wants to get a library card.
    (c) She wants to join an organization.
    (d) She wants to discover new books.

42. Based on the form, where is the library located?

    (a) in Annie's school
    (b) in the town where Annie lives
    (c) on Garret Street
    (d) in St. Agnes, MI

43. Based on the form, which book would Annie probably want to read?

    (a) an account of the Second World War
    (b) a collection of love poems
    (c) a novel with witches and wizards
    (d) a guide book to the Maldives

44. According to the form, who asked Annie to join the club?

    (a) her teacher
    (b) her friends
    (c) her parents
    (d) her classmates

45. In the context of the passage, **have** means _____.

    (a) own
    (b) experience
    (c) recommend
    (d) certain

**Part 2.** *Read the following announcement and answer the questions. The underlined words in the passage is for a vocabulary question.*

## PICNIC !! FUN !! GAMES !! FOOD !! PLENTY OF REFRESHMENTS !!

**WHO** : Everybody
**WHAT** : The annual Fourth of July office picnic
**WHERE** : Harlson Park
**WHEN** : Thursday, July 2nd, 10 a.m. to sundown

- Buses will run from the plant all day, or you can drive your car.
- All **operations** are suspended for the day.
- This is a chance for us to relax and get to know our fellow worker, all those who are making our company one of the most successful in the Northwest. Bring the family, boyfriend, or girlfriend. There will be activities and games for everyone!

46. Where will the picnic be held?

    (a) at the office
    (b) in Harlson Park
    (c) at the plant
    (d) in Harrison Park

47. When will the picnic be held?

    (a) on July 12th
    (b) on July 10th
    (c) on July 4th
    (d) on July 2nd

48. Who can bring guests?

    (a) Everyone can.
    (b) Only married employees can.
    (c) Only single employees can.
    (d) No one can.

49. In what part of the United States does the company operate?

    (a) in the southeast
    (b) in the northeast
    (c) in the southwest
    (d) in the northwest

50. In the context of the passage, the word **operations** means _____.

    (a) procedures
    (b) maneuvers
    (c) business
    (d) surgery

**Part 3.** *Read the following factual account and answer the questions. The underlined word in the account is for a vocabulary question.*

## Moon Landing

Apollo 11 took off from Cape Kennedy on July 16, 1969. Neil Armstrong, Edwin Aldrin, Jr., and Michael Collins were aboard. They were all veterans of spaceship flights in the Gemini program. Three days later the ship entered lunar orbit. The next day, July 20, Armstrong and Aldrin began their descent in the lunar lander which Collins circled the moon in the command module. As the lunar lander approached the surface of the moon, the communications equipment began to malfunction. The astronauts finally managed to **link** to Earth through the radio of the command module. They landed on the moon on July 20, 1969, at 3:18 p.m. Neil Armstrong was the first man to walk on the moon, at 9:59 p.m. that evening.

51. Which was the first manned spaceship to land on the Moon?

    (a) Mercury 10
    (b) Gemini 11
    (c) Apollo 11
    (d) Ranger 12

52. When did the men land on the Moon?

    (a) July 20, 1969
    (b) July 19, 1969
    (c) July 17, 1969
    (d) July 16, 1969

53. Who was the first man to walk on the Moon?

    (a) Edwin Aldrin, Jr.
    (b) Neil Armstrong
    (c) Michael Collins
    (d) John Glenn

54. How long did the astronauts wait after landing before they walked on the moon?

    (a) about 6-1/2 hours
    (b) nine hours, 56 minutes
    (c) twenty-four hours
    (d) three days

55. In the context of the passage, the word **link** means _____.

    (a) loop
    (b) connect
    (c) combine
    (d) ring

**Part 4.** *Read the following biography and answer the questions. The underlined word in the biography is for vocabulary questions.*

# ANITA RODDICK

Dame Anita Roddick was a British entrepreneur and environmental and human rights advocate. She is best known as the founder of The Body Shop, a cosmetics company. She was also involved in organizations concerned with social issues like Greenpeace and the newspaper *The Big Issue*.

Roddick came from humble beginnings. Born to an immigrant Italian family in England, Roddick worked with her parents in **running** a café. She was adventurous and this took her though different parts of Europe, Africa, and the South Pacific.

While travelling, she became familiar with different third-world beauty and health practices. And in 1976, she founded *The Body Shop*. Her company stands out from the competition as it tries to provide quality cosmetics while being environmentally responsible. It is one of the first businesses to ban the use of animal-tested ingredients, and to promote fair trade with third-world nations.

Roddick died in 2007 **leaving** all her properties to charity.

56. What is Anita Roddick known for?

    (a) being an advocate for nature
    (b) running her own publication
    (c) organizing social activities
    (d) creating a line of beauty products

57. What most probably led Roddick's inclination to cosmetics and well-being?

    (a) her experience with their family's business
    (b) her journeys in other countries
    (c) her background as an Italian immigrant
    (d) her poor upbringing in England

58. How is Roddick's cosmetics company different from others in the business?

    (a) It treats poorer countries with equality.
    (b) It doesn't support animal cruelty
    (c) It promotes environment-friendly products.
    (d) It regularly donates to charities.

59. In the context of the passage, the word **running** means _____.

    (a) sprinting
    (b) managing
    (c) organizing
    (d) flowing

60. In the context of the passage, the word **leaving** means _____.

    (a) transferring
    (b) going
    (c) causing
    (d) entrusting

**THIS IS THE END OF THE TEST**

TEST BOOKLET NUMBER:

---

**GENERAL TESTS OF ENGLISH LANGUAGE PROFICIENCY**

**G-TELP™**

---

# LEVEL 4
[ 실전 모의고사 2회 ]

COPYRIGHT © INTERNATIONAL TESTING SERVICES CENTER, G-TELP KOREA

# GRAMMAR SECTION

 총 20 문항 - 시계를 맞추고 20분 안에 풀어야 합니다.

## DIRECTIONS:

The following items need a word or words to complete the sentence. From the four choices for each item, choose the best answer. Then blacken in the correct circle on your answer sheet.

Example:

> The boys _____ in the car.
>
> (a) be
> (b) is
> (c) am
> (d) are

The correct answer is (d), so the circle with the letter (d) has been blackened.

ⓐ ⓑ ⓒ ●

**NOW TURN THE PAGE AND BEGIN**

1. My tooth is aching. I _____ to the dentist tomorrow.

   (a) went
   (b) did go
   (c) will go
   (d) had gone

2. Johnny is in the bathroom now. He _____ his teeth.

   (a) is brushing
   (b) brushed
   (c) was brushing
   (d) will brush

3. I am late for my meeting. _____ is the train leaving?

   (a) What
   (b) When
   (c) How
   (d) Where

4. Samantha is coloring her book on the table. _____ many crayons scattered around her.

   (a) There was
   (b) There were
   (c) There is
   (d) There are

5. My father is just arriving at the airport. His plane _____ now.

   (a) had landed
   (b) is landing
   (c) will land
   (d) landed

6. I need to go to the bank. Do you know _____ it closes?

   (a) how
   (b) why
   (c) when
   (d) where

7. We didn't watch the movie last night. _____ a long line in the theater.

   (a) There was
   (b) There is
   (c) There are
   (d) There were

8. Christine studies often. She _____ to the library almost every day.

   (a) go
   (b) goes
   (c) will go
   (d) went

9. I want to go to Kelley's birthday party tomorrow. _____ time does it start?

   (a) Whose
   (b) Why
   (c) What
   (d) Where

10. Charlie was looking for his toy robot. He finally _____ it under the couch.

    (a) found
    (b) finds
    (c) had found
    (d) will find

11. We saw many kids at the pool yesterday. They _____ mostly in the children's section.

    (a) is
    (b) was
    (c) are
    (d) were

12. Some students have failed the exam. They _____ it again now.

    (a) were taking
    (b) are taking
    (c) took
    (d) had taken

13. The musical's opening night was a hit. _____ many people at the show.

    (a) There is
    (b) There were
    (c) There will be
    (d) There was

14. Liza usually comes to school early. I wonder _____ she is late today.

    (a) why
    (b) when
    (c) where
    (d) what

15. Mother is not feeling so well today. She _____ on the sofa now.

    (a) rested
    (b) is resting
    (c) rest
    (d) will rest

16. Melissa is so excited. Her family _____ on an out-of-town trip tomorrow.

    (a) went
    (b) goes
    (c) will go
    (d) has gone

17. Your new watch looks expensive. _____ did you pay for it?

    (a) How many
    (b) How often
    (c) How far
    (d) How much

18. The teachers are planning activities for the next semester. _____ a meeting in the faculty room.

    (a) There are
    (b) There is
    (c) There was
    (d) There were

19. Most puppies at the shelter have gotten adopted. _____ one puppy that hasn't yet.

    (a) There are
    (b) It is
    (c) There is
    (d) They are

20. Elise left to go to the beach this morning. She _____ by now.

    (a) will probably swim
    (b) is probably swimming
    (c) was probably swimming
    (d) probably swims

*THIS IS THE END OF THE GRAMMAR SECTION.*
*DO NOT GO ON UNTIL TOLD TO DO SO.*

# LISTENING SECTION

총 20 문항 - 15분 안에 풀어야 합니다.

## DIRECTIONS:

The Listening Section has four parts. In each part you will hear a number of questions or statements, or a passage. From the four choices for each question or statement, choose the best answer. Then blacken in the correct circle on your answer sheet.

Now you will hear an example question. Then you will hear an example passage.

Now listen to the example question.

Bill Johnson has four brothers, so the best answer is (d). The circle with the letter (d) has been blackened.

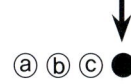

**NOW TURN THE PAGE AND BEGIN**

**Part 1.** *Look at the pictures below. You will hear a question about each picture. Choose the best answer to each question in the time provided.*

21.

(a) He is walking a dog.
(b) He is standing by the bench.
(c) He is eating an ice cream.
(d) He is looking for his mom.

23.

(a) the boy
(b) the woman
(c) the man
(d) the taxi driver

22.

(a) It is above the dining table.
(b) It is on the dining table.
(c) It is under the dining table.
(d) It is beside the dining table.

24.

(a) at 9:00 PM
(b) at 8:00 AM
(c) at 10:00 AM
(d at 11:00 AM

25.

(a) on Sunday
(b) on Monday
(c) on Wednesday
(d) on Friday

**Part 2.** *You will hear five statements or questions. Choose the best response to each statement or question in the time provided.*

26. _____.

(a) I will go there after lunch.
(b) It is near the main building.
(c) It is open until 5PM.
(d) I won't be there tomorrow.

27. _____.

(a) I went to the park.
(b) I'm going to play basketball.
(c) I'm almost done.
(d) I don't feel well.

28. _____.

(a) I'm reading the Little Prince now.
(b) I'm going to read a book tonight.
(c) I don't enjoy reading newspapers.
(d) I want to buy that book.

29. _____.

(a) I will be there tomorrow.
(b) It's on September 14.
(c) Tomorrow is a Wednesday.
(d) It's going to be a great day!

30. _____.

(a) It's sunny today.
(b) We should bring an umbrella.
(c) I want to go to the beach.
(d) I will go the park later.

**Part 3.** You will hear a conversation between two people. First you will hear questions 31 through 35. Then you will hear the conversation. Choose the best answer to each question in the time provided.

31. (a) He is going to a mountain.
    (b) He will go to a museum.
    (c) He will do his history project.
    (d) He is going to visit his family.

32. (a) some large carvings
    (b) the beautiful view
    (c) the US president
    (d) his family

33. (a) He will fly on an airplane.
    (b) He will take the bus.
    (c) He will ride a car.
    (d) He will sail a boat.

34. (a) on Monday
    (b) on Sunday
    (c) on Friday
    (d) on Saturday

35. (a) He is eager.
    (b) He is busy.
    (c) He is careful.
    (d) He is thoughtful.

**Part 4.** You will hear a telephone conversation in which one person gives information to another person. First you will hear questions 36 through 40. Then you will hear the conversation. Choose the best answer to each question in the time provided.

36. (a) to ask how to deal with his brother's fever
    (b) to ask her the location of the nearest hospital
    (c) to ask her if she has a clean cloth
    (d) to ask her what medicine to take for a fever

37. (a) Change the temperature in the house.
    (b) Borrow a thermometer.
    (c) Check his brother's temperature.
    (d) Call the doctor.

38. (a) Make him drink plenty of water.
    (b) Make him some lemonade.
    (c) Make him a sandwich.
    (d) Make him a soup.

39. (a) Ask him to buy a body thermometer.
    (b) Give him a sponge bath.
    (c) Ask him to take a lukewarm shower.
    (d) Give him some medicine.

40. (a) He is worried about his brother.
    (b) He is afraid of getting sick.
    (c) He doesn't like going to the doctor.
    (d) He wants to be a doctor someday.

**THIS IS THE END OF THE LISTENING SECTION
DO NOT GO ON UNTIL TOLD TO DO SO**

# READING AND VOCABULARY SECTION

총 20 문항 - 시계를 맞추고 25분 안에 풀어야 합니다.

## DIRECTIONS:

You will now read four different passages. Each passage is followed by comprehension and vocabulary questions. From the four choices which follow each question, choose the best answer. Then blacken in the correct circle on your answer sheet.

Read the following example passage and example question.

*Example:*

> Bill Johnson lives in New York. He is 25 years old.
> He has four brothers and two sisters.
>
> How many brothers does Bill Johnson have?
>
> (a) one
> (b) two
> (c) three
> (d) four

The correct answer is (d), so the circle with the letter (d) has been blackened.

**NOW TURN THE PAGE AND BEGIN**

**Part 1.** *Read the following application form and answer the questions. The underlined word in the form is for a vocabulary question.*

---

# KINGSTOWN SWIM ACADEMY

235 Bellevue Road, Nixon Boulevard,
Hartford City, California

**SUMMER 2009 REGISTRATION FORM:**

Child's Name: _Britney Kerrigan_
Date of Birth: _August 11, 2005_
Parent/Guardian Nam: _Natalie Kerrigan_
Email: _natalie.kerrigan@mymail.com_
Address: _145 Lansing Street, Kennedy Road, Hartford City, California_
Phone Number: _(220) 808-453-4488_

**MEDICAL INFORMATION:**

- Does your child have asthma?    ☐ Yes    ☑ No
- How frequent are the attacks?
  If not applicable, please type N/A.    _N/A_
- Are there any medical condition with which we should be aware?
  If none, please type NONE.    _NONE_

**SWIMMING CLASSES:**

Choose one that is **appropriate** to your child's level.

- ☐ BEGINNER LEVEL: Ages 1-3 years old.
- ☑ BASIC LEVEL: Ages 4-7 years old.
- ☐ INTERMEDIATTE LEVEL: Ages 8-12 years old.
- ☐ ADVANCED LEVEL: 13 years old and above.

For inquiries and more details, you may call our office at (220) 973-3120 or fax (220) 578-9287. You may also email us sales@kingstownswimacademy.com

41. What kind of document is being filled out?

    (a) a registration form for swimming lessons
    (b) an application form for summer class
    (c) a hospital admission form
    (d) a school examination form

42. Based on the form, what can likely be said about Britney Kerrigan's health?

    (a) She has asthma.
    (b) She is sick.
    (c) She exercises regularly.
    (d) She is healthy.

43. What is not one of the ways to get more information about the swimming program?

    (a) Call the office.
    (b) Send a fax message.
    (c) Send an email.
    (d) Send a letter.

44. What is Britney Kerrigan's age group?

    (a) 1-3 years old
    (b) 4-7 years old
    (c) 8-12 years old
    (d) 13 years and above

45. In the context of the passage, **appropriate** means _____.

    (a) suitable
    (b) safe
    (c) ordinary
    (d) enjoyable

**Part 2.** *Read the following application form and answer the questions. The underlined word in the form is for a vocabulary question.*

## SCHOOL DANCE CONTEST

Calling all Wakefield students! We will hold our annual school dance contest on September 14 at the school auditorium. To join the contest, form a group of 5 to 8 students, register your group's name, and fill out a form at the school's Student Affairs Office. The grand prize winner will be **awarded** a trophy and a cash prize. The winner will be judged based on the following criteria:

| | |
|---|---|
| Choreography or Dance Routine | 50% |
| Costume and special effects | 30% |
| Originality | 20% |

For more details and information about the contest, contact Mr. Chris Vernes, the Contest Coordinator, at 405-209-3300.

---

46. What is the announcement about?

    (a) a singing contest
    (b) a dance contest
    (c) a band audition
    (d) a dance audition

47. What is not needed to join the contest?

    (a) Form a group.
    (b) Register the name of the group.
    (c) Fill out a form.
    (d) Call the Contest Coordinator.

48. What is not mentioned as one of the criteria of the event?

    (a) choreography
    (b) costume
    (c) originality
    (d) music

49. Who will most likely join the event?

    (a) dancers
    (b) singers
    (c) musicians
    (d) artists

50. In the context of the passage, **awarded** means _____.

    (a) announced
    (b) sold
    (c) donated
    (d) given

**Part 3.** *Read the following factual account and answer the questions. The underlined word in the account is for a vocabulary question.*

# SEA URCHIN

Sea urchins are small, round, animals that live on the ocean floor. They have soft internal organs which are protected by a hard outer shell. Sea urchins are **noted** for the long, movable spines which cover their shell. These spines are poisonous, and are used for self-defense.

Sea urchins come in different sizes and colors. Some are red, while others are purplish or black. The largest type of sea urchin, called the Sperostoma giganteum, is found in the deep waters of Japan.

Sea urchins are an important food source for other sea animals, such as crabs and fishes, and seagulls. Humans also eat sea urchins. In fact, it is a popular delicacy in Japan, where it is served either raw or briefly cooked.

51. What is not true about the sea urchin?

    (a) It is small round animal.
    (b) It has a hard shell.
    (c) It has short spines.
    (d) It can wave its spines around.

52. What can be said about the sea urchins' appearance?

    (a) It comes in different colors.
    (b) It is a large animal.
    (c) It looks like a fish.
    (d) It has red spots.

53. Which was not mentioned as an animal that eats sea urchins?

    (a) crabs
    (b) fishes
    (c) lobsters
    (d) birds

54. Based on the account, what can likely be said about sea urchins as a food source?

    (a) It is considered to be a special dish by some people.
    (b) It forms an important part of the Japanese diet.
    (c) It needs to be cooked for a long time.
    (d) It will no longer be eaten by humans.

55. In the context of the passage, **noted** means _____.

    (a) known
    (b) observed
    (c) mentioned
    (d) admired

**Part 4.** *Read the following biography and answer the questions. The underlined word in the biography is for a vocabulary question.*

# MARK TWAIN

Mark Twain was the pen name of American author and writer Samuel Langhorne Clemens. He is best known for two novels, the *Adventures of Huckleberry Finn* and *The Adventures of Tom Sawyer*.

When he was 4 years old, his family moved to a port town on the Mississippi River, which later became the setting for his two famous novels. At 18, Twain moved to New York City, and worked as an article writer for several newspapers.

In 1865, he published a short story, "Jim Smiley and His Jumping Frog". The story was a big hit, and launched his career as a book author. In 1876, Twain completed *The Adventures of Tom Sawyer*, a novel which **depicted** his childhood memories. In 1884, he wrote *Adventures of Huckleberry Finn*. This novel criticized slavery and the poor treatment of African Americans.

Nowadays, Mark Twain is **acclaimed** as one of the greatest American writers, and is regarded as the father of American literature.

56. What is not true about Mark Twain?

    (a) He is an American writer.
    (b) His real name is Samuel Clemens.
    (c) He wrote *Adventures of Huckleberry Finn*.
    (d) His father was Tom Sawyer.

57. When did Twain first start writing professionally?

    (a) when his family moved to Mississippi
    (b) when he moved to New York City
    (c) when he wrote his short story *Jim and His Jumping Frog*
    (d) when he wrote his novel *The Adventures of Tom Sawyer*

58. Based on the biography, what is the most likely reason Twain is so highly regarded?

    (a) He worked for famous newspapers.
    (b) He wrote stories about his childhood.
    (c) He wrote two successful books.
    (d) He wrote about American issues.

59. In the context of the passage, **depicted** means _____.

    (a) interpreted
    (b) expressed
    (c) described
    (d) explained

60. In the context of the passage, **acclaimed** means _____.

    (a) praised
    (b) discovered
    (c) mentioned
    (d) cheered

*THIS IS THE END OF THE TEST*

# Answers

# 정답과 해설

Grammar
Listening
Reading & Vocabulary
Actual Test

실전문제를 통해 Part별로 완성하는
**지텔프 4급**

# 정답 한눈에 보기

## Grammar

**Part 1.** Simple Tense (단순 시제)

| 1 | 2 | 3 | 4 | 5 | 6 | 7 | 8 | 9 | 10 | 11 | 12 | 13 | 14 | 15 | 16 | 17 | 18 | 19 | 20 |
|---|---|---|---|---|---|---|---|---|---|---|---|---|---|---|---|---|---|---|---|
| (d) | (a) | (d) | (b) | (d) | (d) | (d) | (a) | (c) | (b) | (c) | (d) | (d) | (a) | (a) | (b) | (a) | (d) | (c) | (c) |

**Part 2.** Present Progressive (현재 진행형)

| 1 | 2 | 3 | 4 | 5 | 6 | 7 | 8 | 9 | 10 | 11 | 12 | 13 | 14 | 15 | 16 | 17 | 18 | 19 | 20 |
|---|---|---|---|---|---|---|---|---|---|---|---|---|---|---|---|---|---|---|---|
| (a) | (b) | (a) | (c) | (a) | (c) | (a) | (d) | (c) | (a) | (d) | (d) | (b) | (a) | (c) | (c) | (b) | (a) | (d) | (c) |

**Part 3.** There be Verb (There be 구문)

| 1 | 2 | 3 | 4 | 5 | 6 | 7 | 8 | 9 | 10 | 11 | 12 | 13 | 14 | 15 | 16 | 17 | 18 | 19 | 20 |
|---|---|---|---|---|---|---|---|---|---|---|---|---|---|---|---|---|---|---|---|
| (a) | (c) | (d) | (a) | (b) | (c) | (b) | (b) | (d) | (a) | (b) | (d) | (d) | (b) | (a) | (b) | (a) | (b) | (c) | (c) |

**Part 4.** WH Questions (WH 의문문)

| 1 | 2 | 3 | 4 | 5 | 6 | 7 | 8 | 9 | 10 | 11 | 12 | 13 | 14 | 15 | 16 | 17 | 18 | 19 | 20 |
|---|---|---|---|---|---|---|---|---|---|---|---|---|---|---|---|---|---|---|---|
| (b) | (a) | (b) | (c) | (d) | (a) | (c) | (b) | (b) | (c) | (d) | (d) | (c) | (a) | (b) | (a) | (b) | (a) | (c) | (c) | (b) |

## Listening

**Part 1.** Picture Description (그림 묘사)

Practice Test 1

| 1 | 2 | 3 | 4 | 5 |
|---|---|---|---|---|
| (d) | (a) | (c) | (c) | (d) |

Practice Test 2

| 1 | 2 | 3 | 4 | 5 |
|---|---|---|---|---|
| (d) | (a) | (b) | (b) | (a) |

Practice Test 3

| 1 | 2 | 3 | 4 | 5 |
|---|---|---|---|---|
| (a) | (d) | (d) | (b) | (d) |

Practice Test 4

| 1 | 2 | 3 | 4 | 5 |
|---|---|---|---|---|
| (b) | (a) | (b) | (c) | (b) |

**Part 2.** Question & Response (질문에 답하기)

Practice Test 1

| 1 | 2 | 3 | 4 | 5 |
|---|---|---|---|---|
| (d) | (c) | (b) | (c) | (b) |

Practice Test 2

| 1 | 2 | 3 | 4 | 5 |
|---|---|---|---|---|
| (d) | (c) | (b) | (b) | (a) |

Practice Test 3

| 1 | 2 | 3 | 4 | 5 |
|---|---|---|---|---|
| (b) | (a) | (b) | (c) | (a) |

Practice Test 4

| 1 | 2 | 3 | 4 | 5 |
|---|---|---|---|---|
| (c) | (d) | (c) | (c) | (b) |

**Part 3&4.** Conversations (대화의 흐름 파악하기)

Practice Test 1

| 1 | 2 | 3 | 4 | 5 |
|---|---|---|---|---|
| (b) | (d) | (c) | (a) | (c) |
| 1 | 2 | 3 | 4 | 5 |
| (c) | (d) | (b) | (c) | (a) |

Practice Test 2

| 1 | 2 | 3 | 4 | 5 |
|---|---|---|---|---|
| (c) | (a) | (b) | (d) | (d) |
| 1 | 2 | 3 | 4 | 5 |
| (b) | (a) | (a) | (d) | (c) |

## Practice Test 3

| 1 | 2 | 3 | 4 | 5 |
|---|---|---|---|---|
| (a) | (b) | (a) | (c) | (d) |
| 1 | 2 | 3 | 4 | 5 |
| (d) | (a) | (c) | (b) | (a) |

## Practice Test 3

| 1 | 2 | 3 | 4 | 5 |
|---|---|---|---|---|
| (a) | (d) | (b) | (d) | (b) |
| 1 | 2 | 3 | 4 | 5 |
| (c) | (b) | (a) | (b) | (a) |

# Reading & Vocabulary

## Part 1. Application or Registration Form (신청서 또는 등록 양식)

### Practice Test 1

| 1 | 2 | 3 | 4 | 5 |
|---|---|---|---|---|
| (c) | (b) | (a) | (d) | (d) |

### Practice Test 2

| 1 | 2 | 3 | 4 | 5 |
|---|---|---|---|---|
| (a) | (c) | (b) | (d) | (b) |

### Practice Test 3

| 1 | 2 | 3 | 4 | 5 |
|---|---|---|---|---|
| (c) | (c) | (a) | (d) | (b) |

### Practice Test 4

| 1 | 2 | 3 | 4 | 5 |
|---|---|---|---|---|
| (a) | (a) | (b) | (d) | (d) |

## Part 2. Public Announcement (공고문)

### Practice Test 1

| 1 | 2 | 3 | 4 | 5 |
|---|---|---|---|---|
| (a) | (c) | (c) | (a) | (a) |

### Practice Test 2

| 1 | 2 | 3 | 4 | 5 |
|---|---|---|---|---|
| (b) | (c) | (d) | (b) | (b) |

### Practice Test 3

| 1 | 2 | 3 | 4 | 5 |
|---|---|---|---|---|
| (c) | (b) | (c) | (d) | (a) |

### Practice Test 4

| 1 | 2 | 3 | 4 | 5 |
|---|---|---|---|---|
| (c) | (a) | (c) | (d) | (c) |

## Part 3. Factual Account (사실 설명)

### Practice Test 1

| 1 | 2 | 3 | 4 | 5 |
|---|---|---|---|---|
| (d) | (b) | (b) | (c) | (d) |

### Practice Test 2

| 1 | 2 | 3 | 4 | 5 |
|---|---|---|---|---|
| (d) | (b) | (c) | (a) | (d) |

### Practice Test 3

| 1 | 2 | 3 | 4 | 5 |
|---|---|---|---|---|
| (d) | (b) | (b) | (b) | (d) |

### Practice Test 4

| 1 | 2 | 3 | 4 | 5 |
|---|---|---|---|---|
| (a) | (c) | (d) | (d) | (c) |

## Part 4. Biographical Narrative (전기 서사)

### Practice Test 1

| 1 | 2 | 3 | 4 | 5 |
|---|---|---|---|---|
| (b) | (a) | (c) | (c) | (b) |

### Practice Test 2

| 1 | 2 | 3 | 4 | 5 |
|---|---|---|---|---|
| (c) | (b) | (b) | (a) | (c) |

### Practice Test 3

| 1 | 2 | 3 | 4 | 5 |
|---|---|---|---|---|
| (a) | (b) | (c) | (b) | (d) |

### Practice Test 4

| 1 | 2 | 3 | 4 | 5 |
|---|---|---|---|---|
| (a) | (b) | (d) | (c) | (b) |

# SECTION 01 Grammar | 정답과 해설 |

## PART 1. SIMPLE TENSE

### PRACTICE TEST

[단순 과거시제]

**1.**

Jack didn't study with us yesterday. He _____ a movie instead.
(a) is watching
(b) watches
(c) will watch
(d) watched

[정답] (d) watched
[해석] Jack은 어제 우리와 함께 공부하지 않았다. 그 대신 그는 영화를 봤다.
[해설] Yesterday(어제)는 과거를 의미하는 부사이므로 과거의 이야기를 하는 것이다. 따라서 동사 watch의 과거형인 (d) watched가 정답이다.

| 단어 및 관용어구 |
- study 공부하다, 연구하다
- yesterday 어제
- instead 대신에

[단순 과거시제]

**2.**

Sandra had a terrible cold this week. She _____ it from her sister.
(a) caught
(b) is catching
(c) will catch
(d) catches

[정답] (a) caught
[해석] Sandra는 이번 주에 지독한 감기에 걸렸다. 그녀는 감기를 언니로부터 옮았다.
[해설] 감기가 옮은 것은 현재를 기준으로 과거에 발생한 일이다. 따라서 동사 catch의 과거형인 (a) caught가 정답이다.

| 단어 및 관용어구 |
- terrible 끔찍한, 지독한
- cold 감기

[단순 과거시제]

**3.**

Danny's science project looks great. He _____ it last night.
(a) finish
(b) will finish
(c) is finishing
(d) finished

[정답] (d) finished
[해석] Danny의 과학 프로젝트는 멋져 보인다. 그는 어젯밤에 그것을 끝냈다.
[해설] Last night(지난 밤)은 과거를 의미하는 부사이다. 따라서 동사 finish의 과거형인 (d) finished가 정답이다.

| 단어 및 관용어구 |
- science 과학
- finish 끝내다, 끝나다

[단순 과거시제]

**4.**

My parents are tired today. They _____ very busy yesterday.
(a) are
(b) were
(c) was
(d) is

[정답] (b) were
[해석] 우리 부모님은 오늘 피곤하다. 그들은 어제 매우 바빴다.
[해설] yesterday(어제)은 과거를 의미하는 부사이다. 따라서 be동사의 과거형이고 주어 they에 적절한 (b) were가 정답이다.

| 단어 및 관용어구 |
- tired 피곤한, 지친
- busy 바쁜

## 단순 과거시제

**5.**

I heard that last night's party was really fun. _____ many people there?

(a) Was
(b) Are
(c) Is
**(d) Were**

**[정답]** (d) Were
**[해석]** 어젯밤 파티는 정말 재미 있었다고 들었어. 사람들이 많았어?
**[해설]** 지난 밤 파티에 관해 질문하는 것이므로 동사의 과거형을 사용해야 한다. 따라서 be동사의 과거형이고 주어 many people에 적절한 (d) Were가 정답이다.

## 단순 과거시제

**6.**

Can you please bring me another pen?
I _____ mine earlier today.

(a) am losing
(b) lose
(c) will lose
**(d) lost**

**[정답]** (d) lost
**[해석]** 다른 펜 좀 가져다 주시겠어요? 저는 오늘 일찍 제 것을 잃어버렸어요.
**[해설]** earlier today(오늘 일찍)는 말하는 시점을 기준으로 과거이다. 따라서 동사 lose의 과거형인 (d) lost가 정답이다.

**| 단어 및 관용어구 |**
• bring 가져오다, 데려오다, 가져다 주다

## 단순 과거시제

**7.**

I'm glad I made a high score on my test. I _____ hard for it.

(a) am studying
(b) will study
(c) study
**(d) studied**

**[정답]** (d) studied
**[해석]** 나는 시험에서 높은 점수를 받아서 기뻐. 나는 그것을 위해 열심히 공부했어.
**[해설]** 시험 점수를 잘 받기 위해 공부했던 것은 높은 시험 점수를 받았던(made) 일보다 과거의 일이다. 따라서 동사 study의 과거형인 (d) studied가 정답이다.

**| 단어 및 관용어구 |**
• score 득점, 점수, 득점을 올리다
• hard 어려운, 열심히, 힘껏, 힘들게, 딱딱한, 단단한, 굳은

## 단순 미래시제

**8.**

Our city has too many cars. Next year we _____ more highways.

**(a) will build**
(b) built
(c) were building
(d) builds

**[정답]** (a) will build
**[해석]** 우리 도시에는 차가 너무 많다. 내년에 우리는 더 많은 고속도로를 건설할 것이다.
**[해설]** Next year(내년)는 미래를 의미하는 부사이다. 따라서 미래시제 (a) will build가 정답이다.

**| 단어 및 관용어구 |**
• highway 고속도로, 공공 도로

## 단순 미래시제

**9.**

Susan likes to play baseball. She _____ in a game tomorrow.

(a) was playing
(b) played
**(c) will play**
(d) plays

**[정답]** (c) will play
**[해석]** Susan은 야구하는 것을 좋아한다. 그녀는 내일 경기에서 뛸 것이다.
**[해설]** tomorrow(내일)는 미래를 의미하는 부사이다. 따라서 미래 시제 (c) will play가 정답이다.

**| 단어 및 관용어구 |**
• baseball 야구
• tomorrow 내일

### 단순 미래시제

**10.**

I can't do this math problem. John _____ me how to do it soon.
(a) shows
(b) will show
(c) was showing
(d) showed

[정답] (b) will show

[해석] 나는 이 수학 문제를 풀 수 없다. John이 곧 나에게 문제 풀 방법을 가르쳐 줄 것이다.

[해설] Soon(곧)은 미래를 의미하는 부사이다. 따라서 미래 시제 (b) will show가 정답이다

| 단어 및 관용어구 |
- math 수학
- soon 곧, 머지않아, 이내, 빨리

### 단순 미래시제

**11.**

There's a basketball game later tonight. I _____ it at my friend's house.
(a) watches
(b) was watching
(c) will watch
(d) watch

[정답] (c) will watch

[해석] 오늘 밤 늦게 농구 경기가 있어요. 친구 집에서 볼 거예요.

[해설] later tonight(오늘 밤 늦게)은 말하는 시점을 기준으로 미래를 의미한다. 따라서 미래 시제 (c) will watch가 정답이다.

| 단어 및 관용어구 |
- basketball 농구

### 단순 미래시제

**12.**

The teacher gives a test every Thursday. She _____ a test next Thursday, too.
(a) was giving
(b) give
(c) gave
(d) will give

[정답] (d) will give

[해석] 그 선생님은 매주 목요일에 시험을 내주신다. 그녀는 다음 주 목요일에도 시험을 내주실 것이다.

[해설] next Thursday(다음주 목요일)는 미래를 의미하는 부사이다. 따라서 미래 시제 (d) will give가 정답이다.

| 단어 및 관용어구 |
- give a test 시험을 내주다

### 단순 미래시제

**13.**

I am enjoying my vacation. Sadly, I _____ to work next week.
(a) returns
(b) returned
(c) was returning
(d) will return

[정답] (d) will return

[해석] 나는 방학을 즐기고 있어. 슬프게도, 나는 다음 주에 다시 일하러 갈 거야.

[해설] next week(다음주)는 미래를 의미하는 부사이다. 따라서 미래 시제 (d) will return이 정답이다.

| 단어 및 관용어구 |
- enjoy 즐기다
- vacation 방학, 휴가

### 단순 미래시제

**14.**

Charles needs a new bus pass. He _____ the bus to a job interview tomorrow.
(a) will ride
(b) was riding
(c) ride
(d) rode

[정답] (a) will ride

[해설] 찰스는 새 버스 정기 승차권이 필요하다. 그는 내일 취업 면접을 보러 버스를 탈 것이다.

[해설] tomorrow(내일)는 미래를 의미하는 부사이다. 따라서 미래 시제 (a) will ride가 정답이다.

| 단어 및 관용어구 |
- bus pass 버스 정기 승차권, 버스 할인권

### 단순 현재시제

### 15.

Can you go to the store? We _____ more milk.
(a) need
(b) needs
(c) needing
(d) needed

**정답** (a) need
**해석** 가게에 갈 수 있니? 우리는 우유가 더 필요해.
**해설** 가게에 갈 수 있는지를 묻는 시점과 우유가 필요한 시점이 모두 현재 시점이기 때문에 동사의 현재형을 사용해야 한다. 따라서 현재 시제 (a) need가 정답이다.

| 단어 및 관용어구 |
• need 필요로 하다, 해야 하다, 할 필요가 있다

### 단순 현재시제

### 16.

Look at that house over there. It _____ so pretty.
(a) am
(b) is
(c) are
(d) will be

**정답** (b) is
**해석** 저기 저 집 좀 봐. 너무 예쁘다.
**해설** 집이 예쁘다고 말하는 시점은 현재 시점이기 때문에 동사의 현재형을 사용해야 한다. 따라서 현재 시제 (b) is가 정답이다.

| 단어 및 관용어구 |
• look at ~을 보다
• over there 저쪽에, 저기에서

### 단순 현재시제

### 17.

I don't sing very well. My sisters _____ much better at singing.
(a) are
(b) will be
(c) is
(d) were

**정답** (a) are
**해석** 저는 노래를 잘 못해요. 제 여동생들이 노래를 훨씬 잘해요.
**해설** 내가 말하는 시점과 여동생들이 노래를 잘한다고 말하는 시점이 모두 현재 시점이기 때문에 동사의 현재형을 사용해야 한다. 따라서 현재 시제 (a) are이 정답이다.

### 단순 현재시제

### 18.

I used to take trips on Friday nights. Nowadays, I always _____ on Sundays.
(a) am traveling
(b) will travel
(c) traveled
(d) travel

**정답** (d) travel
**해석** 나는 금요일 밤에 여행을 가곤 했다. 요즘은 항상 일요일마다 여행을 다녀요.
**해설** Nowadays(요즘에는)는 현재를 의미하는 부사이다. 따라서 현재 시제 (d) travel이 정답이다.

| 단어 및 관용어구 |
• trip 여행, 이동

### 단순 현재시제

### 19.

Do you enjoy eating vegetables?
I _____ broccoli and carrots the best.
(a) was liking
(b) will like
(c) like
(d) am liking

**정답** (c) like
**해석** 채소 먹는 것을 좋아하니? 나는 브로콜리와 당근을 가장 좋아해.
**해설** 채소 먹는 것을 좋아하는지 묻는 시점과 내가 좋아하는 채소를 말하는 시점이 모두 현재 시점이기 때문에 동사의 현재형을 사용해야 한다. 따라서 현재 시제 (c) like가 정답이다.

| 단어 및 관용어구 |
• vegetable 채소, 야채

**단순 현재시제**

**20.**

Tennis is a lot of fun. _____ you like playing tennis?
(a) Done
(b) Does
(c) Do
(d) Doing

【정답】 (c) Do
【해석】 테니스는 매우 재미있어. 너는 테니스 치는 것을 좋아하니?
【해설】 테니스가 재밌다고 말하는 시점과 테니스를 좋아하는지 묻는 시점이 모두 현재 시점이기 때문에 동사의 현재형을 사용해야 한다. 따라서 현재 시제 (c) Do가 정답이다.

| 단어 및 관용어구 |
• a lot of 많은

# PART 2. PRESENT PROGRESSIVE

## PRACTICE TEST

**1.**

Sharon usually teaches science. However, she _____ it this year.
(a) is not teaching
(b) are not teaching
(c) have not taught
(d) do not teach

【정답】 (a) is not teaching
【해석】 Sharon은 보통 과학을 가르친다. 하지만, 그녀는 올해 그것을 가르치지 않는다.
【해설】 과거에는 과학을 가르쳤지만 현재는 가르치지 않고 있다는 의미이기 때문에 동사의 현재 진행형을 사용해야 한다. 따라서 현재 진행 시제 (a) is not teaching이 정답이다.

| 단어 및 관용어구 |
• usually 보통, 대게
• science 과학

**2.**

Tom is busy right now. He _____ his car.
(a) washed
(b) is washing
(c) has washed
(d) washes

【정답】 (b) is washing
【해석】 Tom은 지금 바쁘다. 그는 세차를 하고 있다.
【해설】 right now(지금 당장)는 현재를 의미하는 부사이다. 또한 세차를 하고 있는 중이기 때문에 바쁘다는 의미이므로 동사의 현재 진행형을 사용해야 한다. 따라서 현재 진행 시제 (b) is washing이 정답이다.

| 단어 및 관용어구 |
• busy 바쁜, 열심인, 바쁘다

**3.**

Henry is standing on the corner. He _____ for his friend.
(a) is waiting
(b) waits
(c) waited
(d) has waited

【정답】 (a) is waiting
【해석】 Henry는 모퉁이에 서 있다. 그는 친구를 기다리고 있다.
【해설】 Henry가 서서 친구를 기다리고 있는 중이라는 의미이기 때문에 동사의 현재 진행형을 사용해야 한다. 따라서 현재 진행 시제 (a) is waiting이 정답이다.

| 단어 및 관용어구 |
• stand 서다, 서 있다, 일어서다
• corner 모서리, 모퉁이

**4.**

Jack works for a trading company. He _____ a special training course now.
(a) took
(b) takes
(c) is taking
(d) had taken

【정답】 (c) is taking
【해석】 Jack은 무역회사에서 일한다. 그는 지금 특별 훈련 과정을 밟고 있습니다.
【해설】 now(지금)는 현재를 의미하는 부사이다. 또한 Jack이 지금 훈련을 진행 중이라는 의미이기 때문에 동사의 현재 진행형을 사용해야 한다. 따라서 현재 진행 시제 (c) is taking이 정답이다.

| 단어 및 관용어구 |
- trading company 무역
- training course 교육 과정

## 5.

Please tell Helen I can't come to the phone right now. I ___ dinner.
(a) am cooking
(b) cooked
(c) cook
(d) was cooking

정답 (a) am cooking

해석 Helen에게 지금 전화 못 한다고 전해주세요. 나는 저녁을 요리하고 있다.

해설 right now(지금 당장)는 현재를 의미하는 부사이다. 또한 지금 저녁을 하고 있는 중이기 때문에 전화를 못한다는 의미이기 때문에 동사의 현재 진행형을 사용해야 한다. 따라서 현재 진행 시제 (a) am cooking이 정답이다.

## 6.

We can't dine in because the restaurant doesn't have free tables now. We _____ takeout instead.
(a) were ordering
(b) order
(c) are ordering
(d) had ordered

정답 (c) are ordering

해석 지금은 무료 테이블이 없어서 식사할 수 없어요. 대신 포장 주문할게요.

해설 now(지금)는 현재를 의미하는 부사이다. 또한 지금 남은 무료 테이블이 없어서 포장 주문한다는 의미이기 때문에 동사의 현재 진행형을 사용해야 한다. 따라서 현재 진행 시제 (c) are ordering이 정답이다.

| 단어 및 관용어구 |
- dine 식사를 하다, 만찬을 들다

## 7.

Why isn't Dennis ready yet? Tell him to hurry up, or we ___ without him.
(a) are leaving
(b) have left
(c) were leaving
(d) left

정답 (a) are leaving

해석 Dennis는 왜 아직도 준비가 안 됐지? 그에게 서두르라고 해, 그렇지 않으면 우리는 그를 두고 떠날 거야.

해설 be -ing는 '~할 계획이다, ~할 예정이다'의 의미인 미래 시점을 나타낼 수 있다. 여기서는 서둘러 준비하지 않으면 두고 떠날 것이라는 의미이기 때문에 동사의 현재 진행형을 사용해서 미래 시점을 표현해야 한다. 따라서 현재 진행 시제 (a) are leaving이 정답이다.

| 단어 및 관용어구 |
- without 없이, 없는
- takeout 가지고 가는 음식, 포장

## 8.

Mr. Burns asked us to write a book report. Now, I _____ the assigned book.
(a) would read
(b) was reading
(c) had read
(d) am reading

정답 (d) am reading

해석 Burns 씨가 우리에게 독후감을 쓰라고 요청했다. 지금, 나는 할당된 책을 읽고 있다.

해설 Now(지금)는 현재를 의미하는 부사이다. 또한 독후감을 쓰기 위해 책을 읽고 있다는 의미이기 때문에 동사의 현재 진행형을 사용해야 한다. 따라서 현재 진행 시제 (d) am reading이 정답이다.

| 단어 및 관용어구 |
- report 알리다, 발표하다, 전하다, 보도하다
- assigned 할당된, 배정된

## 9.

Mother needs flour to bake a cake. She _____ some now at the supermarket.
(a) bought
(b) had bought
(c) is buying
(d) buys

정답 (c) is buying

해석 엄마는 케이크를 굽기 위해 밀가루가 필요하다. 그녀는 지금 슈퍼마켓에서 조금 사고 있다.

해설 now(지금)는 현재를 의미하는 부사이다. 또한 엄마가 밀가루를 조금 사고 있는 중이라는 의미이기 때문에 동사의 현재 진행형을 사용해야 한다. 따라서 현재 진행 시제 (c) is buying이 정답이다.

| 단어 및 관용어구 |
- flour 밀가루

## 10.

Don't make too much noise. Your baby sister _____, and you might wake her up.
(a) is sleeping
(b) sleeps
(c) slept
(d) will sleep

**정답** (a) is sleeping
**해석** 너무 시끄럽게 하지 마. 네 여동생이 자고 있는데 네가 깨울지도 몰라.
**해설** 여동생이 자고 있는 중이라 시끄럽게 하면 깨울 수도 있다는 의미이기 때문에 동사의 현재 진행형을 사용해야 한다. 따라서 현재 진행 시제 (a) is sleeping이 정답이다.

| 단어 및 관용어구 |
• noise 소리, 소음, 잡음

## 11.

The students in the classroom are silent. The exam questions they _____ must be hard.
(a) will answer
(b) answered
(c) answer
(d) are answering

**정답** (d) are answering
**해석** 교실 안의 학생들은 조용하다. 그들이 답하고 있는 시험 문제는 어려울 것이다.
**해설** 학생들이 지금 시험을 보고 있는 중이라는 의미이기 때문에 동사의 현재 진행형을 사용해야 한다. 따라서 (d) are answering이 정답이다.

| 단어 및 관용어구 |
• silent 말을 안 하는, 침묵을 지키는, 조용한

## 12.

It is now noon, and the employees _____ lunch at the cafeteria.
(a) have
(b) were having
(c) had
(d) are having

**정답** (d) are having
**해석** 지금은 정오이고, 직원들은 구내식당에서 점심을 먹고 있다.
**해설** now(지금)는 현재를 의미하는 부사이다. 또한 지금 구내식당에서 점심을 먹고 있다는 의미이므로 동사의 현재 진행형을 사용해야 한다. 따라서 현재 진행 시제 (d) are having이 정답이다.

| 단어 및 관용어구 |
• employee 종업원, 고용원
• cafeteria 카페테리아, 구내식당

## 13.

Paul is enjoying his walk. The sun _____, and the air is cool.
(a) will shine
(b) is shining
(c) shone
(d) has shone

**정답** (b) is shining
**해석** Paul은 그의 산책을 즐기고 있다. 태양은 빛나고 공기는 시원하다.
**해설** 지금 Paul이 산책을 즐기고 있고, 태양이 빛나고 있다는 의미이므로 동사의 현재 진행형을 사용해야 한다. 따라서 현재 진행 시제 (b) is shining이 정답이다.

## 14.

Allyson cannot sleep. Children _____ outside, and she can hear them through her bedroom window.
(a) are playing
(b) play
(c) will play
(d) played

**정답** (a) are playing
**해석** Allyson은 잠을 잘 수가 없다. 아이들이 밖에서 놀고 있고, 그녀는 침실 창문을 통해 그들의 소리를 들을 수 있다.
**해설** Allyson이 잠에 들지 못하는 이유는 현재 아이들이 놀고 있는 소리가 들리기 때문이라는 의미이므로 동사의 현재 진행형을 사용해야 한다. 따라서 현재 진행 시제 (a) are playing이 정답이다.

## 15.

My dog doesn't know Mr. Parker. It _____ at him right now.
(a) barks
(b) has barked
(c) is barking
(d) barked

**정답** (c) is barking
**해석** 제 강아지는 Parker 씨를 몰라요. 그것은 지금 그를 향해 짖고 있어요.
**해설** right now(지금 당장)는 현재를 의미하는 부사이다. 또한 강아지가 Parker씨를 몰라서 그를 향해 짖고 있다는 의미이므로 동사의 현재 진행형을 사용해야 한다. 따라서 현재 진행 시제 (c) is barking이 정답이다.

| 단어 및 관용어구 |
- bark (개, 여우 등이) 짖다

## 16.

Matthew has a headache. Now, he _____ the doctor at the school clinic.
(a) saw
(b) had seen
(c) is seeing
(d) sees

**정답** (c) is seeing
**해석** Matthew는 두통이 있다. 지금, 그는 학교 클리닉에서 의사를 만나고 있다.
**해설** Now(지금)는 현재를 의미하는 부사이다. 또한 지금 머리가 아파서 의사를 만나고 있다는 의미이므로 동사의 현재 진행형을 사용해야 한다. 따라서 현재 진행 시제 (c) is sleeping이 정답이다.

| 단어 및 관용어구 |
- headache 두통, 머리가 아픔

## 17.

The Smiths will eat out. Right now, they _____ between Amber Restaurant and Luigi's Pizza.
(a) choose
(b) are choosing
(c) chose
(d) has chosen

**정답** (b) are choosing
**해석** Smith 부부는 외식을 할 것이다. 현재, 그들은 Amber 레스토랑과 Luigi 피자 중 하나를 선택하고 있다.
**해설** Right now(지금 당장)는 현재를 의미하는 부사이다. 또한 부부가 지금 레스토랑을 선택하고 있다는 의미이므로 동사의 현재 진행형을 사용해야 한다. 따라서 현재 진행 시제 (b) are choosing이 정답이다.

## 18.

Erica is excited. She _____ to the airport now to pick up her parents.
(a) is driving
(b) drives
(c) had driven
(d) drove

**정답** (a) is driving
**해설** Erica는 신이 난다. 그녀는 지금 부모님을 데리러 공항으로 가고 있다.
**해설** now(지금)는 현재를 의미하는 부사이다. 또한 공항으로 부모님을 데리러 가고 있다는 의미이므로 동사의 현재 진행형을 사용해야 한다. 따라서 현재 진행 시제 (a) is driving이 정답이다.

| 단어 및 관용어구 |
- excited 신이 난, 들뜬, 흥분한
- airport 공항
- pick up 데리러 가다

## 19.

The night is cold, but I feel warm. I _____ a jacket.
(a) will wear
(b) wear
(c) was wearing
(d) am wearing

**정답** (d) am wearing
**해석** 밤은 춥지만, 나는 따뜻하다. 나는 재킷을 입고 있다.
**해설** 지금 옷을 입고 있는 현재 상황을 의미하므로 동사의 현재 진행형을 사용해야 한다. 따라서 현재 진행 시제 (d) am wearing이 정답이다.

| 단어 및 관용어구 |
- warm 따스한, 따뜻한

## 20.

Paul is fall asleep. His alarm clock _____, but he cannot hear it.
(a) rings
(b) will ring
(c) is ringing
(d) rang

**정답** (c) is ringing
**해석** Paul은 잠들어 있다. 그의 자명종 시계가 울리고 있지만, 그는 그것을 들을 수 없다.
**해설** Paul이 잠들어 있고, 자명종이 울리고 있지만 못 듣고 있다는 의미이므로 동사의 현재 진행형을 사용해야 한다. 따라서 현재 진행 시제 (c) is ringing이 정답이다.

| 단어 및 관용어구 |
- fall asleep 잠이 든, 자고 있는

# PART 3. THERE BE VERB

## PRACTICE TEST

**There be 동사**

**1.**
Do you need some help? _____ an information booth at each entrance to the airport.
(a) There is
(b) There are
(c) There were
(d) There was

[정답] (a) There is
[해석] 도움이 필요하세요? 공항 입구마다 안내소가 있습니다.
[해설] 빈칸 뒤가 an information booth로 단수 명사이기 때문에 is나 was가 들어가야 한다. 또한 말하는 시점이 현재이므로 동사의 현재 시제를 사용해야 한다. 따라서 (a) There is가 정답이다.

| 단어 및 관용어구 |
- information booth 안내소
- entrance 입구, 문, 입장, 등장

**2.**
I borrowed many of Susan's pencils. _____ only one pencil left now.
(a) There are
(b) There were
(c) There is
(d) There was

[정답] (c) There is
[해석] 나는 Susan의 연필을 많이 빌렸다. 이제 연필 한 자루만 남았다.
[해설] 빈칸 뒤가 only one pencil로 단수 명사이기 때문에 is나 was가 들어가야 한다. 또한 now(지금)은 현재를 의미하는 부사이므로 동사의 현재 시제를 사용해야 한다. 따라서 (c) There is가 정답이다.

| 단어 및 관용어구 |
- borrow 빌리다, 꾸다

**3.**
Which recipe do you want to use? _____ many ways to bake a cake.
(a) There were
(b) There was
(c) There is
(d) There are

[정답] (d) There are
[해석] 어떤 레시피를 사용하길 원하세요? 케이크를 굽는 많은 방법들이 있어요.
[해설] 빈칸 뒤가 many ways로 복수 명사이기 때문에 are이나 were이 들어가야 한다. 또한 말하는 시점이 현재이므로 동사의 현재 시제를 사용해야 한다. 따라서 (d) There are가 정답이다.

| 단어 및 관용어구 |
- recipe 조리법, 방안
- bake 굽다, 구워지다

**4.**
I like buying the latest dictionary. _____ hundreds of new words added every year.
(a) There are
(b) There were
(c) There was
(d) There is

[정답] (a) There are
[해석] 나는 최신 사전을 사는 것을 좋아한다. 매년 수백개의 새로운 단어들이 추가된다.
[해설] 빈칸 뒤가 hundreds of new words로 복수 명사이기 때문에 are이나 were이 들어가야 한다. 또한 말하는 시점이 현재이므로 동사의 현재 시제를 사용해야 한다. 따라서 (a) There are가 정답이다.

| 단어 및 관용어구 |
- latest 최근의, 최근의 것
- dictionary 사전

**5.**
Look out the window! _____ over 50 birds on the fence!
(a) There were
(b) There are
(c) There is
(d) There was

[정답] (b) There are
[해석] 창문 밖을 봐! 울타리 위에 50마리가 넘는 새들이 있어!

**해설** 빈칸 뒤가 50 birds로 복수 명사이기 때문에 are이나 were이 들어가야 한다. 또한 말하는 시점이 현재이므로 동사의 현재 시제를 사용해야 한다. 따라서 (b) There are가 정답이다.

| 단어 및 관용어구 |
• fence 울타리, 장애물

## 6.
The house is empty. _____ no one living there these days.
(a) There were
(b) They are
(c) There is
(d) There was

**정답** (c) There is
**해석** 그 집은 비어 있다. 요즘은 아무도 그곳에 살지 않는다.
**해설** 빈칸 뒤가 no one으로 단수 명사이기 때문에 is나 was가 들어가야 한다. 또한 말하는 시점이 현재이므로 동사의 현재 시제를 사용해야 한다. 따라서 (c) There is가 정답이다.

| 단어 및 관용어구 |
• empty 비어 있는, 빈, 공허한

## 7.
I'm excited to unwrap presents on Christmas day. _____ so many gifts under the tree.
(a) There is
(b) There are
(c) There were
(d) There was

**정답** (b) There are
**해석** 나는 크리스마스 날에 선물을 푸는 것이 신난다. 나무 아래에 많은 선물들이 있다.
**해설** 빈칸 뒤가 many gifts로 복수 명사이기 때문에 are이나 were이 들어가야 한다. 또한 말하는 시점이 현재이므로 동사의 현재 시제를 사용해야 한다. 따라서 (b) There are가 정답이다.

| 단어 및 관용어구 |
• unwrap 풀다

## 8.
I have a lot of brothers and sisters. _____ six children in my family.
(a) There were
(b) There are
(c) There is
(d) There was

**정답** (b) There are
**해석** 나는 형제 자매가 많다. 우리 가족은 6명의 아이들이 있다.
**해설** 빈칸 뒤가 six children으로 복수 명사이기 때문에 are이나 were이 들어가야 한다. 또한 말하는 시점이 현재이므로 동사의 현재 시제를 사용해야 한다. 따라서 (b) There are가 정답이다.

## 9.
My office doesn't have much storage space. _____ only one drawer in my desk.
(a) There was
(b) There were
(c) There are
(d) There is

**정답** (d) There is
**해석** 사무실에 수납 공간이 없어요. 내 책상에는 서랍이 하나밖에 없다.
**해설** 빈칸 뒤가 one drawer로 단수 명사이기 때문에 is나 was가 들어가야 한다. 또한 말하는 시점이 현재이므로 동사의 현재 시제를 사용해야 한다. 따라서 (d) There is가 정답이다.

| 단어 및 관용어구 |
• storage space 저장 면역
• drawer 서랍, 수표 발행인

## 10.
It's almost time to pay the rent. _____ only one day left before it's due.
(a) There is
(b) There was
(c) There are
(d) There were

**정답** (a) There is
**해석** 집세를 낼 시간이 다 됐어요. 기한이 하루밖에 남지 않았어요.
**해설** 빈칸 뒤가 one day로 단수 명사이기 때문에 is나 was가 들어가야 한다. 또한 말하는 시점이 현재이므로 동사의 현재 시제를 사용해야 한다. 따라서 (a) There is가 정답이다.

| 단어 및 관용어구 |
• rent 집세, 방세, 지대, 임차료, 세내다

## 11.

Many cars were on the road last night. _____ a huge traffic jam!
(a) There are
(b) There was
(c) There were
(d) There is

【정답】 (b) There was
【해석】 어젯밤 많은 차들이 도로에 있었다. 엄청난 교통체증이 있었다!
【해설】 빈칸 뒤가 a huge traffic jam으로 단수 명사이기 때문에 is나 was가 들어가야 한다. 또한 last night(지난 밤)은 과거를 의미하는 부사이므로 동사의 과거 시제를 사용해야 한다. 따라서 (b) There was가 정답이다.

| 단어 및 관용어구 |
- huge 막대한, 거대한
- traffic jam 교통체증

## 12.

North America has been well explored. _____ few unknown areas by the year 1930.
(a) There was
(b) There are
(c) There is
(d) There were

【정답】 (d) There were
【해석】 북아메리카는 잘 탐사 되어 왔다. 1930년까지 알려지지 않은 지역은 거의 없었다.
【해설】 빈칸 뒤가 few unknown areas로 복수 명사이기 때문에 are이나 were이 들어가야 한다. 또한 1930이라는 과거 시점이 나왔기 때문에 동사의 과거 시제를 사용해야 한다. 따라서 (d) There were가 정답이다.

| 단어 및 관용어구 |
- explore 답사하다, 탐험하다
- area 지역, 구역, 부분

## 13.

I went to the dentist this morning. _____ a lot of patients with toothaches.
(a) There is
(b) There are
(c) There was
(d) There were

【정답】 (d) There were
【해석】 나는 오늘 아침에 치과에 갔다. 많은 치통 환자들이 있었다.
【해설】 빈칸 뒤가 a lot of patients로 복수 명사이기 때문에 are이나 were이 들어가야 한다. 또한 말하는 시점이 과거이므로 동사의 과거 시제를 사용해야 한다. 따라서 (d) There were가 정답이다.

## 14.

Houses are built on higher ground now. Last century, _____ a terrible flood downtown.
(a) there was
(b) there were
(c) there is
(d) there are

【정답】 (a) there was
【해석】 집들은 이제 더 높은 지대에 지어졌다. 지난 세기, 시내에는 끔찍한 홍수가 있었다.
【해설】 빈칸 뒤에 나온 명사가 a terrible flood로 단수 명사이기 때문에 is나 was가 들어가야 한다. 또한 Last century(지난 세기)는 과거를 의미하는 부사이므로 동사의 과거 시제를 사용해야 한다. 따라서 (a) there was가 정답이다.

| 단어 및 관용어구 |
- century 세기, 100년
- terrible 끔찍한, 소름 끼치는, 심한, 지독한
- flood 홍수, 쇄도, 폭주, 물에 잠기다, 침수되다
- downtown 시내에(로)

## 15.

We had a problem with our hotel. When we first arrived, _____ no rooms available.
(a) there was
(b) there were
(c) there are
(d) there is

【정답】 (b) there were
【해석】 우리 호텔에 문제가 있었어요. 우리가 처음 도착했을 때는 방이 없었습니다.
【해설】 빈칸 뒤가 rooms로 복수 명사이기 때문에 are이나 were이 들어가야 한다. 또한 말하는 시점이 과거이므로 동사의 과거 시제를 사용해야 한다. 따라서 (b) there were가 정답이다.

| 단어 및 관용어구 |
- arrive 도착하다, 배달되다, 도래하다, 찾아오다
- available 이용할 수 있는, 구할 수 있는, 시간이 있는

## 16.
Lots of wildfires have been burning. Last week alone, _____ three wildfires in our neighborhood.
(a) there were
(b) there was
(c) there are
(d) there is

[정답] (a) There were
[해석] 많은 산불이 타오르고 있다. 지난주만 해도 우리 동네에서 산불이 세 번 났다.
[해설] 빈칸 뒤가 three wildfires로 복수 명사이기 때문에 are이나 were이 들어가야 한다. 또한 Last week(지난 주)는 과거를 의미하는 부사이므로 동사의 과거 시제를 사용해야 한다. 따라서 (a) There were가 정답이다.

| 단어 및 관용어구 |
- wildfire 들불, 도깨비불
- burning 불타는, 갈망하는
- neighborhood 근처, 이웃, 인근, 주민

## 17.
Chester loves having birthday parties. _____ always piles of gifts for him to open.
(a) There is
(b) There are
(c) There were
(d) There was

[정답] (b) There are
[해석] Chester는 생일 파티를 좋아한다. 그가 열 수 있는 선물은 항상 쌓여 있다.
[해설] 빈칸 뒤가 piles of gifts로 복수 명사이기 때문에 are이나 were이 들어가야 한다. 또한 말하는 시점이 현재이므로 동사의 현재 시제를 사용해야 한다. 따라서 (b) There are가 정답이다.

| 단어 및 관용어구 |
- piles of 산더미, 무더기

## 18.
My neighbor's dog barked all night. Apparently, _____ someone trying to break into his house.
(a) there was
(b) there is
(c) there are
(d) there were

[정답] (a) there was
[해석] 이웃집 개가 밤새도록 짖어 댔다. 분명히, 누군가 그의 집에 침입하려 하고 있었다.
[해설] 빈칸 뒤가 a huge traffic jam으로 단수 명사이기 때문에 is나 was가 들어가야 한다. 또한 말하는 시점이 과거이므로 동사의 과거 시제를 사용해야 한다. 따라서 (a) there was가 정답이다.

| 단어 및 관용어구 |
- bark (개, 여우 등이) 짖다
- all night 밤새도록, 하룻밤 내내, 밤새 동안
- apparently 분명히
- break into 침입하다, 억지로 열다

## 19.
Mrs. Jacobs was surprised to see that _____ raccoons living in her attic.
(a) there are
(b) there is
(c) there were
(d) there was

[정답] (c) there were
[해석] Jacobs 부인은 다락방에 너구리가 살고 있는 것을 보고 놀랐다.
[해설] 빈칸 뒤가 raccoons로 복수 명사이기 때문에 are이나 were이 들어가야 한다. 또한 말하는 시점이 과거이므로 동사의 과거 시제를 사용해야 한다. 따라서 (c) there were가 정답이다.

| 단어 및 관용어구 |
- surprise 뜻밖의 일, 놀라운, 놀라게 하다
- raccoon 너구리

## 20.
It rained while Tom was walking home. _____ nothing he could do but run.
(a) There are
(b) There were
(c) There was
(d) There is

[정답] (c) There was
[해석] Tom이 집에 걸어가는 동안 비가 왔다. 도망가는 것 외에는 그가 할 수 있는 일이 없었다.
[해설] 빈칸 뒤가 nothing으로 단수 명사이기 때문에 is나 was가 들어가야 한다. 또한 말하는 시점이 과거이므로 동사의 과거 시제를 사용해야 한다. 따라서 (c) There was가 정답이다.

# PART 4. WH QUESTIONS

## PRACTICE TEST

### WH 의문문

**1.**

I get to work by subway. _____ do you usually go to work?
(a) Who
(b) How
(c) What
(d) Which

[정답] (b) How

[해석] 나는 지하철로 출근해. 너는 보통 어떻게 출근하니?

[해설] 출근하는 방법을 말하면서, 상대는 '어떻게' 출근하는지 방법을 묻는 것이 자연스럽기 때문에 How가 들어가야 한다. 따라서 (b) How가 정답이다.

| 의문사의 종류 | |
|---|---|
| Who | 누가 |
| What | 무엇 |
| Which | 어느 것 |
| Whose | 누구의 |
| Whom | 누구를 |
| When | 언제 |
| Where | 어디서 |
| Why | 왜 |
| How | 어떻게, 어떤 방법으로 |

| 단어 및 관용어구 |
- subway 지하철, 지하도
- usually 보통, 대게

**2.**

James wants to do something fun. _____ do you suggest?
(a) What
(b) When
(c) How
(d) Why

[정답] (a) What

[해석] James는 뭔가 재미있는 것을 하고 싶어해. 추천할 만한 거 있니?

[해설] 무언가 재미있는 것을 하고 싶다고 말하면서, 추천할 만한 것이 '무엇'인지를 묻는 것이 자연스럽기 때문에 What이 들어가야 한다. 따라서 (a) What이 정답이다.

| 단어 및 관용어구 |
- suggest 제안하다, 추천하다, 시사하다

**3.**

Judy isn't in her room. _____ did she go?
(a) Which
(b) Where
(c) How much
(d) Who

[정답] (b) Where

[해석] Judy는 그녀의 방에 없어요. 그녀는 어디로 갔나요?

[해설] 그녀가 방에 없다고 말하면서, '어디로' 갔는지 묻는 것이 자연스럽기 때문에 Where이 들어가야 한다. 따라서 (b) Where가 정답이다.

### How many/How much

**4.**

I'm going to take the train to Los Angeles. _____ does the ticket cost?
(a) How many
(b) Which
(c) How much
(d) Where

[정답] (c) How much

[해석] 로스 엔젤레스행 기차를 탈 거예요. 이 표는 얼마인가요?

[해설] How many + 가산 명사(셀 수 있는 명사), How much + 불가산명사(셀 수 없는 명사)를 구분하는 문제이다. ticket cost는 티켓의 값(비용)을 가리키며, 돈은 셀 수 없는 명사이다. 따라서 셀 수 없는 명사(돈)가 얼마인지를 나타내는 (c) How much가 정답이다.

| 단어 및 관용어구 |
- cost 값, 비용

**5.**

Sally went to the dance with Tom. _____ did Cathy go with?
(a) What
(b) Where
(c) Which
(d) Whom

[정답] (d) Whom

해석 Sally는 Tom과 함께 댄스 파티에 갔어. Cathy는 누구와 함께 갔니?

해설 Sally는 Tom과 댄스 파티에 갔다고 말하면서, Cathy는 '누구'와 같이 갔는지 묻는 것이 자연스럽다. 여기에서는 전치사 with 뒤에 명사가 와야 하므로 Who의 목적격인 Whom이 들어가야 한다. 따라서 (d) Whom이 정답이다.

## 6.

You can borrow my pen. _____ do you want, the blue or black pen?
(a) Which one
(b) Which way
(c) How many
(d) How much

정답 (a) Which one

해석 내 펜을 빌려도 돼. 파란색과 검정색 펜 중 어느 것을 원하니?

해설 펜을 빌려준다고 말하면서, '어떤 것'을 원하는지 묻는 것이 자연스럽기 때문에 Which one이 들어가야 한다. 따라서 (a) Which one이 정답이다.

| 단어 및 관용어구 |
• borrow 빌리다

## 7.

Hi, I'm a new student here, and I'm a little lost. _____ is the library?
(a) How
(b) What
(c) Where
(d) When

정답 (c) Where

해석 안녕하세요, 저는 여기 새로 온 학생인데 길을 좀 잃었어요. 도서관이 어딘가요?

해설 길을 잃었다고 말하면서, '어디로' 가야 하는지 묻는 것이 자연스럽기 때문에 Where이 들어가야 한다. 따라서 (c) Where가 정답이다.

| 단어 및 관용어구 |
• lost 길을 잃은, (물건을) 잃어버린, 손실이 난
• library 도서관, 서재

## 8.

I started playing the piano six years ago. _____ have you been playing?
(a) How much
(b) How long
(c) How often
(d) How far

정답 (b) How long

해석 저는 6년 전에 피아노를 치기 시작했어요. 얼마 만에 연주하시는 거예요?

해설 피아노를 치기 시작한 시점을 말하면서, 상대는 '얼마나 오래됐는지' 묻는 것이 자연스럽기 때문에 How long이 들어가야 한다. 따라서 (b) How long이 정답이다.

| 단어 및 관용어구 |
• playing 연주

## 9.

Mrs. Smith is my homeroom teacher this year. _____ is yours?
(a) Why
(b) Who
(c) What
(d) When

정답 (b) Who

해석 Smith 선생님은 올해 나의 담임 선생님이야. 너의 담임 선생님은 누구니?

해설 올해 자신의 담임선생님을 말하면서, 상대의 담임 선생님은 '누구'인지 묻는 것이 자연스럽기 때문에 Who가 들어가야 한다. 따라서 (b) Who가 정답이다.

| 단어 및 관용어구 |
• homeroom teacher 담임 선생님

## 10.

Oh, you went to the museum yesterday? _____ did you see there?
(a) Where
(b) Whose
(c) What
(d) How

정답 (c) What

해석 아, 너 어제 박물관에 갔니? 너는 거기서 무엇을 봤니?

해설 박물관에 다녀와서 '무엇'을 봤는지 묻는 것이 자연스럽기 때문에 What이 들어가야 한다. 따라서 (c) What이 정답이다.

| 단어 및 관용어구 |
• museum 박물관

**11.**
Sarah doesn't know we're planning her birthday party. She keeps asking _____ we're acting suspiciously.
(a) where
(b) when
(c) what
(d) why

[정답] (d) why
[해석] Sarah는 우리가 그녀의 생일 파티를 계획하고 있다는 것을 모른다. 그녀는 우리가 왜 의심스럽게 행동하는지 계속 묻고 있다.
[해설] Sarah는 우리의 계획을 모른다고 말하면서, '왜' 의심스럽게 행동하는지 묻는 것이 자연스럽기 때문에 Why가 들어가야 한다. 따라서 (d) Why가 정답이다.

| 단어 및 관용어구 |
- suspiciously 수상쩍게, 수상쩍다는 듯이

**12.**
I bought five souvenirs from that shop! _____ souvenirs did you buy?
(a) How much
(b) How long
(c) How far
(d) How many

[정답] (d) How many
[해석] 나는 그 가게에서 기념품 다섯 개를 샀어! 너는 얼마나 많은 기념품을 샀니?
[해설] How many + 가산 명사(셀 수 있는 명사), How much + 불가산명사(셀 수 없는 명사)를 구분하는 문제이다. 여기에서 빈칸 앞 souvenirs는 복수 명사이다. 따라서 셀 수 있는 명사가 얼마나 많은지를 나타내는 (d) How many가 정답이다.

| 단어 및 관용어구 |
- souvenir 기념품

**13.**
Charlie is walking very fast. _____ is he in such a hurry?
(a) What
(b) Where
(c) Why
(d) How

[정답] (c) Why
[해석] Charlie는 매우 빠르게 걷고 있어. 그는 왜 그렇게 서두르니?
[해설] Charlie가 빨리 걷고 있다고 말하면서, '왜' 빠르게 걷는지 묻는 것이 자연스럽기 때문에 Why가 들어가야 한다. 따라서 (c) Why가 정답이다.

| 단어 및 관용어구 |
- hurry 서두르다, 급히 가다, 서두름, 급함

**14.**
This T-shirt is my favorite gift. Sadly, I don't remember _____ gave it to me.
(a) who
(b) what
(c) which
(d) when

[정답] (a) who
[해석] 이 티셔츠는 내가 가장 좋아하는 선물이야. 슬프게도, 나는 누가 나에게 이것을 주었는지 기억나지 않아.
[해설] 그 셔츠를 '누가' 줬는지 기억나지 않는다고 하는 것이 자연스럽기 때문에 Who가 들어가야 한다. 따라서 (c) Who가 정답이다.

| 단어 및 관용어구 |
- favorite 마음에 드는, 매우 좋아하는
- remember 기억하다

**15.**
Leslie just finished reading a long book in one sitting. _____ did she do it?
(a) Which
(b) How
(c) What
(d) When

[정답] (b) How
[해석] Leslie는 긴 책을 단숨에 다 읽었습니다. 그녀는 어떻게 그렇게 했을까요?
[해설] Leslie가 긴 책을 단숨에 다 읽었다고 말하면서, '어떻게' 그렇게 했는지를 묻는 것이 자연스럽기 때문에 How가 들어가야 한다. 따라서 (c) How가 정답이다.

| 단어 및 관용어구 |
- finish 끝나다, 마무리 짓다

**16.**
All these videogames are exciting. _____ would you like to play?
(a) Which one
(b) Which way
(c) How much
(d) How far

[정답] (a) Which one
[해석] 이 모든 비디오 게임들은 재미있어요. 어떤 걸로 플레이 하시겠어요?

[해설] 비디오 게임들이 재밌다고 말하면서, 이중에서 '어떤 것'을 고를지 묻는 것이 자연스럽기 때문에 Which one이 들어가야 한다. 따라서 (a) Which one이 정답이다.

| 단어 및 관용어구 |
- play 놀다, 연주하다, (피아노, 기타 등을) 치다, 시합

## 17.

Mandarin seems difficult to learn. I wonder _____ made Rob decide to study it.
(a) why
(b) what
(c) how
(d) when

[정답] (b) what

[해석] 중국어는 배우기 어려워 보인다. 나는 Rob이 그것을 공부하기로 결심하게 만든 것이 무엇인지 궁금하다.

[해설] 중국어가 어려워 보인다고 말하면서, Rob이 공부를 결심한 계기가 '무엇'인지 궁금하다고 하는 것이 자연스럽기 때문에 what이 들어가야 한다. 따라서 (b) what이 정답이다.

| 단어 및 관용어구 |
- Mandarin (표준) 중국어
- difficult 어려운, 힘든, 힘겨운, 곤란한
- decide 결정하다, 결정을 내리다

## 18.

Our favorite diner is full of customers. _____ should we eat?
(a) Why
(b) How
(c) Where
(d) When

[정답] (c) Where

[해석] 우리가 가장 좋아하는 식당은 손님들로 가득하네요. 어디에서 먹을까요?

[해설] 가장 좋아하는 식당은 손님이 가득 찼기 때문에 '어디'에서 먹을지 장소를 고려하는 것이 자연스러우므로 Where이 들어가야 한다. 따라서 (c) Where가 정답이다.

| 단어 및 관용어구 |
- favorite 마음에 드는, 매우 좋아하는, 총애하는
- diner (음식 값이 싼) 작은 식당
- be full of ~로 가득차다
- customer 손님, 고객

## 19.

Everybody else has gone home already. _____ is Lisa still at school?
(a) Who
(b) What
(c) Why
(d) Which

[정답] (c) Why

[해석] 다른 사람들은 이미 모두 집으로 갔어. Lisa는 왜 아직도 학교에 있니?

[해설] 모두가 집에 갔는데 Lisa는 '왜' 아직 학교에 남아있는지 묻는 것이 자연스럽기 때문에 Why가 들어가야 한다. 따라서 (c) Why가 정답이다.

| 단어 및 관용어구 |
- already 이미, 벌써

## 20.

I really need my car to go to work. _____ can you fix its air conditioner?
(a) How long
(b) How soon
(c) How often
(d) How much

[정답] (b) How soon

[해석] 출근하려면 차가 꼭 필요해요. 얼마나 빨리 그것의 에어컨을 고칠 수 있나요?

[해설] 출근하기 위해서는 차가 꼭 필요하다고 말하면서, '얼마나 빨리' 차의 에어컨을 고칠 수 있는지 묻는 것이 자연스럽기 때문에 How soon이 들어가야 한다. 따라서 (b) How soon이 정답이다.

| 단어 및 관용어구 |
- fix 고치다, 수리하다, 고정시키다, 정하다
- air conditioner 에어컨

# NUMBERS # STRATEGY ❶

## EXERCISE ❶ - 1

### INSTRUCTION 1

We have three additions to our program at 11 o'clock today. First, ¹⁾ there is a talk on traffic safety in room 19 on the 2ⁿᵈ floor. Second, ²⁾ there is a meeting of the planning committee in room 70. Finally, ³⁾ there is a luncheon for our guest speaker in room 13. Please note that these additions are for 11 o'clock today.

### 해석

오늘 11시에 저희 프로그램에 세 가지 추가 사항이 있습니다. 먼저 ¹⁾ 2층 19호에서 교통안전에 대한 연설이 있습니다. 둘째, ²⁾ 70호실에서 기획위원회 회의가 있습니다. 마지막으로, ³⁾ 13호실에서 초청 연사를 위한 오찬이 있습니다. 이 추가 사항은 오늘 11시라는 것을 명심하시기 바랍니다.

### 단어

- addition 추가(사항)
- traffic 교통의
- safety 안전
- committee 위원회
- luncheon 오찬, 만찬
- guest speaker 초청 연사 (게스트)
- note 주목하다, 주의하다, 명심하다

---

**1.**
Where is the lecture on traffic safety?

교통 안전 강의는 어디에서 하는가?

(a) in room 9
(b) in room 90
(c) on the third floor
(d) in room 19

(a) 9호실
(b) 90호실
(c) 3층
(d) 19호실

**정답** (d) in room 19
**해설** 교통 안전에 대한 연설은 2층 19호에서 열린다고 했으므로 (d) in room 19가 정답이다.

| 단어 및 관용어구 |
- lecture 강의

**2.**
Where is the meeting of the planning committee?

기획위원회 회의는 어디에서 하는가?

(a) in room 7
(b) in room 11
(c) in room 17
(d) in room 70

(a) 7호실
(b) 11호실
(c) 17호실
(d) 70호실

**정답** (d) in room 70
**해설** 기획위원회 회의는 70호실에서 열린다고 했으므로 (d) in room 70이 정답이다.

## 3.

Where is the luncheon for the guest speaker?

초청 연사를 위한 오찬은 어디에서 하는가?

(a) in room 30
(b) in room 13
(c) in room 11
(d) in room 3

(a) 30호실
(b) 13호실
(c) 11호실
(d) 3호실

[정답] (b) in room 13

[해설] 초청 연사를 위한 오찬은 13호실에서 열린다고 했으므로 (b) in room 13이 정답이다.

---

**INSTRUCTION 2**

Attention, passengers and the terminal! 4) Flight 56 to Miami is ready to depart from gate 80 on the lower level. This is your last chance to get on board. 5) Flight 43 from New York will arrive at gate 60 in just a few minutes. 6) Flight 76 to Paris first scheduled to leave from gate 12 will instead depart from gate 14. Thank you.

**해석**

주목해주세요, 승객 여러분. 4) 마이애미행 56편은 아래층 80번 탑승구에서 출발할 준비가 되어 있습니다. 이번이 승선할 수 있는 마지막 기회입니다. 5) 뉴욕에서 출발하는 43편은 잠시 후에 60번 탑승구에 도착할 것입니다. 6) 12번 게이트에서 출발 예정인 파리 행 76편은 대신 14번 탑승구에서 출발할 예정입니다. 감사합니다.

**단어**

- passenger 승객
- depart 출발하다
- lower (더) 낮은
- get on board 승선하다, 승차하다
- arrive 도착하다
- instead 대신에

## 4.

From which gate will Flight 56 to Miami depart?

마이애미행 56편은 어느 탑승구에서 출발할 예정인가?

(a) gate 80
(b) gate 24
(c) gate 18
(d) gate 8

(a) 80번 탑승구
(b) 24번 탑승구
(c) 18번 탑승구
(d) 8번 탑승구

[정답] (a) gate 80

[해설] 마이애미행 56편은 아래층 80번 탑승구에서 출발한다고 했으므로 (a) gate 80이 정답이다.

| 단어 및 관용어구 |

- depart 출발하다

**5.**

At which gate will Flight 43 from New York arrive?

뉴욕에서 출발하는 43편은 어느 탑승구에 도착할 예정인가?

(a) gate 6
(b) gate 4
(c) gate 60
(d) gate 16

(a) 6번 탑승구
(b) 4번 탑승구
(c) 60번 탑승구
(d) 16번 탑승구

[정답] (c) gate 60
[해설] 뉴욕에서 출발하는 43편은 60번 탑승구에 도착할 예정이라고 했으므로 (d) gate 60이 정답이다.

| 단어 및 관용어구 |
• arrive 도착하다

**6.**

From which gate will Flight 76 to Paris depart?

파리 행 76편은 어느 탑승구에서 출발할 예정인가?

(a) gate 40
(b) gate 14
(c) gate 12
(d) gate 2

(a) 40번 탑승구
(b) 14번 탑승구
(c) 12번 탑승구
(d) 2번 탑승구

[정답] (b) gate 14
[해설] 파리 행 76편은 12번 탑승구 대신 14번 탑승구에서 출발할 예정이라고 했으므로 (b) gate 14가 정답이다.

## EXERCISE ❶ - 2

**INSTRUCTION 1**

The reunion for our high school class is this Friday at 7:30 p.m. It will be held at the Marriott Hotel in Lakewood. [1] The hotel address is 1345 Rosecrans Street. [2] You will find us in room 507 which is on the 5th floor. After the reunion, [3] some of us will go to my apartment to continue the party. My address is 1109 Lemon Avenue. I live in apartment 165. We will see you there.

**해석**

우리 고등학교의 동창회가 이번 주 금요일 저녁 7시 30분입니다. Lakewood의 Marriott 호텔에서 열릴 예정입니다. [1] 호텔 주소는 Rosecrans Street 1345번지입니다. [2] 5층에 있는 507호실에서 우리를 찾을 수 있을 것입니다. 동창회가 끝난 후, [3] 우리 중 일부는 파티를 계속하기 위해 제 아파트로 갈 예정입니다. 제 주소는 Lemon Street 1109번지입니다. 저는 165 아파트에 삽니다. 그곳에서 뵙겠습니다.

**단어**

• reunion 재회, 모임, 동창회
• be held 열리다
• address 주소
• continue 계속하다

## 1.

What is the address of the Marriott Hotel?

Marriott 호텔의 주소는 무엇인가?

(a) 730 Lakewood Street
(b) 3014 Rosecrans Street
(c) 3045 Lakewood Street
**(d) 1345 Rosecrans Street**

(a) 730 Lakewood가
(b) 3014 Rosecrans가
(c) 3045 Lakewood가
(d) 1345 Rosecrans가

[정답] (d) 1345 Rosecrans Street
[해설] Marriott 호텔의 주소는 Rosecrans Street 1345번지라고 했으므로 (d) 1345 Rosecrans Street가 정답이다.

**| 단어 및 관용어구 |**
• address 주소

## 2.

In what room will the high school reunion be held?

고등학교 동창회는 어떤 호실에서 열릴 것인가?

**(a) room 507**
(b) room 45
(c) room 705
(d) room 517

(a) 507호실
(b) 45호실
(c) 705호실
(d) 517호실

[정답] (a) room 507
[해설] 5층에 있는 507호실에서 찾을 수 있다고 했으므로 (d) room 507이 정답이다.

## 3.

At what address will the party after the reunion be held?

동창회 후 파티가 열리는 곳의 주소는 무엇인가?

(a) 165 Lemon Avenue
(b) apartment 109
**(c) 1109 Lemon Avenue**
(d) 1119 Rosecrans Street

(a) 165 Lemon가
(b) 아파트 109
(c) 1109 Lemon가
(d) 1119 Rosecrans가

[정답] (c) 1109 Lemon Avenue
[해설] 동창회가 끝나고 파티를 계속하기 위해 Lemon Street 1109번지에 위치한 아파트를 언급하고 있으므로 (c) 1109 Lemon Avenue가 정답이다.

### INSTRUCTION 2

The entrance examination for the police academy is next Saturday morning at 9:30.[4] It will be given at the city administration building at 6530 West Ash Street. Take the elevators to the 6th floor and [5] follow the signs to room 617. In the afternoon, [6] applicants can take guided tours of the Central Police Station, which is located at 1402 Market Street. The tours will run every half hour from 1 p.m. until 4:30 p.m.

#### 해석

경찰학교 입학시험은 다음 주 토요일 아침 9시 30분입니다. [4] 그것은 West Ash가 6530번지에 있는 시 행정청사에서 제공될 것입니다. 엘리베이터를 타고 6층까지 가서 [5] 표지판을 따라 617호까지 가세요. 오후에는, [6] 지원자들이 1402번 시장 거리에 위치한 중앙경찰서 안내관광을 할 수 있습니다. 투어는 오후 1시부터 4시 30분까지 30분 간격으로 진행될 예정입니다.

#### 단어

- entrance 입학, 등록
- examination 시험
- police academy 경찰학교
- administration 관리, 행정(업무)
- follow 따르다, 따라가다
- sign 표지판
- afternoon 오후
- applicant 지원자
- locate 위치시키다
- run 운영하다, 진행하다

### 4.

What is the address of the city administration Building?

시 행정청사의 주소는 무엇인가?

(a) 5613 West Ash Street
(b) 930 Market Street
(c) 6530 West Ash Street
(d) 430 Market Street

(a) 5613 West Ash가
(b) 930 Market가
(c) 6530 West Ash가
(d) 430 Market가

**정답** (c) 6530 West Ash Street
**해설** 시 행정청사의 주소는 West Ash Street 6530번지라고 했으므로 (c) 6530 West Ash Street가 정답이다.

### 5.

In what room will the entrance examination be given?

입학 시험은 어떤 호실에서 받게 될 예정인가?

(a) room 67
(b) room 430
(c) room 760
(d) room 617

(a) 67호실
(b) 430호실
(c) 760호실
(d) 617호실

**정답** (d) room 617
**해설** 시험은 6층에서 표지판을 따라 617호까지 가라고 안내했으므로 (d) room 617이 정답이다.

### 6.

What is the address of the Central Police Station?

중앙경찰서의 주소는 무엇인가?

(a) 420 West Ash Street
(b) 1402 Market Street
(c) 4120 West Ash Street
(d) 4102 Market Street

(a) 420 West Ash가
(b) 1402 Market가
(c) 4120 West Ash가
(d) 4102 Market가

**정답** (b) 1402 Market Street
**해설** 중앙경찰서는 Market Street 1402번지에 위치하고 있다고 했으므로 (b) 1402 Market Street가 정답이다.

# NUMBERS # STRATEGY ❷

## 🍃 EXERCISE ❷ - 1

**1.**

(a) midnight
(b) half past twelve
(c) noon
(d) twelve thirty

(a) 자정
(b) 12시 30분
(c) 정오
(d) 12시 30분

**[정답]** (b) half past twelve
**[해설]** 그림에서 시계가 12시 30분을 가리키고 있으므로 (b) half past twelve가 정답이다.

| 단어 및 관용어구 |
- midnight 자정
- noon 정오

**2.**

(a) at 1 p.m.
(b) at 10 p.m.
(c) at 12 noon
(d) at 11:30 a.m.

(a) 오후 1시
(b) 오후 10시
(c) 낮 12시
(d) 오전 11시 30분

**[정답]** (d) at 11:30 a.m.
**[해설]** 그림에서 시계가 11시 30분을 가리키고 있으므로 (d) at 11:30 a.m.이 정답이다.

**3.**

(a) 1:00 p.m.
(b) 11:30 a.m.
(c) 1 hour
(d) Room 615

(a) 오후 1시
(b) 오전 11시 30분
(c) 1시간
(d) 615호실

**[정답]** (a) 1:00 p.m.
**[해설]** 그림에서 시계가 1시를 가리키고 있으므로 (a) 1:00 p.m.이 정답이다.

**4.**

(a) 10:00 p.m.
(b) 2:00 a.m.
(c) half past two
(d) midnight

(a) 오후 10시
(b) 오전 2시
(c) 2시 30분
(d) 자정

**[정답]** (b) 2:00 a.m.
**[해설]** 그림에서 시계가 2시를 가리키고 있으므로 오전(새벽) 2시 (b) 2:00 a.m.이 정답이다.

**5.**

(a) at 10:30 a.m.
(b) at 1:30 p.m.
(c) at 8:00 a.m.
(d) at 1:00 p.m.

(a) 오전 10시 30분
(b) 오후 1시 30분
(c) 오전 8시
(d) 오후 1시

**[정답]** (c) at 8:00 a.m.
**[해설]** 그림에서 시계가 8시를 가리키고 있으므로 (c) at 8:00 a.m.이 정답이다.

## EXERCISE ❷ - 2

**INSTRUCTION 1**

Good morning! We hope you rested well last night and are ready for today's tour of the city. ¹⁾ **The bus will leave promptly at a quarter to nine from in front of the hotel.** Our first stop will be the art museum. We will spend about an hour and a half there and then ²⁾ **leave the museum at half past 10** for our next stop, the farmer's market. ³⁾ **We will have lunch there at about a quarter past noon.** At that time, I'll give you the schedule for the rest of the day.

**해석**

좋은 아침입니다! 어젯밤 잘 쉬셨기를 바라며, 오늘 시내 관광을 위한 준비가 되셨기를 바랍니다. ¹⁾ 버스는 호텔 앞에서 9시 15분에 즉시 출발할 것입니다. 우리의 첫 번째 목적지는 미술 박물관이 될 것입니다. 우리는 그곳에서 약 1시간 30분을 보낸 후 ²⁾ 10시 30분에 박물관을 떠나, 다음 정류장인 농산물 마켓으로 갈 것입니다. ³⁾ 우리는 그곳에서 낮 12시 15분쯤에 점심을 먹을 예정입니다. 그 시간에는, 남은 하루의 일정을 알려드리겠습니다.

**단어**

- rest 휴식을 취하다, 쉬다
- leave 떠나다
- promptly 즉시, 바로
- museum 박물관
- farmer 농부, 농사꾼
- the rest of the day 하루의 나머지

### 1.

When does the bus tour leave the hotel?

버스 투어는 언제 호텔에서 출발할 것인가?

(a) 9:15
(b) 8:45
(c) 8:15
(d) 9:45

(a) 9시 15분
(b) 8시 45분
(c) 8시 15분
(d) 9시 45분

**정답** (a) 9:15
**해설** 버스는 호텔 앞에서 9시 15분에 바로 출발할 것이라고 했으므로 (a) 9:15가 정답이다.

### 2.

When will the bus tour leave the museum?

버스 투어는 언제 미술 박물관에서 출발할 것인가?

(a) 10:15
(b) 11:30
(c) 11:45
(d) 10:30

(a) 10시 15분
(b) 11시 30분
(c) 11시 45분
(d) 10시 30분

**정답** (d) 10:30
**해설** 미술 박물관(미술관)에서는 10시 30분에 떠날 것이라고 했으므로 (d) 10:30이 정답이다.

### 3.

When will the tour group have lunch?

투어 그룹은 언제 점심 식사를 할 예정인가?

(a) 12:15
(b) 11:45
(c) 12:30
(d) 1:30

(a) 12시 15분
(b) 11시 45분
(c) 12시 30분
(d) 1시 30분

**정답** (a) 12:15
**해설** 투어 그룹은 낮 12시 15분쯤에 점심을 먹을 것이라고 했으므로 (a) 12:15가 정답이다.

### INSTRUCTION 2

May I have your attention? Several sports events are scheduled for this afternoon. [1] **The men's 100-yard dash will take place at half past one on the main track.** Shortly after that, [2] **at a quarter before two, the women's high jump event will be starting on the lower field.** Then [3] **there will be a short break until a quarter past three when the one-mile run will occur.** We remind you to please stay off the track when events are in progress.

### 해석

주목해 주시겠습니까? 오늘 오후에 몇 가지 스포츠 행사가 예정되어 있습니다. [1] 남자 1000야드 경주는 메인 트랙에서 1시 30분에 열릴 것입니다. 그 직후, [2] 2시 15분 전 여자 높이뛰기 종목이 하위권에서 시작될 것입니다. [3] 3시 15분까지는 1마일 달리기가 시작될 때까지 잠시 쉬게 될 것입니다. 이벤트가 진행 중일 때는 트랙을 벗어나 주시기를 당부 드립니다.

### 단어

- **several** 몇몇의
- **dash** 돌진, 질주, 경주
- **take place** 개최되다, 일어나다
- **field** 분야, 영역
- **break** 휴식
- **occur** 시작하다, 발생하다
- **remind** 상기시키다, 떠오르게 하다
- **stay** 머무르다, 계속(그대로) 있다
- **in progress** 진행 중인

### 4.

When will the men's 100-yard dash take place?

남자 100야드 경주는 언제 열릴 것인가?

(a) 12:30
(b) 1:30
(c) 11:45
(d) 12:15

(a) 12시 30분
(b) 1시 30분
(c) 11시 45분
(d) 12시 15분

**정답** (b) 1:30
**해설** 남자 100야드 경주는 1시 30분에 열릴 것이라고 했으므로 (b) 1:30이 정답이다.

### 5.

When will the women's high jump event start?

여자 높이뛰기 행사는 언제 시작될 것인가?

(a) 1:45
(b) 2:15
(c) 1:30
(d) 2:30

(a) 1시 45분
(b) 2시 15분
(c) 1시 30분
(d) 2시 30분

**정답** (a) 1:45
**해설** 여자 높이뛰기 행사는 2시에서 15분 전, 즉 1시 45분에 시작될 것이라고 했으므로 (a) 1:45가 정답이다.

### 6.

When will the one-mile run occur?

1마일 달리기는 언제 시작할 것인가?

(a) 2:45
(b) 2:15
(c) 3:30
(d) 3:15

(a) 2시 45분
(b) 2시 15분
(c) 3시 30분
(d) 3시 15분

**정답** (d) 3:15
**해설** 1마일 달리기가 시작하는 3시 15분까지 짧은 휴식시간을 갖는다는 설명을 통해 (d) 3:15가 정답임을 알 수 있다.

# NUMBERS # STRATEGY ③

## EXERCISE

Clerk: McMullen Publishing Company.
Jean: 1) Hi, this is Jean Wilson of the Lomax University bookstore. 2) I have two rush orders I need you to fill.
Clerk: What's the first one?
Jean: I need 30 copies of *Patterns of Growth* by Judith Kern.
Clerk: 3) I believe that's in stock. The price is 32 dollars 95 cents, right?
Jean: I think that's wrong. 4) My records indicate 24.95.
Clerk: Let's see. You're right. I was looking at the wrong title. What's the second order?
Jean: 5) *The History of Art* by Samuel Joyner. I need 15 copies of that.
Clerk: Hmm. That's not available right now. I can have it within three weeks. The price is 37 dollars 95 cents.
Jean: That's right. Please send the copies of the first book right away.
Clerk: 3) I can have them sent out tomorrow. They should arrive in a week.
Jean: Great! The professor will be happy to hear that. 6) On the Joyner title, could you call me when the 15 copies are mailed?
Clerk: Yes, I'd be glad to.

### 해석

점원: McMullen 출판사입니다.
Jean: 1) 안녕하세요, Lomax 대학 서점의 Jean Wilson입니다. 2) 급한 주문 건 두 개가 있는데, 당신이 채워 주셨으면 합니다.
점원: 첫번째 것은 무엇입니까?
Jean: 나는 Judith Kern의 'Patterns of Growth' 30부가 필요해요.
점원: 3) 재고가 있는 것 같습니다. 가격은 32달러 95센트 맞죠?
Jean: 그것이 틀렸다고 생각합니다. 4) 제 기록은 24.95입니다.
점원: 어디 봅시다. 맞네요. 제목을 잘못 보고 있었어요. 두 번째 주문은 무엇입니까?
Jean: 5) Samuel Joyner가 쓴 'The History of Art' 입니다. 15부 복사해 주세요.
점원: 흠. 지금은 사용할 수 없습니다. 저희도 3주 안에 받을 수 있어요. 가격은 37달러 95센트입니다.
Jean: 그렇군요. 첫 번째 책의 사본을 즉시 보내 주세요.
점원: 3) 내일 발송해 드릴 수 있습니다. 그들은 일주일 안에 도착할 것입니다.
Jean: 좋네요! 교수님이 들으면 기뻐하실 거예요. 6) Joyner라는 제목으로, 15부 우편이 발송되면 전화 주시겠어요?
점원: 네, 기꺼이 그러죠.

### 단어

- **publish** 출판하다
- **rush** 아주 급한, 서둘러야 하는
- **order** 주문(건), 주문하다
- **be in stock** 재고가 있다
- **record** 기록
- **indicate** 나타내다, 보여주다
- **available** 이용가능한, 사용가능한
- **send** 보내다, 전달하다
- **arrive** 도착하다
- **professor** 교수
- **hear** 듣다
- **mail** (우편으로) 보내다, 발송하다, 전송하다
- **glad** 기쁜

## 1.
Where does Jean Wilson work?

Jean Wilson은 어디에서 일하는가?

(a) in the economics department
(b) at McMullen Publishing Company
(c) at the Lomax University bookstore
(d) at the Joyner Publishing Company

(a) 경제학부
(b) McMullen 출판사
(c) Lomax 대학 서점에서
(d) Joyner 출판사

【정답】 (c) at the Lomax University bookstore
【해설】 Jean이 자신을 소개할 때 Lomax 대학 서점의 Jean Wilson이라고 이야기했으므로 (c) at the Lomax University bookstores가 정답이다.

| 단어 및 관용어구 |
- economics 경제학
- department 부, 부서
- publishing company 출판사

## 2.
How many rush orders is Jean Wilson asking for?

Jean Wilson이 요청한 급한 주문은 몇 개인가?

(a) one order
(b) two orders
(c) three orders
(d) four orders

(a) 1개
(b) 2개
(c) 3개
(d) 4개

【정답】 (b) two orders
【해설】 Jean은 급한 주문 건 2개를 요청한다고 말했으므로 (b) two orders가 정답이다.

| 단어 및 관용어구 |
- rush 아주 급한, 서둘러야 하는
- ask for 요청하다

## 3.
What does Jean Wilson learn about the text *Patterns of Growth*?

Jean Wilson은 Patterns of Growth이라는 글에 대해 무엇을 알게 되었는가?

(a) The publishing company will send copies right away.
(b) The text will be published in three weeks.
(c) The publishing company does not have copies right now.
(d) The text is now available at the Lomax bookstore.

(a) 출판사에서 바로 복사본을 보내줄 것이다.
(b) 글은 2주 내로 출판될 것이다.
(c) 출판사는 지금 당장 복사본을 가지고 있지 않다.
(d) 글은 현재 Lomax 서점에서 이용 가능하다.

【정답】 (a) The publishing company will send copies right away.
【해설】 *Patterns of Growth* 책은 현재 출판사에 재고가 있기 때문에 당장 서점으로 보내줄 수 있다고 이야기했으므로 (a) The publishing company will send copies right away가 정답이다.

| 단어 및 관용어구 |
- right away 지금 당장, 바로

## 4.
What is the price of *Patterns of Growth*?

Patterns of Growth의 가격은 얼마인가?

(a) $ 24.95
(b) $ 37.95
(c) $ 32.95
(d) $ 15.95

(a) 24.95달러
(b) 37.95달러
(c) 32.95달러
(d) 15.95달러

【정답】 (a) $ 24.95
【해설】 Patterns of Growth는 점원이 잘못 본 32.95달러가 아닌 24.95달러라고 했으므로 (a) $ 24.95가 정답이다.

**5.**

How many copies of the Joyner text does Jean Wilson request?

Jean Wilson은 Joyner의 글 복사본을 몇 부 요청하는가?

(a) 15 copies
(b) 30 copies
(c) 40 copies
(d) 50 copies

(a) 15부
(b) 30부
(c) 40부
(d) 50부

[정답] (a) 15 copies

[해설] Joyner의 *The History of the art* 복사본 15부를 요청하고 있으므로 (a) 15 copies가 정답이다.

| 단어 및 관용어구 |
- request 요청하다, 요구하다

**6.**

What will the publishing company do when copies of the Joyner text are available?

Joyner 글의 복사본이 이용 가능해질 때 출판사는 무엇을 할 것인가?

(a) put them on the shelves
(b) contact the professor by phone
(c) send them in three weeks
(d) inform Jean Wilson right away

(a) 그것들을 선반에 놓는다.
(b) 교수에게 전화로 연락한다.
(c) 3주 이내에 발송한다.
(d) Jean Wilson에게 즉시 알린다.

[정답] (d) inform Jean Wilson right away

[해설] Jean이 Joyner의 글 15부가 발송되면 즉시 전화해달라고 했으므로 (d) inform Jean Wilson right away가 정답이다.

| 단어 및 관용어구 |
- shelve 선반
- contact 연락하다, 접촉하다
- professor 교수
- inform 알리다, 안내하다

# PART 1. # STRATEGY ①

## EXERCISE ① - 1

**1.**

Where is the lamp?

램프는 어디에 있는가?

(a) under the desk
(b) above the desk
(c) on the desk
(d) in the desk

(a) 책상 아래에
(b) 책상 위에
(c) 책상 위에
(d) 책상 안에

[정답] (b) above the desk

[해설] 그림 속 램프는 책상과 떨어져서 위에 위치하고 있다. 이때, 물리적으로 닿지 않고 위에 있을 때 사용하는 전치사 above가 포함된 (b) above the desk가 정답이다.

**Tip**

** on)  물체가 직접 맞닿아 놓여 있을 때
above)  물체가 서로 떨어져 위에 있을 때

| 단어 및 관용어구 |
- under ~의 아래에
- above ~의 위에 (떨어져 있는)
- on ~의 위에 (맞닿아 있는)

## 2.
Where are the books?

책은 어디에 있는가?

(a) behind the clock
(b) under the shelf
(c) on top of the clock
(d) on the shelf

(a) 시계 뒤에
(b) 선반 아래에
(c) 시계 꼭대기에
(d) 선반 위에

[정답] (d) on the shelf

[해설] 그림 속 책은 선반 위에 놓여 있으므로 (d) on the shelf가 정답이다.

| 단어 및 관용어구 |
- behind ~의 뒤에
- shelf 선반
- on top of ~의 꼭대기에

## 3.
Where is the boy's toy truck?

소년의 장난감 트럭은 어디에 있는가?

(a) above the boy
(b) under the boy
(c) above the bed
(d) under the bed

(a) 소년 위에
(b) 소년 아래에
(c) 침대 위에
(d) 침대 아래에

[정답] (d) under the bed

[해설] 그림 속 트럭은 침대 아래에 놓여 있으므로 (d) under the bed가 정답이다.

# EXERCISE ❶ - 2

## 1.
How did these people travel?

이 사람들은 어떻게 여행을 했는가?

(a) by bus
(b) by boat
(c) by train
(d) by plane

(a) 버스로
(b) 보트로
(c) 기차로
(d) 비행기로

[정답] (c) by train

[해설] 그림 속 사람들은 기차를 타고 여행했다는 사실을 알 수 있다. 따라서 (c) by train이 정답이다.

| 단어 및 관용어구 |
- boat 보트
- plane 비행기

## 2.
How does the woman go to work?

여자는 어떻게 출근하는가?

(a) by bicycle
(b) by car
(c) by bus
(d) by train

(a) 자전거로
(b) 차로
(c) 버스로
(d) 기차로

[정답] (a) by bicycle

[해설] 그림 속 여자는 자전거로 출근하고 있다는 사실을 알 수 있다. 따라서 (a) by bicycle이 정답이다.

**3.**

How does he go to the hospital?

그는 병원에 어떻게 가는가?

(a) by taxi
(b) by bus
(c) on foot
(d) by subway

(a) 택시로
(b) 버스로
(c) 걸어서
(d) 전철로

[정답] (c) on foot
[해설] 그림 속 남자는 병원에 걸어서 가고 있다는 사실을 알 수 있다. 따라서 (c) on foot이 정답이다.

| 단어 및 관용어구 |
- subway 지하철, 전철

---

# PART 1. # STRATEGY ❷

## 💧 EXERCISE

**1.**

(a) fall
(b) summer
(c) spring
(d) winter

(a) 가을
(b) 여름
(c) 봄
(d) 겨울

[정답] (b) summer
[해설] 그림은 더운 여름의 계절을 묘사하고 있다. 따라서 (b) summer가 정답이다.

**2.**

(a) hot
(b) warm
(c) cool
(d) cold

(a) 뜨거운
(b) 따뜻한
(c) 시원한
(d) 추운

[정답] (d) cold
[해설] 그림은 추운 모습을 묘사하고 있다. 따라서 (d) cold가 정답이다.

**3.**

(a) warm and sunny
(b) cold and windy
(c) warm and cloudy
(d) sunny and cold

(a) 따뜻하고 화창한
(b) 춥고 바람이 부는
(c) 따뜻하고 흐린
(d) 화창하고 추운

[정답] (a) warm and sunny
[해설] 그림은 따뜻하고 화창한 날씨를 묘사하고 있다. 따라서 (a) warm and sunny가 정답이다.

## 4.

(a) autumn
(b) winter
(c) spring
(d) summer

(a) 가을
(b) 겨울
(c) 봄
(d) 여름

[정답] (a) autumn
[해설] 그림은 낙엽이 떨어지는 가을의 계절을 묘사하고 있다. 따라서 (a) autumn이 정답이다.

## 5.

(a) warm and windy
(b) hot and sunny
(c) rainy and windy
(d) clear and cold

(a) 따뜻하고 바람이 부는
(b) 덥고 화창한
(c) 비가 오고 바람이 부는
(d) 화창하고 추운

[정답] (c) rainy and windy
[해설] 그림은 비가 오고 바람이 부는 날씨를 묘사하고 있다. 따라서 (c) rainy and windy가 정답이다.

---

# PART 1. PRACTICE TEST

**Part 1.** 아래의 그림을 보십시오. 여러분은 각 그림에 대한 문제를 듣게 될 것입니다. 주어진 시간 내에 각각의 질문에 가장 적절한 응답을 고르십시오.

## 1.

Where is the cat?

고양이는 어디에 있는가?

(a) on the table
(b) beside the table
(c) behind the table
(d) under the table

(a) 탁자 위에
(b) 탁자 옆에
(c) 탁자 뒤에
(d) 탁자 아래에

[정답] (d) under the table
[해설] 그림 속 고양이는 탁자 아래에 위치하고 있으므로 아래를 나타내는 전치사 under가 포함된 (d) under the table이 정답이다.

| 단어 및 관용어구 |
- beside ~의 옆에
- under ~의 아래에

## 2.

How does the glass feel?

유리잔이 어떤 느낌을 주는가?

(a) cold
(b) empty
(c) warm
(d) hot

(a) 차가운
(b) 비어 있는
(c) 따뜻한
(d) 뜨거운

[정답] (a) cold
[해설] 그림에서 유리잔에는 얼음이 담겨있어 차가운 느낌을 주므로 (a) cold가 정답이다.

| 단어 및 관용어구 |
- feel 느끼다, ~한 느낌을 주다
- frozen 언, 차가운 (freeze-froze-frozen)

## 3.

What is the woman doing?

여자는 무엇을 하고 있는가?

(a) She is standing
(b) She is talking
(c) She is writing
(d) She is running

(a) 그녀는 서 있다
(b) 그녀는 이야기하고 있다
(c) 그녀는 쓰고 있다
(d) 그녀는 달리고 있다

[정답] (c) She is writing

[해설] 그림에서 여자는 펜으로 무언가를 쓰는 행위를 하고 있으므로 (c) She is writing이 정답이다.

| 단어 및 관용어구 |
- stand 서다, 서 있다

## 4.

How many bags do the man and woman have?

남자와 여자는 몇 개의 가방을 가지고 있는가?

(a) one
(b) two
(c) three
(d) four

(a) 1
(b) 2
(c) 3
(d) 4

[정답] (c) three

[해설] 그림에서 남자와 여자가 가지고 있는 가방은 총 3개이므로 (c) three가 정답이다.

## 5.

When will the last train leave?

마지막 기차는 언제 출발하는가?

(a) at 6:30 a.m.
(b) at 12:00 p.m.
(c) at 3:30 p.m.
(d) at 9:15 p.m.

(a) 오전 6:30
(b) 오후 12시
(c) 오후 3:30
(d) 오후 9:15

[정답] (d) at 9:15 p.m.

[해설] 그림에서 마지막 기차가 출발하는 시각은 오후 9시 15분이므로 (d) at 9:15 p.m.이 정답이다.

| 단어 및 관용어구 |
- rain schedule 기차 시간표
- arrive arrival 도착하다 – 도착
- depart – departure 출발하다 – 출발

---

# PART 1. PRACTICE TEST ❷

**Part 1.** 아래의 그림을 보십시오. 여러분은 각 그림에 대한 문제를 듣게 될 것입니다. 주어진 시간 내에 각각의 질문에 가장 적절한 응답을 고르십시오.

---

## 1.

Which boy is pointing to the computer?

어느 소년이 컴퓨터를 가리키고 있는가?

(a) the boy in the front
(b) the boy taking to the teacher
(c) the boy at the back
(d) the boy in the striped shirt

(a) 앞쪽의 소년
(b) 선생님과 이야기하는 소년
(c) 뒤쪽의 소년
(d) 줄무늬 셔츠를 입은 소년

[정답] (d) the boy in the striped shirt

[해설] 그림 속 컴퓨터를 가리키고 있는 소년은 줄무늬 셔츠를 입고 있으므로 (d) the boy in the striped shirt가 정답이다.

| 단어 및 관용어구 |
- point 점, 가리키다, 찌르다
- striped shirt 줄무늬 셔츠

## 2.

What are the objects in the picture used for?

사진 속의 물건들은 무엇에 사용됩니까?

**(a) for studying**
(b) for cooking
(c) for playing
(d) for exercising

(a) 공부
(b) 요리
(c) 놀이
(d) 운동

> [정답] (a) for studying
> [해설] 그림에는 지구본, 가위, 연필, 책, 가방 등이 있기 때문에 공부할 때 사용할 것임을 유추할 수 있다. 따라서 (a) for studying이 정답이다.

| 단어 및 관용어구 |
- object 물체, 대상
- exercise 운동

## 3.

Where is the drink?

마실 것은 어디에 있는가?

(a) on the right side of the fries
**(b) on the left side of the fries**
(c) on top of the hot dog
(d) in front of the hot dog

(a) 감자튀김의 오른쪽
(b) 감자튀김의 왼쪽
(c) 핫도그 위
(d) 핫도그 앞

> [정답] (b) on the left side of the fries
> [해설] 그림에서 마실 것은 핫도그의 왼쪽에 위치하고 있으므로 (b) on the left side of the fries가 정답이다.

| 단어 및 관용어구 |
- on top of ~의 위에
- in front of ~의 앞에

## 4.

What are the two people doing?

두 사람은 무엇을 하고 있는가?

(a) They're shaking hands
**(b) They're drinking coffee**
(c) They're spilling coffee
(d) They're having lunch

(a) 손을 흔들고 있다.
(b) 커피를 마시고 있다.
(c) 커피를 쏟고 있다.
(d) 점심을 먹고 있다.

> [정답] (b) They're drinking coffee
> [해설] 그림에서 두 사람은 커피를 마시고 있기 때문에 (b) They're drinking coffee가 정답이다.

| 단어 및 관용어구 |
- shake 흔들다, 흔들리다
- spill 엎지르다
- lunch 점심

## 5.

What probably is the man's problem?

남자의 문제는 무엇인가?

**(a) He has too much work to do.**
(b) He has too much furniture to move.
(c) He is holding too many books.
(d) He is carrying too many papers.

(a) 그는 할 일이 너무 많다.
(b) 그는 옮겨야 할 가구가 너무 많다.
(c) 그는 너무 많은 책을 들고 있는 중이다.
(d) 그는 너무 많은 종이를 나르고 있는 중이다.

> [정답] (a) He has too much work to do.
> [해설] 그림에서 남자는 책상 위에 많은 종이를 보며 울상을 짓고 있기 때문에 할 일이 너무 많은 것이 그의 고민임을 유추할 수 있다. 따라서 (a) He has too much work to do가 정답이다.

| 단어 및 관용어구 |
- furniture 가구
- hold 잡다, 쥐다, 들다
- carry 나르다, 들고 있다

# PART 1. PRACTICE TEST

**Part 1.** 아래의 그림을 보십시오. 여러분은 각 그림에 대한 문제를 듣게 될 것입니다. 주어진 시간 내에 각각의 질문에 가장 적절한 응답을 고르십시오.

## 1.
How many people are there in the boy's family?

소년의 가족은 몇 명인가?

(a) six
(b) five
(c) four
(d) two

(a) 6
(b) 5
(c) 4
(d) 2

[정답] (a) six
[해설] 그림에서 사람들은 총 6명이므로 정답은 (a) six이다.

## 2.
What time does the woman wake up in the morning?

여자는 아침 몇 시에 일어나는가?

(a) at 6:30 a.m.
(b) at 6:00 a.m.
(c) at 7:00 a.m.
(d) at 7:30 a.m.

(a) 오전 6시 30분
(b) 오전 6시
(c) 오전 7시
(d) 오전 7시 30분

[정답] (d) at 7:30 a.m.
[해설] 림 속 여자 옆에 있는 시계는 7시 30분을 가리키고 있으므로 (d) at 7:30 a.m.이 정답이다.

| 단어 및 관용어구 |
• wake up 일어나다

## 3.
Who is afraid of the dog?

누가 개를 무서워하는가?

(a) Karl
(b) Alex
(c) Sally
(d) Ernie

(a) Karl
(b) Alex
(c) Sally
(d) Ernie

[정답] (d) Ernie
[해설] 그림에서 강아지가 무서워서 숨어있는 인물은 Ernie이므로 (d) Ernie가 정답이다.

| 단어 및 관용어구 |
• be afraid of~ ~을 두려워하다

## 4.
Where does the girl live?

소녀는 어디에 사는가?

(a) on the first floor
(b) on the top floor
(c) on the second floor
(d) on the third floor

(a) 1층에
(b) 꼭대기 층에
(c) 2층에
(d) 3층에

[정답] (b) on the top floor
[해설] 그림에서 Sally는 꼭대기 층에서 보이고 있으므로 꼭대기를 나타내는 형용사 on the top of가 포함된 (b) on the top floor가 정답이다.

| 단어 및 관용어구 |
• floor 층

## 5.
What did the man receive?

남자는 우편으로 무엇을 받았는가?

(a) books
(b) toys
(c) packages
(d) letters

(a) 책
(b) 장난감
(c) 소포
(d) 편지

**정답** (d) letters

**해설** 그림에서 남자가 들고 있는 것은 편지이므로 (d) letters가 정답이다.

| 단어 및 관용어구 |
- receive 받다
- package 소포
- letter 편지

---

# PART 1. PRACTICE TEST ❹

**Part 1.** 아래의 그림을 보십시오. 여러분은 각 그림에 대한 문제를 듣게 될 것입니다. 주어진 시간 내에 각각의 질문에 가장 적절한 응답을 고르십시오.

## 1.

How many candles are on the table?

테이블 위에 초가 몇 개 있는가?

(a) one
(b) four
(c) three
(d) ten

(a) 1
(b) 4
(c) 3
(d) 10

**정답** (b) four

**해설** 그림에서 테이블 위에 양초는 모두 4개이므로 (b) four가 정답이다.

| 단어 및 관용어구 |
- candle 양초

## 2.

What is happening in the classroom?

교실에서는 무슨 일이 일어나고 있는가?

(a) The teacher is writing on the board.
(b) The students are taking a test.
(c) The teacher is sitting at her desk.
(d) The students are writing on the board.

(a) 선생님이 칠판 위에 적고 있다.
(b) 학생들이 시험을 보고 있다.
(c) 선생님이 그녀의 책상에 앉아 있다.
(d) 학생들이 칠판 위에 적고 있다.

**정답** (a) The teacher is writing on the board.

**해설** 그림 속 선생님은 칠판에 무엇인가를 쓰고 있으므로 (a) The teacher is writing on the board가 정답이다.

| 단어 및 관용어구 |
- board 칠판
- take a test 시험을 보다

## 3.

What is the man's problem?

남자의 문제는 무엇인가?

(a) He cannot find his map.
(b) He does not know where to go.
(c) He is looking for his car.
(d) He needs to get his car fixed.

(a) 그는 그의 지도를 찾을 수 없다.
(b) 그는 어디로 가야할 지 모른다.
(c) 그는 그의 차를 찾고 있다.
(d) 그는 차를 수리할 필요가 있다.

**정답** (b) He does not know where to go.

**해설** 그림에서 남자는 지도를 살펴보고 있기 때문에 어디로 가야 할 지 모를 것임을 유추할 수 있다. 따라서 (b) He does not know where to go가 정답이다.

| 단어 및 관용어구 |
- map 지도
- look for 찾다
- fix 수리하다, 고치다

**4.**

Where is the woman?

여자는 어디에 있는가?

(a) in her nightstand
(b) on the shelf
(c) in her bed
(d) behind the window

(a) 침실용 탁자 안에
(b) 선반 위에
(c) 침대 안에
(d) 창문 뒤에

[정답] (c) in her bed

[해설] 그림에서 여자는 침대에 누워 있으므로 (c) in her bed가 정답이다.

| 단어 및 관용어구 |
- nightstand 침실용 탁자
- shelf 선반
- behind ~뒤에

**5.**

What is the woman doing?

여자는 무엇을 하고 있는가?

(a) feeding the dog
(b) playing with the dog
(c) chasing the dog
(d) walking the dog

(a) 개에게 먹이를 주고 있다.
(b) 개와 놀고 있다.
(c) 개를 뒤쫓고 있다.
(d) 개를 산책 시키고 있다.

[정답] (b) playing with the dog

[해설] 그림에서 여자는 개와 놀고 있으므로 (b) playing with the dog가 정답이다.

| 단어 및 관용어구 |
- feed 먹이를 주다
- chase 뒤쫓다, 추적하다

---

# PART 2.  # STRATEGY ①

## 🔊 EXERCISE ① - 1

**1.**

Is Susan stopping by Daniel's house today?

Susan은 오늘 Daniel의 집에 들리나요?

(a) No, she isn't.
(b) Yes, they do.
(c) No, she doesn't.
(d) Yes, they are.

(a) 아니요, 그녀는 그렇지 않습니다.
(b) 네, 그들은 그렇게 합니다.
(c) 아니요, 그녀는 그렇지 않습니다.
(d) 네, 그들은 그렇습니다.

[정답] (a) No, she isn't.

[해설] 질문에서 주어인 Susan(she)와 be동사 is로 묻고 있으므로 she와 is를 포함하여 대답해야 한다. 따라서 (a) No, she isn't가 정답이다.

**2.**

Do Anthony and Bob have to plan the next meeting of the soccer coaches?

Anthony와 Bob은 축구 코치와의 다음 미팅을 계획해야 하는가?

(a) No, they aren't.
(b) Yes, they do.
(c) Yes, we do.
(d) Yes, they are.

(a) 아니요, 그들은 아닙니다.
(b) 네, 그들은 그렇습니다.
(c) 네, 우리는 그렇습니다.
(d) 네, 그들은 그렇습니다.

[정답] (b) Yes, they do.

[해설] 질문에서 주어인 Anthony와 Bob(they), 일반동사 have로 묻고 있으므로 they와 do를 포함하여 대답해야 한다. 따라서 (b) Yes, they do가 정답이다.

| 단어 및 관용어구 |
- plan 계획하다, 계획을 세우다

## 3.

Does Olivia have several important things to do that day?

Olivia는 그날 해야 할 몇 가지 중요한 일들이 있는가?

(a) Yes, she is.
(b) No, I'm not.
(c) Yes, she does.
(d) No, she isn't.

(a) 네, 그녀는 그렇습니다.
(b) 아니요, 나는 아닙니다.
(c) 네, 그녀는 그렇습니다.
(d) 아니요, 그녀는 아닙니다.

**정답** (c) Yes, she does.
**해설** 질문에서 주어인 Olivia(she)와 일반동사 have로 묻고 있으므로 she와 do를 포함하여 대답해야 한다. 따라서 (c) Yes, she does가 정답이다.

**| 단어 및 관용어구 |**
• several 몇몇의

## 4.

Are Emily and Jeffrey free at noon tomorrow?

Emily와 Jeffrey는 내일 정오에 시간이 있는가?

(a) No, he isn't.
(b) Yes, they do.
(c) No, he doesn't.
(d) Yes, they are.

(a) 아니요, 그는 아닙니다.
(b) 네, 그들은 그렇습니다.
(c) 아니요, 그는 그렇지 않습니다.
(d) 네, 그들은 그렇습니다.

**정답** (d) Yes, they are.
**해설** 질문에서 주어인 Emily와 Jeffrey(they), be동사 are로 묻고 있으므로 they와 are을 포함하여 대답해야 한다. 따라서 (d) Yes, they are가 정답이다.

**| 단어 및 관용어구 |**
• noon 정오

## 5.

Is Sharon providing Kevin with some information?

Sharon은 Kevin에게 몇 가지 정보를 제공하고 있는가?

(a) Yes, they are.
(b) No, she doesn't.
(c) Yes, she is.
(d) No, they aren't.

(a) 네, 그들은 그렇습니다.
(b) 아니요, 그녀는 그렇지 않습니다.
(c) 네, 그녀는 그렇습니다.
(d) 아니요, 그들은 그렇지 않습니다.

**정답** (c) Yes, she is.
**해설** 질문에서 주어인 Sharon(she)와 be동사 is로 묻고 있으므로 she와 is를 포함하여 대답해야 한다. 따라서 (c) Yes, she is가 정답이다.

**| 단어 및 관용어구 |**
• provide 제공하다

## 6.

Do Megan and Anna have to finish the announcement soon?

Megan과 Anna는 곧 발표를 끝내야만 하는가?

(a) Yes, they do.
(b) Yes, they are.
(c) No, we don't.
(d) No, they aren't.

(a) 네, 그들은 그렇습니다.
(b) 네, 그들은 그렇습니다.
(c) 아니요, 우리는 그렇지 않습니다.
(d) 아니요, 그들은 그렇지 않습니다.

**정답** (a) Yes, they do.
**해설** 질문에서 주어인 Megan과 Anna(they), 일반동사 have로 묻고 있으므로 they와 do를 포함하여 대답해야 한다. 따라서 (a) Yes, they do가 정답이다.

**| 단어 및 관용어구 |**
• finish 끝내다
• announcement 공지, 발표

## EXERCISE ❶ - 2

**1.**
Did Eric call Grace on the telephone?

Eric은 Grace에게 전화를 걸었나요?

(a) No, he isn't.
(b) Yes, he will.
(c) No, he wasn't.
(d) Yes, he did.

(a) 아니요, 그는 그렇지 않습니다.
(b) 네, 그는 그럴 것입니다.
(c) 아니요, 그는 그렇지 않았습니다.
(d) 네, 그는 그랬습니다.

**정답** (d) Yes, he did.
**해설** 질문에서 주어인 Eric(he)와 일반동사의 과거형 did로 묻고 있으므로 he와 did를 포함하여 대답해야 한다. 따라서 (d) Yes, he did가 정답이다.

**2.**
Does Kyle's voice sound good?

Kyle의 목소리는 듣기 좋은가요?

(a) No, it didn't.
(b) Yes, it will.
(c) No, it doesn't.
(d) Yes, it is

(a) 아니요, 그것은 그렇지 않았습니다.
(b) 네, 그것은 그럴 것입니다.
(c) 아니요, 그것은 그렇지 않습니다.
(d) 네, 그것은 그렇습니다.

**정답** (c) No, it doesn't.
**해설** 질문에서 주어인 Kyle's voice(it)과 일반동사 does로 묻고 있으므로 it과 does를 포함하여 대답해야 한다. 따라서 (c) No, it doesn't가 정답이다.

**3.**
Is Jane staying at home today?

Jane은 오늘 집에 있는 중인가요?

(a) No, she doesn't.
(b) No, she wasn't.
(c) Yes, she is.
(d) Yes, she did.

(a) 아니요, 그녀는 그렇지 않습니다.
(b) 아니요, 그녀는 그렇지 않았습니다.
(c) 네, 그녀는 그렇습니다.
(d) 네, 그녀는 그랬습니다.

**정답** (c) Yes, she is.
**해설** 질문에서 주어인 Jane(she)와 be동사 is로 묻고 있으므로 she와 is를 포함하여 대답해야 한다. 따라서 (c) Yes, she is가 정답이다.

| 단어 및 관용어구 |
- stay 머무르다

**4.**
Was the radio turned up too high?

라디오 소리가 너무 높았나요?

(a) Yes, it was.
(b) No, it isn't.
(c) Yes, it will.
(d) No, it didn't.

(a) 네, 그것은 그랬습니다.
(b) 아니요, 그것은 그렇지 않습니다.
(c) 네, 그것은 그럴 것입니다.
(d) 아니요, 그들은 그렇지 않았습니다.

**정답** (a) Yes, it was.
**해설** 질문에서 주어인 radio(it)와 be동사의 과거형 was로 묻고 있으므로 it과 was를 포함하여 대답해야 한다. 따라서 (a) Yes, it was가 정답이다.

| 단어 및 관용어구 |
- turn up (소리를) 높이다, 올리다

## 5.

Will the business course last for three months?

비즈니스 코스가 3달동안 지속될 것인가요?

(a) Yes, it did.
(b) No, it isn't.
(c) Yes, it does.
(d) No, it won't.

(a) 네, 그것은 그랬습니다.
(b) 아니요, 그것은 그렇지 않습니다.
(c) 네, 그것은 그렇습니다.
(d) 아니요, 그것은 그렇지 않을 것입니다.

정답 (d) No, it won't.

해설 질문에서 주어인 business course(it)와 미래동사 will로 묻고 있으므로 it과 will을 포함하여 대답해야 한다. 따라서 (d) No, it won't가 정답이다.

| 단어 및 관용어구 |
- last 지속되다

## 6.

Will Patrick and Jacob probably take the business course together?

Patrick과 Jacob은 아마도 비즈니스 코스를 함께 들을 것인가요?

(a) No, he didn't.
(b) Yes, they will.
(c) No, he won't.
(d) Yes, they did.

(a) 아니요, 그는 그렇지 않았습니다.
(b) 네, 그들은 그럴 것입니다.
(c) 아니요, 그는 그렇지 않을 것입니다.
(d) 네, 그들은 그랬습니다.

정답 (b) Yes, they will.

해설 질문에서 주어인 Patrick과 Jacob(they)와 미래동사 will로 묻고 있으므로 they와 will을 포함하여 대답해야 한다. 따라서 (b) Yes, they will이 정답이다.

---

# PART 2. # STRATEGY ❷

##  EXERCISE

### 1.

do / did / last evening / you / what

의문사 + did(과거) + 주어 + 동사원형
↓
what + did + you + do + last evening

→ What did you do last evening?
 너는 지난 저녁에 무엇을 했니?

### 2.

moving / is / to Scotland / why / she

의문사 + is(현재) + 주어
↓
why + is + she + moving + to Scotland

→ Why is she moving to Scotland?
 왜 그녀는 스코틀랜드로 이사하니?

### 3.

yesterday / meet / did / you / whom

의문사 + did(과거) + 주어 + 동사원형
↓
whom + did + you + meet + yesterday

→ Whom did you meet yesterday?
 너는 어제 누구를 만났니?

### 4.

yesterday / meet / did / you / whom

의문사 + did(과거) + 주어 + 동사원형
↓
whom + did + you + meet + yesterday

→ Whom did you meet yesterday?
 너는 어제 누구를 만났니?

**5.**

you / from / are / where

의문사 + are(현재) + 주어
↓
where + are + you + from

→ Where are you from?
  너는 어디에서 왔니?

**6.**

do / to work / get / how / you

의문사 + do(현재) + 주어 + 동사원형
↓
how + do + you + get + to work

→ Why is she moving to Scotland?
  왜 그녀는 스코틀랜드로 이사하니?

---

# PART 2.  # STRATEGY ❸

## 🔖 EXERCISE

**1.**

Where is the nearest bank?

가장 가까운 은행은 어디인가요?

(a) I went to the bank yesterday.
(b) That bank is big.
(c) Yes, it's very close.
(d) It's two blocks from here.

(a) 나는 어제 은행에 갔다.
(b) 저 은행은 크다.
(c) 네, 매우 가까워요.
(d) 여기서 두 블록 떨어져 있어요.

[정답] (d) It's two blocks from here.

[해설] 가장 가까운 은행이 어디인지를 묻고 있으므로 은행의 위치에 관련된 대답이 나올 것임을 추론할 수 있다. 따라서 두 블록 떨어져 있다고 대답한 (d) It's two blocks from here가 정답이다.

| 단어 및 관용어구 |

- **nearest** 가장 가까운 (near의 최상급)
- **bank** 은행
- **close** 닫다, 가까운

**2.**

What would you like to order?

무엇을 주문하시겠습니까?

(a) A table for two, please.
(b) Yes, I'm ready to order.
(c) An iced coffee, please.
(d) Thank you very much!

(a) 두 사람 자리 부탁합니다.
(b) 네, 주문할 준비가 되었습니다.
(c) 아이스 커피 한 잔 주세요.
(d) 정말 감사합니다!

[정답] (c) An iced coffee, please.

[해설] 무엇을 주문할 것인지를 묻고 있으므로 주문하는 상품(음식)을 달라는 대답이 나올 것임을 추론할 수 있다. 따라서 아이스커피를 주문하겠다는 (c) An iced coffee, please가 정답이다.

| 단어 및 관용어구 |

- **order** (상품을) 주문하다, (서비스를) 부탁하다, 주문, 순서, 정돈

## 3.

When do you go to work?

언제 출근하세요?

(a) At 8 a.m.
(b) In Manhattan.
(c) I drive to work.
(d) Last Monday.

(a) 오전 8시
(b) Manhattan에서
(c) 나는 차로 출근해요.
(d) 지난 월요일

[정답] (a) At 8 a.m.
[해설] 언제 출근하는지 시간을 묻고 있으므로 시간과 관련된 대답이 나올 것임을 추론할 수 있다. 따라서 오전 8시에 출근한다고 대답한 (a) At 8 a.m.이 정답이다.

| 단어 및 관용어구 |
- drive (차량을)몰다, 운전하다

## 4.

How often do you exercise?

얼마나 자주 운동하세요?

(a) Ten minutes.
(b) Three times a week.
(c) Sure, I do.
(d) During the day.

(a) 10분
(b) 일주일에 3번
(c) 물론이죠.
(d) 낮 동안

[정답] (b) Three times a week.
[해설] 얼마나 자주 운동하는지를 묻고 있으므로 횟수나 빈도와 관련된 대답이 나올 것임을 추론할 수 있다. 따라서 일주일에 세번 운동한다고 대답한 (b) Three times a week가 정답이다.

| 단어 및 관용어구 |
- exercise 운동, 운동하다
- during ~동안에

## 5.

Where is Bob?

Bob은 어디 있나요?

(a) He is in his office.
(b) I'm at the library.
(c) He is my officemate.
(d) It's under the table.

(a) 그는 그의 사무실 안에 있습니다.
(b) 저는 도서관에 있습니다.
(c) 그는 저의 동료입니다.
(d) 테이블 아래에 있습니다.

[정답] (a) He is in his office.
[해설] Bob이 어디 있는지 위치를 묻고 있으므로 그가 있는 위치에 관련된 대답이 나올 것임을 추론할 수 있다. 따라서 그가 사무실에 있다고 대답한 (a) He is in his office가 정답이다.

| 단어 및 관용어구 |
- office 사무실
- officemate (사무적)동료
- library 도서관
- under ~아래에

## 6.

Why are you late?

너 왜 늦었니?

(a) I'm on my way.
(b) It's 10 o'clock.
(c) I missed the train.
(d) It's not nice.

(a) 저 가는 길이에요.
(b) 10시입니다.
(c) 기차를 놓쳤어요.
(d) 좋지 않아.

[정답] (c) I missed the train.
[해설] 왜 늦었는지 이유를 묻고 있으므로 늦게 온 이유와 관련된 대답이 나올 것임을 추론할 수 있다. 따라서 기차를 놓쳤다고 대답한 (c) I missed the train이 정답이다.

| 단어 및 관용어구 |
- miss 놓치다, 그리워하다

# PART 2. PRACTICE TEST ①

**Part 2.** 여러분은 5개의 진술이나 질문을 듣게 될 것입니다. 주어진 시간 내에 각각의 진술이나 질문에 가장 적절한 응답을 고르십시오.

## 1.
Do you eat lunch alone?

너는 점심을 혼자서 먹니?

(a) Yes, I eat with my friends.
(b) No, I eat breakfast.
(c) No, I eat at twelve.
(d) No, I eat with my family.

(a) 네, 내 친구들과 먹어요.
(b) 아니요. 아침을 먹어요.
(c) 아니요. 12시에 먹어요.
(d) 아니요. 가족과 함께 먹어요

[정답] (d) No, I eat with my family.
[해설] 점심을 혼자서 먹는지를 묻고 있으므로 혼자서 먹거나, 함께 먹는다는 대답이 들어가야 한다. 따라서 가족과 함께 먹는다고 대답한 (d) No, I eat with my family가 정답이다.

| 단어 및 관용어구 |
- **alone** 혼자서

## 2.
When is the party?

파티는 언제인가요?

(a) Today is my birthday.
(b) Yes, I will come.
(c) It's next Friday.
(d) At my house.

(a) 오늘은 내 생일이에요.
(b) 네, 갈게요.
(c) 다음주 금요일이에요.
(d) 우리 집에서

[정답] (c) It's next Friday.
[해설] 파티가 언제인지 묻고 있으므로 시간/날짜와 관련된 대답이 들어가야 한다. 따라서 다음주 금요일이라고 대답한 (c) It's next Friday가 정답이다.

## 3.
What are you watching?

너는 무엇을 보고 있는 중이니?

(a) I saw the movie yesterday.
(b) A TV series.
(c) No, thank you.
(d) Sure, let's watch together.

(a) 나는 어제 그 영화를 봤어.
(b) TV 시리즈
(c) 아니요, 감사합니다.
(d) 물론이지, 같이 보자.

[정답] (b) A TV series.
[해설] 무엇을 보고 있는지를 묻고 있으므로 보고 있는 매개체에 관련된 대답이 들어가야 한다. 따라서 (b) A TV series가 정답이다.

| 단어 및 관용어구 |
- **watch** 보다, 지켜보다, 주시하다

## 4.
Who is going with you?

누가 너와 함께 갈 거니?

(a) Henry and Pamela went.
(b) Diane isn't going.
(c) Elena is going.
(d) Jason can't go.

(a) Henry와 Pamela가 갔다.
(b) Diane이 가지 않을 것이다.
(c) Elena가 갈 것이다.
(d) Jason은 갈 수 없다.

[정답] (c) Elena is going
[해설] 누가 함께 가는지를 묻고 있으므로 누군가가 같이 갈 것이라는 대답이 들어가야 한다. 따라서 (c) Elena is going이 정답이다.

## 5.

How much time do you need?

너는 얼마나 많은 시간이 필요하니?

(a) Five dollars
(b) Three hours
(c) Two cups
(d) Ten dollars in dimes

(a) 5달러
(b) 3시간
(c) 2컵
(d) 10센트짜리로 10달러

**[정답]** (b) Three hours

**[해설]** 어느 정도의 시간이 필요한지를 묻고 있으므로 시간을 나타내는 명사 hour이 포함된 (b) Three hours가 정답이다.

**| 단어 및 관용어구 |**
- hour 1시간
- dime 다임 (10센트짜리 동전)

# PART 2. PRACTICE TEST ❷

Part 2. 여러분은 5개의 진술이나 질문을 듣게 될 것입니다. 주어진 시간 내에 각각의 진술이나 질문에 가장 적절한 응답을 고르십시오.

## 1.

How does Kenneth go to work?

Kenneth는 어떻게 출근하는가?

(a) At 7 a.m.
(b) He took the train.
(c) Every day.
(d) He goes by car.

(a) 오전 7시
(b) 그는 기차를 탔다.
(c) 매일
(d) 그는 차로 간다.

**[정답]** (d) He goes by car.

**[해설]** 출근하는 방법을 묻고 있으므로 이동수단에 관련된 대답이 들어가야 한다. 따라서 차로 출근한다고 대답한 (d) He goes by car가 정답이다. (b)는 과거시제 took으로 질문(go-현재시제)과 시제가 맞지 않으므로 오답이다.

## 2.

Where was Jennifer last night?

Jennifer는 지난밤에 어디에 있었어?

(a) She was fine.
(b) She was a librarian.
(c) She was at home.
(d) She was jealous.

(a) 그녀는 괜찮았다.
(b) 그녀는 사서이다.
(c) 그녀는 집에 있었다.
(d) 그녀는 질투했다.

**[정답]** (c) She was at home

**[해설]** Jennifer가 있었던 장소를 묻고 있으므로 집이라고 대답한 (c) She was at home이 정답이다.

**| 단어 및 관용어구 |**
- librarian 도서관 직원(사서)
  n. library 도서관
- jealous 질투심이 강한(envious)
  n. jealousy

## 3.

What do you do when you're tired?

너는 피곤할 때 무엇을 하니?

(a) I am feeling sad.
(b) I take a nap.
(c) I'll go to the gym later.
(d) I went to bed early.

(a) 나는 슬퍼요.
(b) 나는 낮잠을 자요.
(c) 나중에 체육관에 갈 거예요.
(d) 나는 일찍 잠자리에 들었어요.

[정답] (b) I take a nap.

[해설] 피곤할 때 무엇을 하는지를 묻고 있으므로 피곤한 상황에서 할 수 있는 행동을 대답해야 한다. 따라서 낮잠을 잔다고 대답한 (b) I take a nap이 정답이다. (d)는 과거시제 went로 질문(do-현재시제)과 시제가 맞지 않으므로 오답이다.

| 단어 및 관용어구 |
- tired 피곤한
- take a nap 낮잠을 자다
- gym 체육관
- early 이른, 일찍

## 4.

Who is Melissa?

Melissa는 누구인가요?

(a) I know her.
(b) She's my cousin.
(c) He is your friend.
(d) She isn't here.

(a) 나는 그녀를 알아요.
(b) 그녀는 내 사촌입니다.
(c) 그는 너의 친구입니다.
(d) 그녀는 여기 없어요.

[정답] (b) She's my cousin.

[해설] Melissa가 누구인지를 묻고 있으므로 그녀에 대한 설명과 관련된 대답이 들어가야 한다. 따라서 (b) She's my cousin이 정답이다.

| 단어 및 관용어구 |
- cousin 사촌

## 5.

How is Beatrice doing?

Beatrice는 잘 지내고 있니?

(a) She is better.
(b) She is at the beach.
(c) She is cooking.
(d) She is a kindergarten teacher.

(a) 좀 나아졌다.
(b) 해변에 있다.
(c) 요리하고 있다.
(d) 유치원 선생님이다.

[정답] (a) She is better

[해설] Beatrice가 잘 지내고 있는지를 묻고 있으므로 (a) She is better가 정답이다.

| 단어 및 관용어구 |
- kindergarten 유치원

# PART 2. PRACTICE TEST ❸

**Part 2.** 여러분은 5개의 진술이나 질문을 듣게 될 것입니다. 주어진 시간 내에 각각의 진술이나 질문에 가장 적절한 응답을 고르십시오.

## 1.
How many siblings do you have?

형제자매가 몇 명 있으신가요?

(a) They are all okay.
(b) I have three brothers.
(c) I haven't seen them.
(d) I'm 30 years old.

(a) 그들은 모두 괜찮아요.
(b) 저는 형제가 세 명 있어요.
(c) 저는 그들을 못 봤어요.
(d) 저는 30살입니다.

[정답] (b) I have three brothers.
[해설] 형제자매가 몇 명인지를 묻고 있으므로 숫자/명에 관한 대답이 들어가야 한다. 따라서 형제 세 명이라고 대답한 (b) I have three brothers가 정답이다.

| 단어 및 관용어구 |
• siblings 형제자매

## 2.
Is Peter going to come with us?

Peter가 우리와 함께 갈까?

(a) No, he isn't.
(b) No, he wasn't.
(c) Yes, he did.
(d) Yes, he does.

(a) 아니요, 그렇지 않을 거예요.
(b) 아니요, 그렇지 않았어요.
(c) 네, 그랬어요.
(d) 네, 그래요.

[정답] (a) No, he isn't
[해설] Peter가 함께 갈 것인지를 묻고 있다. 질문에서 be동사 is로 묻고 있으므로 is로 대답한 (a) No, he isn't가 정답이다.

| 단어 및 관용어구 |
• floor 층

## 3.
When do you study English?

너는 언제 영어공부를 하니?

(a) at the park
(b) every day at 5:30
(c) an American teacher
(d) with a pen and books

(a) 공원에서
(b) 매일 5시 반에
(c) 미국인 선생님
(d) 펜과 책으로

[정답] (b) every day at 5:30
[해설] 질문에서 언제 공부를 하는지에 대한 시간표현을 묻고 있으므로 (b) every day at 5:30이 정답이다.

| 단어 및 관용어구 |
• park 공원

## 4.
What did you do yesterday?

너는 어제 무엇을 했니?

(a) I will eat out.
(b) I am watching a movie.
(c) I played basketball.
(d) I go to school.

(a) 나는 외식을 할 것입니다.
(b) 나는 영화를 보고 있습니다.
(c) 나는 농구를 했습니다.
(d) 나는 학교에 갑니다.

[정답] (c) I played basketball.
[해설] 어제 한 일에 대해 묻고 있으므로 과거시제를 사용해야 한다. 따라서 농구를 했다(played)고 대답한 (c) I played basketball이 정답이다.

| 단어 및 관용어구 |
• basketball 농구

**5.**

Where do you want to go?

너는 어디로 가고 싶니?

(a) To the beach.
(b) Tomorrow.
(c) I will go.
(d) To cook.

(a) 해변으로
(b) 내일
(c) 나는 갈 거야.
(d) 요리하기 위해서

[정답] (a) To the beach.
[해설] 어디로 가고 싶은지를 묻고 있으므로 장소와 관련된 대답이 들어가야 한다. 따라서 (a) To the beach가 정답이다.

**| 단어 및 관용어구 |**
• beach 해변

---

## PART 2. PRACTICE TEST ④

**Part 2.** 여러분은 5개의 진술이나 질문을 들게 될 것입니다. 주어진 시간 내에 각각의 진술이나 질문에 가장 적절한 응답을 고르십시오.

**1.**

When do you usually leave home?

주로 언제 집에서 출발합니까?

(a) Yes, I usually leave home early.
(b) I left sometime during the week.
(c) I leave home early in the morning.
(d) Yes, I leave my home.

(a) 네, 나는 보통 일찍 집에서 출발합니다.
(b) 나는 그 주 중 언젠가 떠났습니다.
(c) 나는 아침 일찍 집에서 출발합니다.
(d) 네, 난 집을 떠납니다.

[정답] (c) I leave home early in the morning.
[해설] 언제 집에서 출발하는지 시간을 묻고 있으므로 (c) I leave home early in the morning이 정답이다.

**| 단어 및 관용어구 |**
• early 일찍
• leave ~를 떠나다
• sometime 언젠가

**2.**

What day shall we meet?

우리 무슨 요일에 만날까요?

(a) Tuesday was my favorite day.
(b) No, we do not meet on Fridays.
(c) Weekends were fine.
(d) Let's meet on Sunday.

(a) 화요일은 제가 가장 좋아하는 날이에요.
(b) 아뇨, 우린 금요일에 만나지 않아요.
(c) 주말은 괜찮았어요.
(d) 일요일에 만나죠.

[정답] (d) Let's meet on Sunday.
[해설] 무슨 요일에 만날지를 묻고 있으므로 일요일에 만나자는 내용의 (d) Let's meet on Sunday가 정답이다.

**| 단어 및 관용어구 |**
• favorite 가장 좋아하는, 선호하는   • fine 괜찮은, 좋은

**3.**

Where is your ticket?

당신 표 어디에 있습니까?

(a) It is my ticket.
(b) My ticket number is 303.
(c) It is in my purse.
(d) I bought it a month ago.

(a) 그거 내 표인데요.
(b) 내 표 번호는 303입니다.
(c) 내 지갑 안에 있어요.
(d) 내가 그것을 한 달 전에 샀어요.

[정답] (c) It is in my purse.
[해설] 표가 어디에 있는지 위치를 묻고 있으므로 지갑 안에 있다는 내용의 (c) It is in my purse가 정답이다.

**| 단어 및 관용어구 |**
• ticket 표   • purse 지갑

## 4.
Whose books are these?

이 책들은 누구의 책인가요?

(a) These are for sale.
(b) I love books.
(c) Those are mine.
(d) On the bookshelf.

(a) 이것들은 판매용입니다.
(b) 나는 책을 좋아합니다.
(c) 저것들은 내 것입니다.
(d) 책꽂이 위에.

[정답] (c) Those are mine.
[해설] 누구의 책인지를 묻고 있으므로 누가 소유하고 있는지에 관한 대답이 들어가야 한다. 따라서 (c) Those are mine이 정답이다.

| 단어 및 관용어구 |
- sale 판매, 매출
- bookshelf 책꽂이, 책 선반

## 5.
How long will the sale last?

그 세일은 얼마나 오래할 것입니까?

(a) Everything is on sale.
(b) The sale will last one week.
(c) This is the last sale.
(d) Sales take time.

(a) 모든 것이 세일 중입니다.
(b) 세일은 일주일 간 지속됩니다.
(c) 이것이 마지막 세일입니다.
(d) 판매하는데 시간이 걸립니다.

[정답] (b) The sale will last one week.
[해설] 세일에 대한 기간을 묻고 있으므로 일주일간 지속된다는 내용의 (b) The sale will last one week가 정답이다.

| 단어 및 관용어구 |
- on sale 판매하는, 세일 중인
- last 지속되다
- take ~이(시간) 걸리다

---

# PART 3 & 4. # STRATEGY ❶

## EXERCISE

M: Emily, I have an urgent matter to discuss with you.
W: What is wrong, Mr. Dern?
M: Everything is fine. 1) What do you know about the store remodeling?
W: Nothing. This is a surprise to me.
M: The company has decided to make improvements to the store very soon.
W: When did you learn about this?
M: 2) I just learned about it yesterday.
W: When will the remodeling start?
M: The remodelers will be here next week.
W: Wow, that's only a few days away. What will they do?
M: 3) The produce section will be expanded greatly. There will be major changes everywhere, including the meat and fish departments.
W: How long will the store be closed for remodeling?
M: Oh, the store will remain open during the remodeling. 4) In fact, our hours will be the same for the next three months.
W: That's good. How will we inform the customers?
M: 5) I want you to prepare an announcement today. 6) We will post it in the store windows immediately.
W: Fine, Mr. Dern. 5) I'll work on it this afternoon after my lunch break.
M: Thanks, Emily.

> **해석**

남자: Emily, 당신과 의논할 급한 일이 있어요.
여자: 왜 그러세요, Dern씨?
남자: 모든 것이 괜찮아요. 1) 가게 리모델링에 대해 무엇을 알고 계세요?
여자: 아무것도요. 그건 저에게 놀라운 일이네요.
남자: 회사는 곧 그 상점을 개조하기로 결정했습니다.
여자: 언제 이것에 대해 알게 되었나요?
남자: 2) 어제 그것에 대해 알게 되었습니다.
여자: 언제 리모델링이 시작되나요?
남자: 리모델링하는 사람들이 다음 주에 올 거예요.
여자: 와, 이제 며칠 안 남았네요. 그들은 무엇을 할 것인가요?
남자: 3) 생산 부분은 크게 확장될 것이에요. 육류와 어류 부서를 포함한 모든 곳에서 큰 변화가 있을 예정입니다.
여자: 리모델링을 위해 가게 문을 얼마나 닫나요?
남자: 아, 그 가게는 리모델링 기간 동안 계속 문을 열 거예요. 4) 사실, 우리의 시간은 앞으로 3개월 동안 같을 것입니다.
여자: 잘 됐네요. 어떻게 고객들에게 알릴 것인가요?
남자: 5) 오늘 당신이 공지사항을 준비했으면 좋겠어요. 6) 우리는 그것을 즉시 가게 창문에 게시할 것입니다.
여자: 좋아요, Dern씨. 5) 점심 휴식시간 후 오늘 오후에 작업하도록 하겠습니다.
남자: 고마워요, Emily.

> **단어**

- urgent 긴급한, 시급한, 다급한
- matter 문제(사항)
- discuss 토론하다, 논의하다
- remodeling 리모델링
- surprise 깜짝 놀라게 하다
- decide 결정하다
- improvement 향상, 개선
- produce 생산하다, 제작하다
- section 구역, 부문
- expand 확장하다, 넓히다
- include 포함하다
- department 부, 부서
- remain 남다, 남아 있다
- in fact 사실은
- inform 알리다, 안내하다
- prepare 준비하다
- announcement 발표, 공지(사항)
- immediately 즉시, 곧
- break 휴식(시간)

## 1.

Who was the first person in the store to learn about the store remodeling?

가게 리모델링에 대해 알게 된 가게 내 첫 번째 사람은 누구였는가?

(a) a customer
(b) Emily
(c) a cashier
(d) Mr. Dern

(a) 고객
(b) Emily
(c) 계산원
(d) Dern씨

[정답] (d) Mr. Dern
[해설] 가게 내에서 리모델링을 알게 된 첫 번째 사람은 Dern씨이므로 (d) Mr. Dern이 정답이다.

| 단어 및 관용어구 |
- customer 고객, 손님
- cashier 계산원

## 2.

When did Mr. Dern learn about the store remodeling?

Dern씨는 가게 리모델링에 대해 언제 알게 되었는가?

(a) yesterday
(b) this morning
(c) last week
(d) three days ago

(a) 어제
(b) 오늘 아침
(c) 지난 주
(d) 3일 전

[정답] (a) yesterday
[해설] Dern씨가 리모델링에 대해 어제 알게 되었다고 했으므로 (a) yesterday가 정답이다.

## 3.

What will the remodelers do to the produce section?

리모델링하는 사람들이 생산 부문에 무엇을 할 것인가?

(a) leave it unchanged
(b) reduce its size
(c) expand it greatly
(d) remove it from the store

(a) 그것을 그대로 둔다.
(b) 크기를 줄인다.
(c) 크게 확장한다.
(d) 가게에서 제거한다.

**정답** (c) expand it greatly

**해설** 생산 부문을 크게 확장한다고 이야기했으므로 (c) expand it greatly가 정답이다.

**| 단어 및 관용어구 |**
- leave 떠나다, 남겨 두다
- unchanged 변하지 않는, 바뀌지 않는
- reduce 줄이다, 감소시키다
- expand 확장하다
- remove 제거하다, 없애다

## 5.

What will Emily do this afternoon?

Emily는 오늘 오후에 무엇을 할 것인가?

(a) start remodeling the store
(b) prepare an announcement
(c) take a lunch break with Mr. Dern
(d) inform the customers coming in the store

(a) 가게 리모델링을 시작한다.
(b) 공지사항을 준비한다.
(c) Dern씨와 점심 휴식시간을 갖는다.
(d) 고객이 가게 안으로 들어오도록 안내한다.

**정답** (b) prepare an announcement

**해설** Dern씨가 Emily에게 고객들에게 안내할 공지사항을 준비해 달라고 했으며, Emily가 점심 휴식시간 이후 오후에 작업하겠다고 했으므로 (b) prepare an announcement가 정답이다.

**| 단어 및 관용어구 |**
- prepare 준비하다
- announcement 공지(사항)
- break 휴식(시간)
- inform 알리다, 안내하다

## 4.

How long will the remodeling last?

리모델링이 얼마나 오래 지속될 것인가?

(a) several days
(b) a couple of weeks
(c) three months
(d) six or seven months

(a) 며칠
(b) 대략 2주
(c) 3달
(d) 6달 혹은 7달

**정답** (c) three months

**해설** 리모델링 기간에도 문을 열 것이라고 말하면서 3개월동안 영업이 동일하게 진행될 것이라고 했기 때문에 리모델링 기간이 3개월임을 추측할 수 있다. 따라서 (c) three months가 정답이다.

**| 단어 및 관용어구 |**
- last 지속되다
- several 몇몇의
- a couple of (대략) 둘의, 두서너 개의

## 6.

Where will the announcement be posted?

공지사항은 어디에 게시될 것인가?

(a) in the store windows
(b) in the newspaper
(c) at the cash registers
(d) in the parking lot

(a) 가게 창문 내부에
(b) 신문에
(c) 카운터 금고에
(d) 주차장 내부에

**정답** (a) in the store windows

**해설** 공지사항을 가게 창문에 게시할 예정이라고 했으므로 (a) in the store windows가 정답이다.

**| 단어 및 관용어구 |**
- post 게시하다, 게재하다
- cash register 금전 등록기 (카운터 금고)
- parking lot 주차장

## PART 3&4. # STRATEGY ❷

### 🔄 EXERCISE

W: Hello, this is Teresa.
M: Hi, I'm Jose Martinez. ¹⁾ You don't know me, but I'm a friend of Carlos.
W: Oh, yes. I remember hearing your name before.
M: Did you attend school in San Diego?
W: Yes, I did. ²⁾ I studied English at San Diego State University until last December.
M: ⁵⁾ Really? Could we meet sometime to talk?
W: Sure, I'll be glad to. How about tomorrow during lunch time?
M: Let's see. ⁴⁾ Tomorrow is Wednesday. ³⁾ I'll be busy until 6 o'clock. ⁴⁾ Can we meet the next day?
W: Yes, that's better. ⁶⁾ I'll be out of class by 2 p.m. Let's meet then.
M: Great! Is the cafeteria on campus fine?
W: I prefer the student center. It's closer to where my 3 o'clock class is.
M: ⁶⁾ Oh, so we can talk only until 3. That's fine. See you then!

### 해석

여자: 여보세요, Teresa입니다.
남자: 안녕하세요, Jose Martinez입니다. ¹⁾ 모르시겠지만 전 Carlos의 친구예요.
여자: 아, 네. 전에 당신 이름을 들은 기억이 나요.
남자: San Diego에서 학교를 다니셨나요?
여자: 그랬죠. ²⁾ 나는 작년 12월까지 San Diego 주립 대학에서 영어를 공부했어요.
남자: ⁵⁾ 정말이요? 언제 만나서 얘기 좀 할 수 있을까요?
여자: 물론이죠, 기꺼이 그러죠. 내일 점심시간은 어때요?
남자: 어디 보자. ⁴⁾ 내일은 수요일이네요. ³⁾ 제가 6시까지 바쁠 거예요. ⁴⁾ 다음 날 만날 수 있을까요?
여자: 그래, 그게 더 낫겠네요. ⁶⁾ 저는 오후 2시까지 수업에 없을 거예요. 그때 만나요.
남자: 좋아요! 교내에 있는 식당은 괜찮은가요?
여자: 저는 학생 센터가 더 좋아요. 3시 수업이 있는 곳이 더 가까워요.
남자: ⁶⁾ 아, 그럼 3시까지만 얘기하면 되겠네요. 좋아요. 그럼 그때 봐요!

### 단어

- **remember** 기억하다
- **attend** 참석하다, 출석하다
- **cafeteria** 카페테리아, 구내식당
- **prefer** ~을 더 좋아하다, 선호하다
- **closer** 더 가까운

## 1.
Who is Jose talking to?

Jose는 누구와 이야기하고 있는가?

(a) his friend Carlos
(b) his parents
(c) the English department office
(d) Carlos's friend Teresa

(a) 그의 친구 Carlos
(b) 그의 부모님
(c) 영어 과 사무실
(d) Carlos의 친구 Teresa

[정답] (d) Carlos's friend Teresa
[해설] Carlos의 친구인 Jose는 Teresa와 이야기를 나누고 있으므로 (d) Carlos's friend Teresa가 정답이다.

| 단어 및 관용어구 |
- parents 부모(님)
- department 부, 부서

## 2.
When did Teresa leave San Diego?

Teresa는 언제 San Diego를 떠났는가?

(a) last Wednesday
(b) a few weeks ago
(c) last December
(d) three months ago

(a) 지난 수요일
(b) 몇 주 전에
(c) 작년 12월
(d) 3달 전

[정답] (c) last December
[해설] Teresa가 작년 12월까지 San Diego 주립 대학에서 영어 공부를 했다고 했으므로 작년 12월에 San Diego를 떠났다고 추측할 수 있다. 따라서 (c) last December가 정답이다.

## 3.
When is Jose free tomorrow?

Jose는 내일 언제 자유로운가?

(a) at 2:30
(b) after 6 p.m.
(c) before 3 o'clock
(d) at lunchtime

(a) 2시 30분
(b) 오후 6시 이후
(c) 3시 전
(d) 점심 시간에

[정답] (b) after 6 p.m.
[해설] Jose는 오후 6시까지 바쁠 예정이라고 했으므로 6시 이후에 자유로워진다는 것을 추측할 수 있다. 따라서 (b) after 6 p.m.이 정답이다.

## 4.
On what day will Jose and Teresa meet?

Jose와 Teresa는 무슨 요일에 만날 것인가?

(a) Tuesday
(b) Wednesday
(c) Thursday
(d) Friday

(a) 화요일
(b) 수요일
(c) 목요일
(d) 금요일

[정답] (c) Thursday
[해설] Jose가 수요일에 바빠서 다음 날 만나자고 제안했고, Teresa가 이에 응했기 때문에 수요일 다음날인 목요일에 만날 것임을 추측할 수 있다. 따라서 (c) Thursday가 정답이다.

## 5.
What kind of meeting will they have?

그들은 어떤 종류의 만남을 가질 것인가?

(a) an informal meeting
(b) a business meeting
(c) a study group meeting
(d) a class meeting

(a) 비공식적인 만남
(b) 비즈니스 만남
(c) 스터디 그룹 만남
(d) 수업 만남

[정답] (a) an informal meeting
[해설] 둘의 대화를 통해 격식 없는 만남을 가질 것임을 추측할 수 있다. 따라서 (a) an informal meeting이 정답이다.

| 단어 및 관용어구 |
- informal 비공식적인, 비형식적인

**6.**
How long will they talk?

그들은 얼마나 오래 이야기할 것인가?

(a) a half hour
(b) one hour
(c) an hour and a half
(d) three hours

(a) 30분
(b) 1시간
(c) 1시간 30분
(d) 3시간

[정답] (b) one hour

[해설] 두 사람은 2시에 만나서 수업이 시작하기 전 3시까지 이야기를 나눌 것이라고 했으므로 1시간동안 이야기를 나눌 것임을 추측할 수 있다. 따라서 (b) one hour가 정답이다.

---

## PART 3&4. PRACTICE TEST ❶

**Part 3.** 여러분은 두 사람 사이의 대화를 듣게 될 것입니다. 먼저 여러분은 1번에서 5번까지 질문들을 듣게 될 것입니다. 그런 다음 대화를 듣게 될 것입니다. 주어진 시간 내에 각각의 질문에 가장 적절한 응답을 고르십시오.

---

M: How was your Christmas vacation, Lara?
F: It was great, Steve! [1] I visited Paris for Christmas.
M: Wow! [2] I'm planning to visit Paris with my wife this summer. Are there any fun things to do?
F: There are so many things to do, like visiting the Eiffel Tower or shopping at the Champs-Élysées, [3] but the highlight of my trip was the Louvre Museum.
M: What's the Louvre Museum like?
F: It's very big! There were many people when I visited, [4] but it was fun since I got to see many sculptures and paintings.
M: I'll keep that in mind. My wife is a painter [5] so she might be inspired by the paintings there.

---

**해석**

남자: Lara, 크리스마스 휴일 어땠어?
여자: 정말 좋았어, Steve! [1] 나는 크리스마스에 파리를 방문했어.
남자: 와! [2] 이번 여름에 아내와 함께 파리를 방문할 계획이야. 할 만한 재미있는 것들이 있니?
여자: 에펠탑을 방문하거나, 샹젤리제에서 쇼핑을 하는 것처럼 할 일이 매우 많은데, [3] 내 여행의 하이라이트는 루브르 박물관이었어.
남자: 루브르 박물관은 어때?
여자: 매우 커! 내가 방문했을 때는 많은 사람들이 있었지만, [4] 많은 조각과 그림들을 볼 수 있었기 때문에 재미있었어.
남자: 명심할게. 내 아내는 화가여서 [5] 그곳의 그림에서 영감을 받을지도 몰라.

---

**단어**

- vacation 휴일, 휴가
- highlight 하이라이트, 강조점
- visit 방문하다
- sculpture 조각품
- inspire 영감을 주다

## 1.

When did Lara visit Paris?

Lara는 언제 파리에 방문했는가?

(a) last summer
(b) during the holiday
(c) last fall
(d) on her birthday

(a) 지난 여름
(b) 휴일 동안
(c) 지난 가을
(d) 그녀의 생일에

**[정답]** (b) during the holiday

**[해설]** Lara는 크리스마스 휴일 동안 파리에 방문했다고 했으므로 (b) during the holiday가 정답이다.

**| 단어 및 관용어구 |**
- holiday 휴일
- fall 가을

## 2.

Why is Steve asking Lara about Paris?

왜 Steve는 Lara에게 파리에 대해 묻고 있는가?

(a) because he also went there last summer
(b) because Paris is his favorite city
(c) because he wants to know about her activities
(d) because he is planning to go there

(a) 작년 여름에도 그곳(파리)에 갔기 때문에
(b) 파리는 그가 가장 좋아하는 도시이기 때문에
(c) 그녀의 활동에 대해 알고 싶기 때문에
(d) 그곳(파리)에 갈 계획이기 때문에

**[정답]** (d) because he is planning to go there

**[해설]** Steve가 이번 여름에 아내와 함께 파리를 방문할 계획이 있다고 했으므로 (d) because he is planning to go there가 정답이다.

**| 단어 및 관용어구 |**
- go – went – gone (과거형 불규칙동사)
- favorite 가장 좋아하는
- be going to ~할 계획이다

## 3.

What was the highlight of Lara's trip?

Lara의 여행의 하이라이트는 무엇이었는가?

(a) walking around Paris at night
(b) going to the Eiffel Tower
(c) visiting a famous museum
(d) shopping around the city

(a) 밤에 파리를 돌아다니는 것
(b) 에펠탑에 가는 것
(c) 유명한 박물관에 방문하는 것
(d) 시내를 돌아다니며 쇼핑하는 것

**[정답]** (c) visiting a famous museum

**[해설]** 여행의 하이라이트가 루브르 박물관에 방문한 것이라고 했으므로 (c) visiting a famous museum이 정답이다.

**| 단어 및 관용어구 |**
- highlight 하이라이트, 강조점
- walk around 돌아다니다
- famous 유명한

## 4.

Why most likely did Lara enjoy her trip to the Louvre?

왜 Lara는 루브르(박물관) 여행을 즐겼는가?

(a) because she likes looking at art
(b) because the museum was big
(c) because she likes crowds
(d) because the museum was beautiful

(a) 미술작품을 보는 것을 좋아하기 때문에
(b) 박물관이 컸기 때문에
(c) 사람들이 많은 것을 좋아하기 때문에
(d) 박물관이 아름다웠기 때문에

**[정답]** (a) because she likes looking at art

**[해설]** Lara가 박물관에서 많은 조각과 그림을 보는 것이 재미있었다고 했으므로 (a) because she likes looking at art가 정답이다.

**| 단어 및 관용어구 |**
- enjoy 즐기다
- crowd 군중, 무리 (많은 사람들)

**5.**

What is the reason that Steve's wife might like the museum?

Steve의 아내가 박물관을 좋아할지도 모르는 이유는 무엇인가?

(a) She has paintings displayed there.
(b) She wants to learn how to paint.
(c) She will be motivated to paint more.
(d) She has never been there before.

(a) 그녀는 그곳에 전시된 그림을 갖고 있다.
(b) 그녀는 그림 그리는 법을 배우고 싶어한다.
(c) 그녀는 그림을 더 많이 그리도록 동기를 얻게 될 것이다.
(d) 그녀는 전에 그곳에 가본 적이 없다.

[정답] (c) She will be motivated to paint more.

[해설] 아내가 화가이기 때문에 박물관의 그림을 통해 영감을 받을 수 있을 것이라고 했으므로 (c) She will be motivated to paint more가 정답이다.

| 단어 및 용어구 |
- display 전시하다
- motivate 동기를 부여하다
- have been there 가본 적이 있다

---

**Part 4.** 여러분은 누군가가 다른 사람에게 정보를 전달하는 대화를 듣게 될 것입니다. 먼저 1번에서 5번까지 질문을 듣게 될 것입니다. 그런 다음 지시를 듣게 될 것입니다. 주어진 시간 내에 각각의 질문에 가장 적절한 응답을 고르십시오.

---

F: Hello, this is Thunder Electronics. I'm Jen. How can I help you?
M: Hi, Jen. Well, 1) my television suddenly stopped working but I don't know why. Can you help me?
F: Sure. There could be a problem with its power supply. 2) Did you try plugging the TV into a different outlet?
M: Yes, but it still wouldn't turn on. It also feels hot.
F: I see. How long was it on the last time you used it?
M: 3) Almost eight hours straight, I think.
F: It may have overheated. 4) We'll send over our technician to check it further. May we have your name and address so we can schedule a visit?
M: Okay. My name is Nathan Miller. My address is 23 Auburn Street. 5) I hope he can check it this week because I'll be out of town next week.
F: All right. I'll send the technician over as soon as possible.
M: Thank you.

---

**해석**

여자: 여기는 Thunder Electronics의 Jen입니다. 무엇을 도와드릴까요?
남자: 안녕하세요, 젠. 1) 글쎄, 내 텔레비전이 갑자기 작동을 멈췄는데 왜 그런지 모르겠어요. 저 좀 도와주실래요?
여자: 물론이죠. 전원 공급에 문제가 있을 수 있습니다. 2) TV를 다른 콘센트에 꽂아 보셨나요?
남자: 네, 하지만 여전히 켜지지 않아요. 또한 뜨거운 것 같아요.
여자: 그렇군요. 지난번에 사용하셨을 때 얼마나 오래 사용하셨습니까?
남자: 3) 제 생각엔, 거의 8시간 연속으로요.
여자: 과열되었을지도 몰라요. 4) 저희가 기술자를 보내서 자세히 확인해 보겠습니다. 방문 일정을 잡을 수 있도록 성함과 주소를 알려 주시겠습니까?
남자: 네. 제 이름은 Nathan Miller입니다. 제 주소는 Auburn가 23번지입니다. 5) 제가 다음 주에 출장 갈 예정이기 때문에 이번 주에 확인해 주셨으면 좋겠어요.
여자: 알겠습니다. 가능한 한 빨리 기술자를 보내겠습니다.
남자: 감사합니다.

## 단어

- suddenly 갑자기
- supply 공급
- plug (플러그를) 꽂다
- outlet 콘센트
- turn on (전원을) 켜다
- straight 연속으로
- overheat 과열하다
- technician 기술자
- further 더 이상의, 추가의
- as soon as possible 가능한 한 빨리

## 1.

Why is Nathan calling Thunder Electronics?

왜 Nathan이 Thunder Electronics에 전화하고 있는가?

(a) because they sold him a broken TV
(b) because he needs a technician
(c) because his television is broken
(d) because he wants to buy a new TV

(a) 그들이 그에게 고장 난 TV를 팔았기 때문에
(b) 기술자가 필요하기 때문에
(c) 텔레비전이 고장 났기 때문에
(d) 새 TV를 사고 싶기 때문에

[정답] (c) because his television is broken

[해설] Nathan이 텔레비전이 작동하지 않는다며 도움을 요청하고 있으므로 (c) because his television is broken이 정답이다.

| 단어 및 관용어구 |
- sell - sold - sold 팔다
- technician 기술자
- break - broke - broken 고장이 나다 (불규칙 변화)

## 2.

What does the woman suggest that Nathan do first?

여자는 Nathan에게 무엇을 먼저 하라고 제안하는가?

(a) turn the TV off and on again
(b) replace the power plug
(c) wait for the screen to turn on
(d) plug the TV into another outlet

(a) TV를 껐다가 다시 켜본다.
(b) 전원 플러그를 교체한다.
(c) 화면이 켜질 때까지 기다린다.
(d) TV를 다른 콘센트에 꽂는다.

[정답] (d) plug the TV into another outlet

[해설] 점원이 TV를 다른 콘센트에 꽂아봤는지 먼저 묻고 있으므로 (d) plug the TV into another outlet이 정답이다.

| 단어 및 관용어구 |
- suggest 제안하다
- turn on 켜다 ↔ turn off 끄다
- outlet 콘센트

## 3.

Why most likely did the television stop working?

왜 텔레비전은 작동을 멈췄는가?

(a) because it is already old
(b) because it was overused
(c) because it has a burned plug
(d) because it was left unused

(a) 이미 오래되었기 때문에
(b) 과도하게 사용되었기 때문에
(c) 연소된 플러그가 있기 때문에
(d) 사용되지 않은 상태로 방치되었기 때문에

[정답] (b) because it was overused

[해설] 8시간 연속으로 과도하게 사용했기 때문에 TV가 작동을 멈췄다는 것을 추측할 수 있다. 따라서 (b) because it was overused가 정답이다.

| 단어 및 관용어구 |
- already 이미
- overuse 과도하게 사용하다
- burned 연소된, 타버린
- left 남겨지다
- unuse 사용하지 않다

## 4.

How will the woman resolve Nathan's problem?

여자는 어떻게 Nathan의 문제를 해결할 것인가?

(a) She will send a replacement TV.
(b) She will ask him to visit their store.
(c) She will send over a professional.
(d) She will suggest that he fix it himself.

(a) 그녀는 대체 TV를 보낼 것이다.
(b) 그녀는 그에게 가게를 방문해줄 것을 요청할 것이다.
(c) 그녀는 전문가를 보낼 것이다.
(d) 그녀는 그가 그것(TV)을 스스로 고치도록 제안할 것이다.

[정답] (c) She will send over a professional.
[해설] 점원이 기술자를 보내 자세히 확인해 보겠다고 했으므로 (c) She will send over a professional이 정답이다.

| 단어 및 관용어구 |

- **resolve** 해결하다
- **replacement** 대체품
- **send over** 보내다, 파견하다
- **professional** 전문가

## 5.

Why does Nathan want the technician to come this week?

왜 Nathan은 기술자가 이번주에 오기를 원하는가?

(a) because he will not be available after that
(b) so he can use his TV immediately
(c) because he is not in town right now
(d) so he can help fix the TV while he is home

(a) 그 이후에는 그를 만날 수 없을 것이기 때문에
(b) 그래야 TV를 즉시 사용할 수 있어서
(c) 지금 시내에 없기 때문에
(d) 그가 집에 있는 동안 TV를 수리하는 것을 도울 수 있어서

[정답] (a) because he will not be available after that
[해설] Nathan이 다음주에 출장을 갈 예정이기 때문에 그 이후에는 그를 만날 수 없다는 것을 추측할 수 있다. 따라서 (a) because he will not be available after that이 정답이다.

| 단어 및 관용어구 |

- **available** 이용가능한, 시간이 있는
- **immediately** 즉시
- **right now** 지금, 당장
- **fix** 고치다, 수리하다

# PART 3&4. PRACTICE TEST ❷

**Part 3.** 여러분은 두 사람 사이의 대화를 듣게 될 것입니다. 먼저 여러분은 1번에서 5번까지 질문들을 듣게 될 것입니다. 그런 다음 대화를 듣게 될 것입니다. 주어진 시간 내에 각각의 질문에 가장 적절한 응답을 고르십시오.

| | |
|---|---|
| M: | I would like to return this bracelet. |
| F: | Yes, sir. Do you have the receipt? |
| M: | Yes, here it is. |
| F: | Is anything wrong with the bracelet? |
| M: | No, 3) I would like to buy something else 1) for my girlfriend. |
| F: | I see. Thirty-six dollars and ninety-nine cents, plus one dollar and eighty-five cents tax. 2) Your refund is thirty-eight dollars and eighty-four cents. |
| M: | Thank you. Now, how much is that watch? |
| F: | Which watch do you mean, sir? |
| M: | 4) That one there, on the third shelf, in the middle. |
| F: | That watch is one hundred forty-nine dollars and ninety-nine cents, 5) reduced from one hundred sixty-nine dollars and ninety-nine cents. |

### 해석

남자: 이 팔지를 반품하고 싶은데요.
여자: 예, 영수증을 가지고 있습니까?
남자: 예, 여기 있습니다.
여자: 팔찌에 이상이 있나요?
남자: 아니요, 1) 제 여자친구를 위하여 3) 다른 것을 사고 싶어서요.
여자: 알겠습니다. 36달러하고 99센트, 그리고 1달러 85센트 세금 여기 있습니다.
2) 당신이 되돌려 받은 돈은 38달러 84센트입니다.
남자: 고맙습니다. 그럼 저 시계는 얼마인가요?
여자: 어느 시계를 말씀하시는 거죠?
남자: 저쪽, 4) 3번째 선반 가운데에 있는 거요.
여자: 5) 그 시계는 169달러 99센트에서 할인해드려 149달러 99센트입니다.

### 단어

- **receipt** 영수증
- **bracelet** 팔지
- **refund** 환불(금), 반환하다
- **reduce** 줄이다, 삭감하다
- **shelf** 선반

---

### 1.

Why did the man buy the bracelet?

그 남자는 왜 팔찌를 샀는가?

(a) as a gift for himself
(b) as a gift for his mother
(c) as a gift for his girlfriend
(d) as a gift for his teacher

(a) 자신에게 선물로
(b) 어머니께 선물로
(c) 여자친구에게 선물로
(d) 선생님께 선물로

**[정답]** (c) as a gift for his girlfriend

**[해설]** 여자친구를 위해 샀던 팔찌를 다른 것으로 구매하고 싶다고 했으므로 (c) as a gift for his girlfriend가 정답이다.

| 단어 및 관용어구 |

- **bracelet** 팔찌

### 2.

How much was the refund?

얼마를 환불 받았는가?

(a) $ 38.84
(b) $ 8.84
(c) $ 3.84
(d) $ 38.00

(a) 38달러 84센트
(b) 8달러 84센트
(c) 3달러 84센트
(d) 38달러

**[정답]** (a) $ 38.84

**[해설]** 환불 받은 돈이 38달러 84센트라고 했으므로 (a) $ 38.84가 정답임을 알 수 있다.

| 단어 및 관용어구 |

- **refund** 환불, 환불하다

## 3.

Why did the man return the bracelet?

그 남자는 왜 팔찌를 환불했는가?

(a) Something was wrong with it.
(b) He wanted something else.
(c) Nothing was wrong with it.
(d) He wanted the money instead.

(a) 그것에 이상이 있어
(b) 다른 것을 원해서
(c) 그것에 아무 이상이 없어서
(d) 그는 대신에 돈을 원해서

**정답** (b) He wanted something else.

**해설** 여자친구를 위해 샀던 팔찌를 다른 것으로 구매하고 싶다고 했으므로 (b) He wanted something else가 정답이다.

**| 단어 및 관용어구 |**
- return 환불하다, 되돌려주다
- wrong 잘못된

## 4.

Where was the watch located?

그 시계는 어디에 위치해 있는가?

(a) under the third shelf
(b) on the left side of the third shelf
(c) on the right side of the third shelf
(d) in the center of the third shelf

(a) 3번째 선반 아래
(b) 3번째 선반 왼쪽
(c) 3번째 선반 오른쪽
(d) 3번째 선반 중간

**정답** (d) in the center of the third shelf

**해설** 3번째 선반 가운데에 있는 시계를 가리키고 있으므로 (d) in the center of the third shelf가 정답이다.

**| 단어 및 관용어구 |**
- locate 위치하다
- shelf 선반

## 5.

What was the original price of the watch?

그 시계의 원래 가격은 얼마인가?

(a) $ 69.99
(b) $ 49.99
(c) $ 149.99
(d) $ 169.99

(a) 69달러 99센트
(b) 49달러 99센트
(c) 149달러 99센트
(d) 169달러 99센트

**정답** (d) $ 169.99

**해설** 시계가 할인되지 않은 원래 가격은 169달러 99센트라고 했으므로 (d) $ 169.99가 정답이다.

**| 단어 및 관용어구 |**
- original 원래의

**Part 4.** 여러분은 누군가가 다른 사람에게 정보를 전달하는 대화를 듣게 될 것입니다. 먼저 1번에서 5번까지 질문을 듣게 될 것입니다. 그런 다음 지시를 듣게 될 것입니다. 주어진 시간 내에 각각의 질문에 가장 적절한 응답을 고르십시오.

M: Hello, Ivy. I have a little emergency.
F: Huh. What is it, Josh?
M: I burned my finger. 1) I was cooking eggs for breakfast when I accidentally touched the frying pan. Do you think I should go to the hospital?
F: Oh, that must hurt. But there's no need for the hospital. That's just a minor burn. 2) I'll teach you how to treat it here, over the phone, and you'll be okay.
M: Great. Thanks!
F: First, 3) rinse your finger under cool running water to stop the pain and lower your skin's temperature.
M: Okay, rinse with cool water. What should I do next?
F: After it dries, put antibacterial ointment on your finger. 4) Then wrap it lightly with a bandage so it won't get infected.
M: Okay.
F: 5) If it hurts too much, you can take a pain-relief medicine.
M: Okay, Ivy. I'll do everything that you said. Thanks!

> **해석**

남자: 안녕하세요, Ivy. 조금 급한 일이 있어요.
여자: 어, 뭔데요, Josh?
남자: 손가락에 화상을 입었어요. 1) 아침으로 달걀을 요리하고 있었는데 실수로 프라이팬을 만졌어요. 제가 병원에 가야 한다고 생각하세요?
여자: 아, 아프겠네요. 하지만 병원이 필요 없어요. 그건 그냥 가벼운 화상이에요. 2) 내가 여기서 어떻게 치료하는지 전화로 알려 줄게요. 그러면 괜찮아질 거예요.
남자: 좋아요. 고마워요!
여자: 우선, 3) 통증을 멈추고 피부 온도를 낮추기 위해 흐르는 시원한 물에 손가락을 헹구세요.
남자: 네, 시원한 물로 헹굽니다. 다음에는 무엇을 해야 할까요?
여자: 건조된 후, 손가락에 항균 연고를 바르세요. 4) 그리고 감염되지 않도록 붕대로 가볍게 감싸주세요.
남자: 알겠어요.
여자: 5) 너무 아프면 진통제를 먹어도 돼요.
남자: 알겠어요, Ivy. 말씀하신 대로 다 해볼게요. 고마워요!

> **단어**

- emergency 비상(사태)
- burn 불에 타다, 화상을 입다
- breakfast 아침식사
- accidently 우연히, 실수로
- minor 작은, 가벼운
- treat 다루다, 치료하다
- rinse 헹구다
- finger 손가락
- pain 고통
- lower 낮추다
- temperature 온도
- antibacterial 항균의
- ointment 연고
- wrap 감싸다
- bandage 붕대
- infect 감염시키다
- pain-relief medicine 진통제

## 1.

When did Josh get a burned finger?

언제 Josh가 손가락에 화상을 입었는가?

(a) while he was eating breakfast
(b) while he was frying eggs
(c) while he was grilling meat
(d) while he was boiling eggs

(a) 아침을 먹고 있던 동안에
(b) 달걀을 요리하고 있던 동안에
(c) 고기를 굽고 있던 동안에
(d) 달걀을 삶고 있던 동안에

[정답] (b) while he was frying eggs
[해설] Josh가 아침으로 달걀을 요리하다가 손가락에 화상을 입었다고 했으므로 (b) while he was frying eggs가 정답이다.

| 단어 및 관용어구 |
- burn 불에 타다, 화상을 입다
- fry 굽다, 튀기다
- grill (그릴, 석쇠에) 굽다
- boil 삶다

## 2.

Why probably should Josh not go to the hospital?

왜 Josh는 병원에 가지 말아야 하는가?

(a) because he can treat the burn himself
(b) because the hospital is very far
(c) because Ivy will treat his burned finger
(d) because he is not feeling any pain

(a) 화상을 스스로 치료할 수 있기 때문에
(b) 병원이 매우 멀기 때문에
(c) Ivy가 화상을 입은 손가락을 치료해 줄 것이기 때문에
(d) 어떤 통증도 느끼고 있지 않기 때문에

[정답] (a) because he can treat the burn himself
[해설] 여자가 전화로 치료 방법을 알려준다고 하는 부분을 통해 방법을 따라한다면 남자 스스로 화상을 치료할 수 있음을 추측할 수 있다. 따라서 (a) because he can treat the burn himself가 정답이다.

| 단어 및 관용어구 |
- treat 치료하다
- far (거리가) 먼
- pain 고통

## 3.

How can Josh cool his burned finger?

어떻게 Josh는 화상입은 손가락을 식힐 수 있는가?

(a) by running cool water over it
(b) by drinking cold water
(c) by putting ice on it
(d) by applying ointment on it

(a) 그 위에 시원한 물을 흘려서
(b) 차가운 물을 마셔서
(c) 그 위에 얼음을 올려놓아서
(d) 연고를 발라서

[정답] (a) by running cool water over it
[해설] 피부 온도를 낮추기 위해 흐르는 시원한물에 손가락을 헹구라고 했으므로 (a) by running cool water over it이 정답이다.

| 단어 및 관용어구 |
- run 달리다, 흐르다
- apply 바르다
- ointment 연고

## 4.

Why should the burned finger be wrapped with a bandage?

왜 화상 입은 손가락을 붕대로 감싸야 하는가?

(a) to make it heal quickly
(b) to prevent swelling
(c) to stop the pain
(d) to prevent infection

(a) 빨리 낫게 하기 위해서
(b) 붓는 것을 예방하기 위해서
(c) 통증을 멈추기 위해서
(d) 감염을 예방하기 위해서

[정답] (d) to prevent infection
[해설] 감염되지 않도록 하기 위해 붕대를 감싸야 한다고 했으므로 (d) to prevent infection이 정답이다.

| 단어 및 관용어구 |
- wrap 감싸다
- prevent 막다, 예방하다
- swell 붓다
- infection 감염

## 5.
What should Josh do if his finger still hurts?

Josh의 손가락이 계속 아프다면 무엇을 해야 하는가?

(a) go to the nearest hospital
(b) put on more ointment
(c) take a pain reliever
(d) replace the bandage

(a) 가장 가까운 병원으로 간다.
(b) 연고를 더 많이 바른다.
(c) 진통제를 복용한다.
(d) 붕대를 교체한다.

[정답] (c) take a pain reliever
[해설] 손가락이 너무 아프면 진통제를 먹어도 된다고 했으므로 (c) take a pain reliever이 정답이다.

| 단어 및 관용어구 |
- near 가까운 {nearest 가장 가까운(최상급)}
- ointment 연고
- pain reliever 진통제
- replace 교체하다
- bandage 붕대

# PART 3&4. PRACTICE TEST ❸

**Part 3.** 여러분은 두 사람 사이의 대화를 듣게 될 것입니다. 먼저 여러분은 1번에서 5번까지 질문들을 듣게 될 것입니다. 그런 다음 대화를 듣게 될 것입니다. 주어진 시간 내에 각각의 질문에 가장 적절한 응답을 고르십시오.

M: Excuse me, Miss. <sup>1)</sup> I'm looking for a white shirt.
F: Yes, sir. <sup>2)</sup> Shirts are next to ties. Let me show you. Do you like this one?
M: Yes, I do. How much does it cost?
F: This shirt usually costs twenty-five dollars, <sup>3)</sup> but this week it is on sale for fifteen dollars.
M: I'll take it.
F: Good. Here is your package and change.
M: <sup>4)</sup> Now, where are men's coats?
F: <sup>5)</sup> On the third floor, near men's shoes.
M: Thanks!

### 해석

남자: 실례지만, 아가씨. <sup>1)</sup> 흰 셔츠를 찾고 있는데요.
여자: 예, 손님. <sup>2)</sup> 셔츠는 넥타이 바로 옆에 있거든요. 보여드리죠. 이것 어떠세요?
남자: 예, 좋네요. 가격이 얼마인가요?
여자: 이 셔츠는 보통 25달러 정도 하지만, <sup>3)</sup> 이번 주는 15달러에 할인판매 중입니다.
남자: 그것으로 하겠습니다.
여자: 자. 여기 포장한 것과 거스름돈 있습니다.
남자: <sup>4)</sup> 그런데, 남성용 외투는 어디 있죠?
여자: <sup>5)</sup> 3층 남성용 구두점 근처에 있어요.
남자: 고마워요!

## 단어

- **excuse me** 실례합니다
- **show** 보여주다
- **on sale** 세일 중인, 판매중인
- **change** 잔돈, 거스름돈
- **look for~** : ~을 찾다
- **cost** 비용이 들다
- **package** 소포, 포장된 짐

### 1.

What does the man want to buy?

남자는 무엇을 사고 싶어하는가?

(a) a white shirt
(b) a pair of shorts
(c) his wife's skirt
(d) some ties

(a) 흰색 셔츠
(b) 반바지
(c) 자기 아내의 치마
(d) 넥타이

[정답] (a) a white shirt

[해설] 남자가 흰 셔츠를 찾고 있다고 했으므로(a) a white shirt가 정답이다.

| 단어 및 관용어구 |

- **shorts** 반바지
- **skirt** 치마
- **tie** 넥타이, 매다

### 2.

Where are shirts?

셔츠는 어디에 있는가?

(a) on the top floor
(b) next to the ties
(c) by the pants
(d) by the coats

(a) 제일 위층에
(b) 넥타이 옆에
(c) 바지 옆에
(d) 코트 옆에

[정답] (b) next to the ties

[해설] 셔츠는 넥타이 바로 옆에 있다고 했으므로 (b) next to the ties가 정답이다.

| 단어 및 관용어구 |

- **by** ~의 옆에

### 3.

What is the sale price for the shirt?

셔츠의 세일가는 얼마인가?

(a) $15.00
(b) $50.00
(c) $25.00
(d) $10.00

(a) 15달러
(b) 50달러
(c) 25달러
(d) 10달러

[정답] (a) $15.00

[해설] 셔츠는 이번 주에 15달러로 할인 판매한다고 했으므로 (a) $15.00가 정답임을 알 수 있다.

| 단어 및 관용어구 |

- **sale price** 세일 가격

### 4.

What else is the man probably going to buy?

남자는 아마 그 외에 무엇을 살 것인가?

(a) a suit
(b) socks
(c) a coat
(d) pants

(a) 정장
(b) 양말
(c) 외투
(d) 바지

[정답] (c) a coat

[해설] 남자가 남성용 외투는 어디에 있는지 묻는 것을 통해 외투를 살 것임을 추측할 수 있다. 따라서 (c) a coat가 정답이다.

| 단어 및 관용어구 |

- **socks** 양말

## 5.

Where will the man probably go next?

남자는 다음에 어디로 갈 것인가?

(a) to the shoe department
(b) to the hat department
(c) to the first floor
(d) to the third floor

(a) 구두점에
(b) 모자 판매점에
(c) 1층에
(d) 3층에

[정답] (d) to the third floor
[해설] 남성용 외투가 있는 3층으로 올라갈 것이기 때문에 (d) to the third floor가 정답임을 알 수 있다.

| 단어 및 관용어구 |
- **department** 가게(지점)

---

**Part 4.** 여러분은 누군가가 다른 사람에게 정보를 전달하는 대화를 듣게 될 것입니다. 먼저 1번에서 5번까지 질문을 듣게 될 것입니다. 그런 다음 지시를 듣게 될 것입니다. 주어진 시간 내에 각각의 질문에 가장 적절한 응답을 고르십시오.

M: Welcome to Capital Bookstore! This is the customer service counter. How may I help you?
F: Hi. 1) I'm looking for a book, but I can't find it on the shelves. Could you check if it's available?
M: Sure. Do you have the name of the book?
F: 2) I forgot the full title. But it has the word "buried" in it.
M: That's okay. Do you know the author of the book?
F: Yes. The author is Lana Moss.
M: Okay. 3) Let me check in the computer.
F: Thanks.
M: Our records show that we have two titles available for Lana Moss. One is *The Buried Earth* and the other is *The Buried Heaven*. Which one are you looking for?
F: 4) The one released this year, I think.
M: Released this year. It's *The Buried Earth*, then. It's $27.99.
F: 5) Yes, I think that's the book. Thank you very much!

**해석**

남자: Capital 서점에 오신 걸 환영합니다! 고객 서비스 카운터입니다. 무엇을 도와드릴까요?
여자: 안녕하세요. 1) 책을 찾고 있는데, 책꽂이에서 찾을 수가 없네요. 그것이 이용 가능한지 확인해 주실 수 있나요?
남자: 물론입니다. 그 책 이름이 있으신가요?
여자: 2) 제목 전체를 까먹었어요. 하지만 "파묻힌(buried)"이라는 단어가 들어 있어요.
남자: 괜찮습니다. 그 책의 저자를 아시나요?
여자: 네. 저자는 Lana Moss입니다.
남자: 알겠어요. 3) 제가 컴퓨터에서 확인해 보겠습니다.
여자: 감사합니다.
남자: 우리 기록에 의하면 이용할 수 있는 Lana Moss의 타이틀이 두 개 있네요. 하나는 파묻힌 지구(*The Buried Earth*)이고 다른 하나는 파묻힌 천국(*The Buried Heaven*)입니다. 어떤 걸 찾으세요?
여자: 4) 제 생각에, 올해 출간된 거예요.
남자: 올해에 출간된. 그럼 파묻힌 지구(*The Buried Earth*)네요. 27달러 99센트입니다.
여자: 5) 네, 바로 그 책인 것 같아요. 정말 감사합니다!

### 단어

- customer 고객
- look for ~을 찾다
- shelve 선반, 책꽂이
- available 이용가능한
- forget 잊다
- buried 파묻힌 (bury)
- author 저자
- record 기록, 기록하다
- released 출간된

## 1.

Why is the woman talking to the customer service worker?

왜 여자가 고객 서비스 직원과 이야기를 나누고 있는가?

(a) She is returning a damaged book.
(b) She is complaining about the store.
(c) She is asking about the latest titles.
(d) She is having trouble finding a book.

(a) 그녀는 손상된 책을 반납하고 있다.
(b) 그녀는 가게에 대해 불평하고 있다.
(c) 그녀는 최신 제목에 대해 묻고 있다.
(d) 그녀는 책을 찾는 데 어려움을 겪고 있다.

**[정답]** (d) She is having trouble finding a book.
**[해설]** 여자가 책을 찾고 있는데 책꽂이에 보이지 않아 어려움을 겪고 있다고 했으므로 (d) She is having trouble finding a book이 정답이다.

| 단어 및 관용어구 |

- customer 고객
- return 돌려주다, 반납하다
- damage 손상을 입다, 피해를 입다
- complain 불평하다
- latest (가장) 최신의

## 2.

What information is the woman able to provide?

여자는 무슨 정보를 제공할 수 있는가?

(a) the name of the book's author
(b) what the book is all about
(c) the full title of the book
(d) where she learned of the book

(a) 책의 저자의 이름
(b) 책이 전반적으로 무엇에 관한 것인지
(c) 책의 전체 제목
(d) 그녀가 책을 알게 된 장소

**[정답]** (a) the name of the book's author
**[해설]** 책의 전체 제목은 까먹었지만 저자의 이름을 알려줄 수 있다는 부분을 통해 (a) the name of the book's author이 정답임을 알 수 있다.

| 단어 및 관용어구 |

- be able to (= can) ~할 수 있다
- provide 제공하다
- author 저자

## 3.

How is the customer service worker able to help the woman?

어떻게 고객 서비스 직원이 여자를 도울 수 있는가?

(a) by searching the store's shelves
(b) by checking with another branch
(c) by searching in the store's computer
(d) by calling the book's publisher

(a) 가게의 선반을 찾아봄으로써
(b) 또 다른 지점을 확인함으로써
(c) 가게의 컴퓨터에서 찾아봄으로써
(d) 책의 출판사에 전화함으로써

**[정답]** (c) by searching in the store's computer
**[해설]** 점원이 컴퓨터에서 확인해 보겠다고 했으므로 (c) by searching in the store's computer가 정답이다.

| 단어 및 관용어구 |

- shelve 선반
- branch 지사, 분점
- publisher 출판인, 출판사

**4.**

Why is the woman sure that The Buried Earth is the book that she needs?

여자는 왜 파묻힌 지구(The Buried Earth)가 그녀가 필요한 책이라고 확신하는가?

(a) because it was written by Lana Moss
(b) because it was released this year
(c) because its price is $27.99
(d) because its title has the word "buried"

(a) Lana Moss에 의해 쓰였기 때문에
(b) 올해 출간되었기 때문에
(c) 가격이 27.99달러이기 때문에
(d) 제목에 "파묻힌(buried)"이라는 단어가 있기 때문에

[정답] (b) because it was released this year
[해설] 올해 출간된 책이었다고 했으므로 (b) because it was released this year이 정답이다.

| 단어 및 관용어구 |
- buried 파묻힌 (bury)
- release 출간하다

**5.**

What will the woman probably do next?

여자는 아마도 무엇을 할 것인가?

(a) buy the book from the store
(b) thank the customer service worker
(c) return the book to the store
(d) speak with the manager

(a) 가게에서 책을 산다.
(b) 고객 서비스 직원에게 고마워한다.
(c) 책을 가게에 반납한다.
(d) 관리자와 이야기한다.

[정답] (a) buy the book from the store
[해설] 그 책이 맞는 것 같다며 감사하다고 말하는 부분을 통해 여자가 찾은 책을 구입할 것임을 유추할 수 있다. 따라서 (a) buy the book from the store가 정답이다. 고객서비스 직원에게는 이미 감사를 표했기 때문에 여자가 앞으로 할 일이 아니므로 (b)는 오답이다.

| 단어 및 관용어구 |
- manager 매니저, 관리자

---

# PART 3&4. PRACTICE TEST ❹

**Part 3.** 여러분은 두 사람 사이의 대화를 듣게 될 것입니다. 먼저 여러분은 1번에서 5번까지 질문들을 듣게 될 것입니다. 그런 다음 대화를 듣게 될 것입니다. 주어진 시간 내에 각각의 질문에 가장 적절한 응답을 고르십시오.

M: Welcome to ¹⁾ our hotel.
F: Thank you. My name is Nancy Jackson. Could you please tell me where my room is?
M: Certainly. ²⁾ It is on the fourth floor. Its number is four-seventeen. ³⁾ Please sign the register.
F: Yes, I will.
M: How will you pay for the room?
F: ⁴⁾ With traveler's checks.
M: Fine. Here are the keys. Do you need help with your luggage?
F: Yes, please. ⁵⁾ I have three bags over there.

[해석]

남자: ¹⁾ 저희 호텔에 오신 걸 환영합니다.
여자: 고맙습니다. 제 이름은 Nancy Jackson입니다. 제 방이 어디인지 말씀해 주시겠습니까?
남자: 물론이죠. ²⁾ 방은 4층에 있고 417호입니다. ³⁾ 명부에 서명해 주세요.
여자: 예. 서명하겠습니다.
남자: 방 값은 어떻게 지불하시겠습니까?
여자: ⁴⁾ 여행자 수표로요.
남자: 좋습니다. 여기 열쇠 있습니다. 짐 드는데 도움이 필요하세요?
여자: 예, 부탁드립니다. ⁵⁾ 저기 가방 세 개가 있거든요.

### 단어

- welcome to~: ~에 온 걸 환영하다
- certainly (대답으로) 물론이죠, 알겠습니다
- register 등록, 명부
- traveler's checks 여행자 수표
- pay for~: ~값을 지불하다
- luggage 짐

---

**1.**

Who are the two people speaking?

얘기하고 있는 두 사람은 누구인가?

(a) a tourist and a hotel clerk
(b) a visitor and a guide
(c) a tenant and a landlord
(d) an employee and an employer

(a) 관광객과 호텔 프론트 직원
(b) 방문자와 가이드
(c) 세입자와 집주인
(d) 고용인과 고용주

[정답] (a) a tourist and a hotel clerk
[해설] 호텔에 오신 것을 환영한다고 이야기하는 부분을 통해 (a) a tourist and a hotel clerk가 정답임을 알 수 있다.

| 단어 및 관용어구 |
- clerk 점원
- visitor 방문객, 방문자
- tenant 세입자
- landlord 집주인
- employee 직원, 고용인
- employer 사장, 고용주

**2.**

On which floor is the room?

방이 몇 층입니까?

(a) the first floor
(b) the third floor
(c) the second floor
(d) the fourth floor

(a) 1층
(b) 3층
(c) 2층
(d) 4층

[정답] (d) the fourth floor
[해설] 방은 4층에 있다고 했으므로 (d) the fourth floor가 정답이다.

**3.**

What does the man ask the woman to do?

남자가 여자에게 무엇을 부탁하는가?

(a) carry her bags
(b) sign the register
(c) pay the waiter
(d) take another room

(a) 그녀의 짐 옮기기
(b) 명부에 서명하기
(c) 웨이터에게 지불하기
(d) 다른 방을 구하기

[정답] (b) sign the register
[해설] 명부에 서명해달라고 부탁하고 있으므로 (b) sign the register가 정답이다.

| 단어 및 관용어구 |
- carry 나르다, 옮기다
- register 명부, 등록하다

**4.**

How will she pay for the room?

여자는 무엇으로 방 값을 지불할 것인가?

(a) with a credit card
(b) with cash
(c) with a debit card
(d) with traveler's checks

(a) 신용카드로
(b) 현금으로
(c) 직불(현금)카드로
(d) 여행자 수표로

[정답] (d) with traveler's checks
[해설] 여자가 방 값을 여행자 수표로 지불하겠다고 했으므로 (d) with traveler's checks가 정답이다.

| 단어 및 관용어구 |
- credit card 신용카드
- cash 현금
- debit card 직불(현금)카드
- check 수표

## 5.

How many bags does the woman have?

그 여자의 짐(가방)은 몇 개나 되나?

(a) two
(b) three
(c) four
(d) none

(a) 2
(b) 3
(c) 4
(d) 없다

[정답] (b) three

[해설] 여자가 가방이 3개여서 도움이 필요하다고 했으므로 (b) three가 정답이다.

---

**Part 4.** 여러분은 누군가가 다른 사람에게 정보를 전달하는 대화를 듣게 될 것입니다. 먼저 1번에서 5번까지 질문을 듣게 될 것입니다. 그런 다음 지시를 듣게 될 것입니다. 주어진 시간 내에 각각의 질문에 가장 적절한 응답을 고르십시오.

---

F: Excuse me, officer. [1] Can you tell me where the public library is?
M: There are two public libraries in the city, ma'am. One is two blocks away, just across Claire Street.
F: Yes, I just came there. [2] They didn't have the book I was looking for, and I need it for my research. The librarian told me to go to the other library.
M: So, you're looking for the Ravenhouse Community Library. [3] It's just a few blocks away as well. You'll need to walk straight along Cherry Avenue, [4] and turn right on Moon Street.
F: Is that the one with the bakery on the corner?
M: Yes. And beside the bakery is a barber shop. Opposite that, just across the street is the library. [5] You will not miss it. There is a big statue of a raven in front.
F: Thank you, officer. That was really helpful.
M: You're welcome, ma'am. Take care.

### 해석

여자: 실례합니다, 경관 님. [1] 공공 도서관이 어디 있는지 말씀해 주실 수 있나요?
남자: 도시에는 두 개의 공공 도서관이 있습니다, 부인. 하나는 두 블록 떨어진 Claire 가 바로 건너편에 있어요.
여자: 네, 방금 거기서 왔어요. [2] 도서관에는 제가 찾던 책이 없는데, 제 연구를 위해선 책이 필요해요. 사서가 다른 도서관에 가보라고 말했거든요.
남자: 그럼 Ravenhouse 커뮤니티 도서관을 찾으시는군요. [3] 몇 블록만 더 가면 돼요. Cherry 가를 따라 쭉 걸어가시고, [4] Moon 가에서 우회전 하셔야 합니다.
여자: 저 모퉁이에 빵집이랑 같이 있는 곳 맞아요?
남자: 네. 그리고 빵집 옆에는 이발소가 있어요. 그 반대편에는, 바로 길 건너편에 도서관이 있습니다. [5] 절대 놓치지 않을 거예요. 앞에 큰 까마귀 조각상이 있어요.
여자: 감사합니다, 경관 님. 정말 도움이 되었어요.
남자: 천만에요, 부인. 몸조심하세요.

### 단어

- officer 경관, 장교
- public 공공의
- library 도서관
- ma'am 부인
- across ~을 건너
- look for ~을 찾다
- research 연구하다, 연구
- librarian (도서관)사서
- few 약간의, 몇몇의 (셀 수 있는 명사와 함께)
- as well (as) ~뿐만 아니라
- avenue 거리, 가
- turn on 돌다
- beside 옆에
- barber shop 이발소
- opposite 반대편의
- statue 조각상, 동상
- raven 까마귀
- in front (of) ~의 앞에
- take care ~을 돌보다

**1.**

What is the woman looking for?

여자는 무엇을 찾고 있는가?

(a) a rare book for her research
(b) the city's only public library
(c) directions to a building
(d) the nearest barber shop

(a) 연구를 위한 희귀한 책
(b) 시의 유일한 공공 도서관
(c) 건물로 가는 길
(d) 가장 가까운 이발소

**[정답]** (c) directions to a building

**[해설]** 공공 도서관으로 가는 길을 묻고 있으므로 (c) directions to a building이 정답임을 알 수 있다. 시에는 도서관이 2개가 있기 때문에 유일하지 않으므로 (b)는 오답이다.

**│단어 및 관용어구│**
- look for ~을 찾다
- rare 희귀한, 드문
- research 연구
- public 공공의
- library 도서관
- direction 방향, 길
- near 가까운 {nearest 가장 가까운(최상급)}

**2.**

Why does the woman not want to go to the library on Claire Street?

왜 여자는 Claire가에 있는 도서관에 가는 것을 원하지 않는가?

(a) She has argued with the librarian.
(b) It does not have what she needs.
(c) She does not know where it is.
(d) It is not close enough to walk to.

(a) 그녀는 사서와 논쟁했다.
(b) 그녀가 필요한 것을 갖고 있지 않다.
(c) 그녀는 그것이 어디 있는지 모른다.
(d) 걸어갈 수 있을 만큼 가깝지 않다.

**[정답]** (b) It does not have what she needs.

**[해설]** Claire가의 도서관에는 여자가 찾는 책이 없다고 했으므로 (b) it does not have what she needs가 정답이다.

**│단어 및 관용어구│**
- argue 논쟁하다, 주장하다
- librarian (도서관)사서
- close 가까운
- enough 충분한

**3.**

When will the woman know when to turn right?

여자는 언제 오른쪽으로 돌아야 하는지 알게 될 것인가?

(a) when reaches the barber shop
(b) when the officer signals her
(c) when she reaches Cherry Street
(d) when she reads the street sign

(a) 이발소에 도착했을 때
(b) 경찰관이 그녀에게 신호를 보낼 때
(c) 그녀가 Cherry가에 도착했을 때
(d) 도로 표지판을 읽을 때

**[정답]** (a) when reaches the barber shop

**[해설]** 빵집과 옆에 이발소가 보이는 곳에서 오른쪽으로 돌아야 한다는 것을 알 수 있다. 따라서 (a) when reaches the barber shop이 정답이다.

**│단어 및 관용어구│**
- reach 도착하다
- officer 경관, 장관
- signal 신호를 보내다
- street sign 도로 표지판

**4.**

How has the officer helped the woman?

경관은 여자를 어떻게 도와주는가?

(a) by telling her to go to Moon Street
(b) by giving her specific directions
(c) by showing her famous landmarks
(d) by coming with her to the place

(a) Moon가로 가라고 말해줌으로써
(b) 그녀에게 구체적인 길을 제공함으로써
(c) 유명한 명소를 보여줌으로써
(d) 그녀와 함께 그 장소에 감으로써

**[정답]** (b) by giving her specific directions

**[해설]** 경관이 도서관으로 가는 구체적인 길을 알려줌으로써 여자를 도와주고 있다는 사실을 알 수 있다. 따라서 (b) by giving her specific directions가 정답이다.

**│단어 및 관용어구│**
- specific 구체적인
- landmark 명소

## 5.
Why will the woman not miss the library?

왜 여자가 도서관을 놓치지 않을 것인가?

(a) because of a giant statue of a bird
(b) because of a big sign outside
(c) because it is just around the corner
(d) because the librarian will meet her

(a) 거대한 새 조각상 때문에
(b) 큰 표지판 때문에
(c) 바로 코앞에 있기 때문에
(d) 사서가 그녀를 만날 것이기 때문에

[정답] (a) because of a giant statue of a bird

[해설] 도서관 앞에 큰 까마귀 동상이 있기 때문에 절대 놓치지 않을 것이라고 했으므로 (a) because of a giant statue of a bird가 정답이다.

| 단어 및 관용어구 |
- **giant** 아주 거대한
- **statue** 조각상, 동상
- **outside** 밖의, 바깥에
- **around the corner** 모퉁이를 돌아 바로

# SECTION 03 Reading & Vocabulary ㅣ정답과 해설ㅣ

## PART 1. PRACTICE TEST ①

**Part 1.** 다음의 지원서를 읽고 질문에 답하십시오. 밑줄 친 단어는 어휘 문제를 위한 것입니다.

[1~5]

## Application Form

Name (Last name/First name): Carter, Beverly

Student ID Number: 77369218

1) Street address: 1740 Newcastle Avenue / City: Sea Bright /

State: CA / Zip code: 92173

Work phone: (619) 555-0189

Home phone: (619) 555-0189

2) Company: Carter Computer Services

Position: President

Course Number: M8680    3) Start Date: June 12    Tuition: $520

Course Name: Introduction to Online Marketing

Course Number: M8687    Start Date: July 22nd    Tuition: $750

Course Name: Online Business Development

Payment method / Payment Method for **Enrollment**: ☐ cash ☐ check ☐ credit card

4) Enclosed check: $238

    Or my 5) registration fee claim: (one circle) VISA Mastercard

    Account number: Due date: _____

    Cardholder Signature: _____

> 해석

**신청서**

**성명 (성/이름):** ___Carter, Beverly___
**학생증 번호:** ___77369218___

1) **거리 주소:** 1740 Newcastle Avenue    **도시:** Sea Bright    **주:** CA    **우편번호:** 92173

**직장 전화:** ___(619) 558-8688___      **집 전화:** ___(619) 558-8688___
2) **회사명:** Carter Computer Services      **직책:** ___President___

**과정 번호:** M8680      3) **시작일:** 6월 12일      **수강료:** $89
**과정명:** 인터넷 입문

**과정 번호:** M8687      **시작 일:** 7월 22일      **수강료:** $149
**과정명:** 인터넷 비즈니스 과정

**결제수단 / 등록 결제수단:** ☐ 현금   ☐ 수표   ☐ 신용카드

4) **동봉 수표:** $238
     또는 나의 5) **등록** 비용 청구: (동그라미 하나) VISA Mastercard
     계좌 번호:      만기일:
     카드 소지자 서명:

### Vocabulary

- registration form 신청서
- president 회사의 대표(사장)
- Introduction to the Internet 인터넷 입문
- payable 지불 가능한
- charge 부과하다, 청구하다
- account number 계좌 번호
- expire 끝나다, 만기가 되다
- signature 서명
- Job title 직책
- course title 수강 과정 강좌 제목
- Developing Business on the Internet 인터넷 비즈니스 과정
- enclose 동봉하다 (enclosed 동봉한 것)
- enrollment 등록
- expiration date 만기일
- cardholder 카드 소지자

**1.**

Why are this person's phone numbers for work and home the same?

왜 이 사람의 근무처 전화번호와 집 전화번호가 동일한가?

(a) She works on computers.
(b) She lives at work.
(c) She works at home.
(d) She made a mistake

(a) 그녀는 컴퓨터로 일한다.
(b) 그녀는 직장에서 산다.
(c) 그녀는 재택 근무를 한다.
(d) 그녀가 실수를 했다.

**[정답]** (c) She works at home.

**[해설]** 주소가 한 군데이고 본인의 직장 번호와 집 번호가 같은 걸로 보아 자택에서 근무하고 있음을 유추할 수 있다. 따라서 (c) She works at home이 정답이다.

**| 단어 및 관용어구 |**
- make a mistake 실수하다.

**2.**

What is the most likely reason for her to take these courses?

이 사람이 이러한 강좌 과정을 수강하는 가장 그럴듯한 이유는 무엇인가?

(a) She wants to learn how to program computers.
(b) She runs a computer business.
(c) She does not know how to use the Internet.
(d) She does not have anything to do.

(a) 컴퓨터 사용법을 배우고 싶어한다.
(b) 컴퓨터 회사를 운영한다.
(c) 그녀는 인터넷 사용법을 모른다.
(d) 바쁘지 않다.

[정답] (b) She runs a computer business.
[해설] 그녀의 회사명을 통해 그녀가 컴퓨터 관련 분야에서 일하고 있음을 알 수 있다. 따라서 (b) She runs a computer business가 정답이다.

| 단어 및 관용어구 |
- run a computer business 컴퓨터 사업을 하다

**3.**

How many courses is she taking in June?

그녀는 6월에 몇 개의 강좌를 수강할 예정인가?

(a) one
(b) two
(c) three
(d) none

(a) 한 개
(b) 두 개
(c) 세 개
(d) 네 개

[정답] (a) one
[해설] 본문에서 그녀가 들을 강의의 수강 시작일을 보면 6월에는 1개 있으므로 (a) one이 정답이다.

**4.**

Why did she leave some empty blanks on the form?

그녀는 왜 양식에 빈칸을 남겼는가?

(a) She forgot to finish it.
(b) She is paying with her credit card.
(c) She wants to pay later.
(d) She is paying with a check.

(a) 끝마치는 것을 잊었다.
(b) 카드로 지불한다.
(c) 다음에 지불하기를 원한다.
(d) 수표로 지불한다.

[정답] (d) She is paying with a check.
[해설] 수표로 수업료를 지불하기 때문에 그 외로 지불하는 카드 란에는 적을 필요가 없다. 따라서 (b) She is paying with a check가 정답이다.

| 단어 및 관용어구 |
- check 수표

**5.**

In the context of the passage, the word **enrollment** means _____.

글의 문맥 상, enrollment(등록)은 _____을 의미한다.

(a) credit
(b) schedule
(c) announcement
(d) registration

(a) 신용
(b) 스케줄
(c) 발표
(d) 등록

[정답] (d) registration
[해설] 해당 문장은 '나의 등록 비용 청구'라고 해석되므로 문맥 상 registration(등록)이 들어가야 한다. 따라서 (d) registration이 정답이다.

| 단어 및 관용어구 |
- credit 신용
- announcement 발표, 공지

**Part 1.** 다음의 지원서를 읽고 질문에 답하십시오. 밑줄 친 단어는 어휘 문제를 위한 것입니다.

[1~5]

<sup>1)</sup> **4th Annual Valley Creek E-Sports Tournament**
**REGISTRATION FORM**

Name: _____Jeremy Walters_____
Age: _____14_____
    <sup>2)</sup> (If below 18 years old, please <sup>5)</sup> **present** with a parent's or guardian's permission slip)
Address: _____853 Rile Hike Pass, Valley Creek, NV_____
Contact Number: _____(775) 235-99-74_____

Are you entering as part of a team?
  ☐ Yes. If Yes, please write the name of your team:
    _____
  ☑ No.

<sup>3)</sup> Are you bringing your own equipment?
  ☑ Yes. If Yes, please specify what you are bringing: Tablet
  ☐ No.

Please check which events are you competing in. <sup>4)</sup> Contestants are limited to three events.

Console Games
  ☐ *Judgment of Anubis*
  ☐ *Operation Downtrodden*
  ☐ *Death of the Magi 4*
Mobile Games
  ☑ *Tribal Wars*
  ☑ *Triggerland Unlimited*
  ☑ *Deckout II*

                                                          *Jeremy Walters*
                                                   Contestant's Signature

> **해석**

<sup>1)</sup> **제 4 회 밸리 크릭 E- 스포츠 토너먼트**
**등록 양식**

이름:     Jeremy Walters
나이:     14
         <sup>2)</sup> (18 세 미만인 경우 부모 또는 보호자의 허가증을 <sup>5)</sup> **제출**하세요.)
주소:            853 Rile Hike Pass, Valley Creek, NV
연락 가능한 번호:        (775) 235-99-74

팀의 일원으로 참가하고 있습니까?
    ☐ 예. 예인 경우 팀 이름을 작성하십시오.
        _____
    ☑ 아니오

<sup>3)</sup> 본인의 장비를 가져 오십니까?
    ☐ 예. 예인 경우, 당신이 무엇을 가져가는지 상세히 명시하십시오:     태블릿
    ☐ 아니오

어떤 이벤트에 참가하고 있는지 확인하세요. <sup>4)</sup> 참가자는 3개의 이벤트로 제한됩니다.

콘솔 게임
    ☐ Judgment of Anubis
    ☐ Operation Downtrodden
    ☐ Death of the Magi 4

모바일 게임
    ☑ Tribal Wars
    ☑ Triggerland Unlimited
    ☑ Deckout II

*Jeremy Walters*
참가자 서명

> **Vocabulary**

- **present** (물건을 사람·집단에게) 증정하다, 바치다, 주다, (계산서·명함·서류 등을) 제출하다, 내놓다, 건네주다, 보여주다
- **permission slip** 허가서
- **specify** (구체적으로) 명시하다
- **contestant** 참가자
- **equipment** 장비
- **limited** 제한된, 아주 많지는 않은, (시간·수 등이) 한정된
- **signature** 서명, 특징

## 1.
What is the purpose of the form?

양식의 목적은 무엇입니까?

**(a) to register for a competition**
(b) to ask for a parent's consent
(c) to order console games
(d) to order mobile games

**(a) 대회 등록**
(b) 부모의 동의를 구하기 위해
(c) 콘솔 게임 주문
(d) 모바일 게임 주문

**[정답]** (a) to register for a competition

**[해설]** 본문의 제목은 토너먼트를 위한 신청 양식이라고 기재 되어 있다. 따라서 (a) to register for a competition이 정답이다.

**| 단어 및 관용어구 |**
- **register** (공식 명부에 이름을) 등록하다, 기재하다, (출생·혼인·사망 사실을) 신고하다, (견해를) 표명하다, (이름·항목 등을 적은 공식적인) 기록부, 명부
- **competition** 경쟁, 경연, 대회, 시합
- **consent** (특히 권위 있는 사람에 의한) 동의, 허락

## 2.
Based on the form, what else does Jeremy need to play in the tournament?

양식에 따르면, Jeremy가 토너먼트에서 경기하기 위해 필요한 것은 무엇입니까?

(a) a team to play with
(b) his own gadget
**(c) a permission slip**
(d) a phone number

(a) 함께 플레이 할 팀
(b) 본인의 도구
**(c) 허가서**
(d) 전화 번호

**[정답]** (c) a permission slip

**[해설]** 나이를 기재하는 칸 아래 설명을 보면 18세 미만인 경우 부모 또는 보호자의 허가증을 제출하라고 기재되어 있기 때문에 (c) a permission slip이 정답이다.

**| 단어 및 관용어구 |**
- **gadget** (작고 유용한) 도구, 장치
- **permission slip** 허가서

## 3.
Why most likely is Jeremy bringing a tablet?

Jeremy가 태블릿을 가져올 가능성이 가장 높은 이유는 무엇입니까?

(a) because he doesn't like playing on desktops
**(b) because he prefers playing with his own equipment**
(c) because it is required by the tournament
(d) because his teammates say so

(a) 그는 데스크탑에서 플레이하는 것을 좋아하지 않기 때문에
**(b) 그는 자신의 장비를 가지고 경기하는 것을 더 좋아하기 때문에**
(c) 토너먼트에서 요구하기 때문에
(d) 그의 팀원들이 그렇게 말했기 때문에

**[정답]** (b) because he prefers playing with his own equipment

**[해설]** 양식에서 경기에 본인의 장비를 가져오는지 물었고, 그는 태블릿을 가져갈 것이라고 기재했다. 즉, 자신의 장비를 선호하기 때문에 태블릿을 가져간다고 유추할 수 있다. 따라서 (b) because he prefers playing with his own equipment가 정답이다. 토너먼트에서 태블릿을 요구하는지는 알 수 없기 때문에 (c)는 오답이다.

**| 단어 및 관용어구 |**
- **required** 필요하다, 요구하다, 필요로 하다, (특히 법·규칙 등에 따라) 요구하다
- **teammate** 팀원

## 4.
How many events is Jeremy competing in?

Jeremy는 몇 개의 이벤트에 참가하나요?

(a) none
(b) one
(c) two
**(d) three**

(a) 없음
(b) 한 개
(c) 두 개
**(d) 세 개**

**[정답]** (d) three

**[해설]** 참가자는 세 개의 이벤트까지 참가할 수 있게 기재되어 있기 때문에 (d) three가 정답이다.

**| 단어 및 관용어구 |**
- **compete** 경쟁하다, (시합, 경기 등에서) 겨루다, (시합 등에) 참가하다

**5.**

In the context of the passage, **present** means _____.

글의 문맥 상, present(보여주다, 제출하다)는 _____ 을 의미한다.

(a) gift
(b) show
(c) current
(d) charge

(a) 선물
(b) 보여주기, 선보임
(c) 현재
(d) 요금

> 정답 (b) show
>
> 해설 해당 문장은 '부모 또는 보호자의 허가증을 제출하세요'라고 해석되므로 문맥상 show(보여주다)가 들어가야 한다. 따라서 (b) show가 정답이다.

---

**Part 1.** 다음의 지원서를 읽고 질문에 답하십시오. 밑줄 친 단어는 어휘 문제를 위한 것입니다.

[1~5]

```
              HomeSearch, Inc.
             APARTMENTS FOR RENT

Let us send you information about an apartment for you!
Fill in the application and mail it to us.

Name     Janice Beauvoir
Current address   8507 Fernald Ave.
City   Morton Grove    State  Illinois    Zip  60053
Phone: work  (555)444-7392    home  (555)439-2988
Date apartment needed?   August, 2021
Desired location?   near bus route
Furnished or unfurnished?   unfurnished
Size of apartment?  3 bedroom    Price range?  $700-800/month
Number of children?  2    Ages?  5 and 7
Any pets?  Cat
Do you desire a six-month or one-year lease?   6-month
```

## 해석

---

**HomeSearch 주식회사 임대 아파트**

²⁾ 여러분께 아파트 정보를 제공해 드립니다.

이 신청서를 작성해서 우편으로 보내주십시오.

이름　　　Janice Beauvoir

³⁾ 현주소　Fernald Ave. 8507

시　Morton Grove　주　Illinois　우편번호　60053

전화: 직장　(555) 444-7392　집　(555) 439-2988

¹⁾ 아파트 입주 희망일　1996년 8월

희망지:　버스 노선 가까이

가구 옵션 여부:　가구가 비치되지 않은 집

아파트 크기:　침실 3개　희망가격:　월세 700~800달러

⁴⁾ 아이 수: 2명　나이: 5세, 7세

애완동물　고양이

임대계약을 6개월, 아니면 1년을 희망합니까?　6개월

---

### Vocabulary

- apartment 아파트
- state 주
- location 위치
- send 보내다
- zip (code) 우편번호
- furnished 가구가 비치된
- fill in 기입하다, 채워 넣다
- needed 필요로 하는
- range 범위
- current 최근의
- desired 희망하는
- pet 애완동물

---

### 1.

When does Janice want to rent a new apartment?

Janice는 언제 새 아파트를 빌리고자 하는가?

(a) in six months
(b) in one month
**(c) in August**
(d) when it's available

(a) 6개월 안에
(b) 한 달 안에
**(c) 8월에**
(d) 가능할 때

**[정답]** (c) in August

**[해설]** 본문을 보면 아파트 입주 희망일 란에 8월이라고 기재되어 있기 때문에 (c) in August가 정답이다.

**| 단어 및 관용어구 |**

- available 구할(이용할) 수 있는,
　　　　　(사람들을 만날) 시간(여유)이 있는

### 2.

Why did Janice fill out this form?

Janice는 왜 이 신청서를 기입했는가?

(a) so the apartment manager will know about her cat
(b) so she will be near her children's school
**(c) so the company will help her find a new place to live**
(d) because she needs to find a new job

(a) 아파트 관리인이 자기 고양이에 대해 알게 하려고
(b) 자기가 아이들 학교와 가까이 있기 위해
**(c) 그 회사가 자기가 살집을 구하는데 도움을 받으려고**
(d) 새 직장을 구해야 하기 때문에

**[정답]** (c) so the company will help her find a new place to live

**[해설]** 제목 바로 아래 첫 번째 줄을 보면 아파트 정보를 제공해 준다고 기재해 두었기 때문에 (c) so the company will help her find a new place to live가 정답이다.

**| 단어 및 관용어구 |**

- apartment 아파트

## 3.

Where does Janice live now?

Janice는 지금 어디에 사는가?

(a) in Morton Grove, Illinois
(b) near a bus route
(c) in a house
(d) in Canada

(a) Illinois, Morton
(b) 버스 노선 가까이
(c) 주택
(d) Canada

[정답] (a) in Morton Grove, Illinois
[해설] 현 주소에 기재된 주소 명을 보면 (a) in Morton Grove, Illinois가 정답이다.

| 단어 및 관용어구 |
- bus route 버스 노선


## 4.

How old are Janice Beauvoir's children?

Janice Beauvoir의 아이들은 몇 살인가?

(a) two and three
(b) four and six
(c) six and one
(d) five and seven

(a) 2살 3살
(b) 4살 6살
(c) 6살 1살
(d) 5살 7살

[정답] (d) five and seven
[해설] 아이 수와 나이 란에 5살, 7살이라고 적혀 있으므로 (d) five and seven이 정답이다.

| 단어 및 관용어구 |
- children 아이들


## 5.

In the context of the passage, **fill in** means _____.

글의 문맥 상, fill in(완성하다)는 _____을 의미한다.

(a) close
(b) complete
(c) feed
(d) occupy

(a) 닫다
(b) 완성하다
(c) 먹이다
(d) 점유하다

[정답] (b) complete
[해설] 해당 문장은 '이 신청서를 작성해서 우편으로 보내주십시오'라고 해석되므로 문맥상 complete(완성하다)가 들어가야 한다. 따라서 (b) complete가 정답이다.

**Part 1.** 다음의 지원서를 읽고 질문에 답하십시오. 밑줄 친 단어는 어휘 문제를 위한 것입니다.

[1~5]

Jean Claude Elementary School
Summer Camp Program

## 1) **REGISTRATION FORM**

| | | | |
|---|---|---|---|
| Name: | Diana Lee | Contact Number: | 317-985-6045 |
| Age: | 13 | Grade: | 7 |
| Address: | 1552 Elk City Road, Indianapolis, IN | Adviser: | Mr. H. Tomkins |

Food and drinks will be provided by the school.

Please answer the following:

2) Preference:
- ☑ Chicken
- ☑ Pork/Beef
- ☐ Vegetarian

Allergies: peanuts
Preexisting Health Condition: none

3) **WHAT TO BRING**
- extra clothes and blankets
- bug and insect repellant
- emergency supplies (first aid, medications, etc.)

**WHAT NOT TO BRING**
- electronics
- toys
- and other non-essentials

**Parent's Permission Slip**

☑ I am allowing my son/daughter to join Jean Claude Elementary School's Summer Camp Program.

☐ I am not allowing my son/daughter to join Jean Claude Elementary School's Summer Camp Program.

Emergency contact number:
_317-555-0136_

_____Maria Chester Lee_____
Parent's Signature

NOTE: The bus will be waiting at the school parking lot. Students should be at the parking lot on departure day at 5:00 a.m. 5) sharp. Parents should pick up their child/children at the parking lot on arrival day at 6:00 p.m. 4) Parents will be informed of any changes to the schedule.

**해석**

### 1) Jean Claude 초등학교 영어 캠프
신청서

이름: Diana Lee  연락처: 317-985-6045
나이: 13  학년: 7
주소: 1552 Elk City Road, Indianapolis, IN

음식과 음료는 학교에서 제공됩니다. 다음 질문에 답하십시오.
알러지: 땅콩
기존 건강 상태: 기재 사항 없음

2) 선호도:
☑ 치킨
☑ 돼지 고기 / 쇠고기
☐ 채식주의자

3) 가져와야 하는 것
*여분의 옷들과 담요
*벌레 및 살충제
*비상 용품 (구급, 약품 등)

가져가지 말 것
*전자기기
*장난감
*및 기타 비 필수 항목

부모님 허가서
☑ 내 아들 / 딸이 Jean Claude 초등학교의 여름 캠프 프로그램에 참여하는 것을 허락합니다.
☐ 내 아들 / 딸이 Jean Claude 초등학교의 여름 캠프 프로그램에 참여하는 것을 허락하지 않습니다.

긴급 연락처
___317-985-6045___     ___Maria Chester Lee___
                          부모님 서명

참고사항: 버스는 학교 주차장에서 대기합니다. 학생들은 출발일 오전 5시 5) 정각에 주차장에 있어야합니다. 부모는 도착 당일 오후 6시에 주차장에서 자녀를 태우러 오셔야 합니다. 4) 일정 변경 사항은 학부모님들께 알려드릴 예정입니다.

### Vocabulary

- **elementary school** 초등학교
- **preexisting**
- **health** 건강
- **preference** 성호
- **repellant** 방충제
- **emergency** 긴급, 응급
- **electronics** 전자기기
- **essential** 필수적인, 극히 중요한, 본질(근본)적인
- **allowing** (무엇을 하도록) 허락하다, 용납하다, (무엇을 가지도록) 허락[허용]하다
- **departure** 출발
- **arrival** 도착

## 1.
What is the purpose of the form?

양식의 목적은 무엇인가?

(a) to register for a summer program
(b) to enter an elementary school
(c) to ask for the parent's permission
(d) to update student's health records

(a) 여름 프로그램에 등록하기 위해
(b) 초등학교에 입학하기 위해
(c) 부모의 허락을 구하기 위해
(d) 학생의 건강 기록을 업데이트하기 위해

[정답] (a) to register for a summer program

[해설] 제목을 보면 초등학교 영어 여름 캠프를 위한 양식임을 알 수 있다. 따라서 (a) to register for a summer program이 정답이다.

| 단어 및 관용어구 |
- elementary school 초등학교
- permission 허락, 허가
- health records 건강 기록

## 2.
According to the form, what kind of food does Diana not prefer?

양식에 따르면, Diana는 어떤 음식을 선호하지 않는가?

(a) vegetable-based dishes
(b) recipes with chicken
(c) courses with beef
(d) pork-based food items

(a) 야채 기반 요리
(b) 닭고기 요리법
(c) 쇠고기 코스
(d) 돼지 고기 기반 식품

[정답] (a) vegetable-based dishes

[해설] Diana가 선택한 선호 음식을 보면 치킨, 돼지고기, 쇠고기가 표시되어 있고, 채식주의는 표시하지 않았기 때문에 (a) vegetable-based dishes가 정답이다.

| 단어 및 관용어구 |
- vegetable 야채
- recipe 요리법, 조리법
- item 항목, 사항, (하나의)물품, 품목

## 3.
Based on the form, which of the following would Diana probably bring?

형식에 따르면, Diana는 다음 중 어떤 것을 가지고 올 것인가?

(a) her mobile phone
(b) her anti-allergy medication
(c) her favorite book
(d) her portable radio

(a) 그녀의 휴대폰
(b) 항 알레르기 약물
(c) 그녀가 가장 좋아하는 책
(d) 그녀의 휴대용 라디오

[정답] (b) her anti-allergy medication

[해설] 가져와야 하는 것들에 벌레와 곤충 살충제가 포함되어 있기 때문에 (b) her anti-allergy medication이 정답이다.

| 단어 및 관용어구 |
- probably 아마도
- medication 약

## 4.
How will the parents know about changes in the schedule?

부모님들은 일정 변경 사항을 어떻게 알 수 있는가?

(a) It will be posted at the parking lot.
(b) They will find out from the bus driver.
(c) It will be put up inside the bus.
(d) They will be given information

(a) 주차장에 게시할 예정입니다.
(b) 그들은 버스 운전사에게 알 것이다.
(c) 그것은 버스 안에 올려질 것이다.
(d) 그들에게 정보가 주어질 것이다.

[정답] (d) They will be given information

[해설] 마지막 줄에서 일정 변경 사항은 학부모님들께 알려드릴 예정이라는 문장을 통해 (d) They will be given information이 정답인 것을 알 수 있다.

| 단어 및 관용어구 |
- parking lot 주차장
- information 정보

## 5.

In the context of the passage, **sharp** means _____.

글의 문맥 상, sharp(정확한, 예리한)은 _____을 의미한다.

(a) pointedly
(b) suddenly
(c) cleverly
(d) exactly

(a) 뾰족하게
(b) 갑자기
(c) 영리하게
(d) 정확하게

[정답] (d) exactly

[해설] 해당 문장은 '학생들은 출발일 오전 5시 정각에 주차장에 있어야 합니다'라고 해석되므로 문맥상 exactly(정확하게)가 들어가야 한다. 따라서 (d) exactly가 정답이다.

---

**Part 2.** 다음의 공지사항을 읽고 질문에 답하십시오. 밑줄 친 단어는 어휘 문제를 위한 것입니다.

### [1~5]

### SAN CARLOS LITTLE LEAGUE

This Saturday, January 20, will be our final registration for Little League from 1 to 4 p.m. at the San Carlos Recreation Center.

We have teams for all ages: [1] Pee-Wee T-ball for 5-years-olds, T-ball for 6-to 8-years-olds, Caps for 8-and 9-year-olds, [4] Majors for 11-to 12-year-olds, and Senior Majors for 14-and 15-year-olds. [2] The season begins Saturday, March 23, and runs through Saturday, June 15. [3] For players age 16 to 18, we have the Big-League program, which begins right after the high school baseball season ends in May and [5] **runs** through the middle of July.

For information about whether a game will be played or not, call Player Agent Jim Jones at 555-2886, or connect with us through the Internet.

The Internet address is: http://hello.aol.com/SnCarlosLL.

### 해석

### SAN CARLOS 어린이 야구 리그

금주 토요일 1월20일 San Carlos 레크레이션 센터에서 오후 1시부터 4시까지 어린이 야구 리그를 위한 마지막 등록이 있을 예정입니다.

저희는 모든 연령대의 팀들이 있습니다: [1] 5세 어린이를 위한 Pee-Wee T-ball, 6~8세까지를 위한 T-ball, 8세와 9세를 위한 Caps, [4] 11~12살까지를 위한 Majors, 14세와 15세를 위한 Senior Majors 등이 있습니다.

[2] 시즌은 3월 23일, 토요일에 시작해서, 6월 15일 토요일까지 계속됩니다. [3] 16~18세의 선수들을 위하여 빅 리그 프로그램이 있습니다. 빅 리그는 5월 고등학교 야구 시즌이 끝나는 직후 시작해서 7월 중순까지 [5] **계속**됩니다.

게임이 열릴 것인지 그렇지 않을 지에 관한 정보는 555-2886번 선수 에이전트인 Jim Jones에게 전화를 걸거나 인터넷을 통해 우리에게 연락하기 바랍니다.

인터넷 주소: http://hello.aol.com/SnCarlosLL입니다.

## Vocabulary

- season 계절, 한창때, 활동기
- through ~을 통해(관통하여), ~사이로(무엇의 한쪽 끝 면에서 다른 한쪽 끝 면으로 나아가거나 이어짐을 나타냄)
- whether ~ or not: ~인지 아닌지
- run 계속하다(=continue)
- address 주소
- agent 에이전트, 대리인

### 1.

In order to be able to play on a Little League team, how old must a child be?

어린이 야구 리그 팀에서 뛸 수 있기 위해서 어린이는 나이가 몇 살 이어야 하는가?

(a) at least five years old
(b) at least six years old
(c) at least 15 years old
(d) at least 18 years old

(a) 최소 5살
(b) 최소 6살
(c) 최소 15살
(d) 최소 18살

[정답] (a) at least five years old

[해설] 두 번째 단락을 보면 모든 연령대의 팀들이 있고 5세부터 15세 까지의 팀이 있다는 내용이 기재되어 있기 때문에 최소한 5살 이어야 한다는 것을 유추할 수 있다. 따라서 (a) at least five years old가 정답이다.

| 단어 및 관용어구 |
- in order to do: ~하기 위하여
- be able to do (= can do) ~할 수 있다
- at least 적어도

### 2.

How long is the Little League season?

어린이 야구 리그 시즌은 얼마나 오랫동안 진행되는가?

(a) from the end of May through July
(b) from January 20 through March 23
(c) from March 23 through June 15
(d) from the end of May through June 15

(a) 5월말에서 7월까지
(b) 1월 20일에서 3월 23일까지
(c) 3월 23일에서 6월 15일까지
(d) 5월말에서 6월 15일까지

[정답] (c) from March 23 through June 15

[해설] 세 번째 단락을 보면 야구 시즌이 3월 23일에서 6월 15일까지 진행된다고 기재되어 있으므로 (c) from March 23 through June 15가 정답이다.

| 단어 및 관용어구 |
- January 1월
- March 3월
- May 5월
- June 6월

### 3.

Who plays in the Big-League program?

빅 리그 프로그램에서는 누가 뛰는가?

(a) senior citizens
(b) children under age 15
(c) high school students
(d) high school graduates

(a) 노인
(b) 15세 이하 어린이
(c) 고등학생
(d) 고등학교 졸업생

[정답] (c) high school students

[해설] 16~18세의 선수들을 위하여 빅 리그 프로그램이 있다고 기재 되어 있기 때문에 (c) high school students가 정답이다.

| 단어 및 관용어구 |
- citizen 시민 (senior citizen 노인)
- high school graduates 고등학교 졸업생

**4.**

Which teams have the 11-year-old players?

어느 팀이 11세 선수들로 이루어져 있는가?

(a) Majors
(b) Caps
(c) Senior Majors
(d) Junior Majors

(a) 메이저스
(b) 캡스
(c) 시니어 메이저스
(d) 주니어 메이저스

[정답] (a) Majors
[해설] 본문을 보면, 11세에서 12세까지의 팀은 Majors라고 기재되어 있기 때문에 (a) Majors가 정답이다.

**5.**

In the context of the passage, the word **runs** means _____.

글의 문맥 상, runs(계속하다)는 _____을 의미한다.

(a) continues
(b) races
(c) escapes
(d) flows

(a) 계속하다
(b) 경주하다
(c) 탈출하다
(d) 흐르다

[정답] (a) continues
[해설] 해당 문장은 '야구 시즌이 끝나는 직후 시작해서 7월 중순까지 계속됩니다'라고 해석되므로 문맥상 continue(계속하다)가 들어가야 한다. 따라서 (a) continue가 정답이다.

---

**Part 2.** 다음의 공지사항을 읽고 질문에 답하십시오. 밑줄 친 단어는 어휘 문제를 위한 것입니다.

**[1~5]**

## FREE TREES FOR HOMEOWNERS!

1) Form April through May over 100 trees will be planted along the streets and sidewalks of San Carlos neighborhoods to improve the appearance of the community. 2) You can receive a free tree if you attend a brief meeting to select your type of tree, sign a city tree permit, and receive instructions on how to care for your tree.

3) You can choose between many different species of trees. 4) The city now requires 40 feet of separation between street trees, which means that except on corner lots, most homes will qualify for only one tree. Call the Tree Coordinator at 555-2728 to 5) **reserve** your tree.

[해석]

집주인을 위한 무료 묘목

1) 4월에서 6월까지 100그루가 넘는 나무들이 마을의 외관을 보기 좋게 하기 위하여 San Carlos 인근의 거리와 인도에 심어질 것입니다. 2) 여러분이 간단한 회의에 참석해서, 나무의 종류를 선택한 뒤 시 묘목 허가증에 서명하고, 나무를 관리하는 방법에 대한 지시를 받는다면 무료로 묘목을 받을 수 있습니다.

3) 여러분은 여러 다른 수종들 중에서 선택할 수 있습니다. 4) 시는 이제 가로수들 사이에 40피트 간격을 요구합니다. 그것은, 길모퉁이의 빈터를 제외하고, 대부분의 가정에서 오직 한 그루의 나무만 기를 수 있다는 것을 의미합니다. 여러분의 나무를 5) **예약** 해두기 위해서는 555-2728로 가로수 담당관에게 전화를 하면 됩니다.

## Vocabulary

- **plant** 식물, 묘목, 심다
- **appearance** 외관
- **permit** 허락하다, 허가증
- **separation** 분리, 간격
- **qualify** 자격을 주다, 제한하다
- **Tree Coordinator** 관청의 가로수 담당관
- **neighborhood** 근처, 이웃, 주택지역
- **community** 공동체, 지역사회
- **permission** 허락
- **except** ~: ~을 제외하고
- **reserve** 예약하다
- **improve** 개선시키다
- **attend** 참석하다
- **care for** = take care of 돌보다
- **lot** 공터
- **coordinator** 조정자

---

### 1.

Why are trees being planted in San Carlos?

왜 San Carlos에 나무들이 심어지고 있는가?

(a) to attract more birds
(b) to make it more attractive
(c) to teach people about trees
(d) to shade cars from the sun

(a) 더 많은 새를 끌어들이려고
(b) 지역을 더 멋있게 만들려고
(c) 사람들에게 나무에 대해 가르치려고
(d) 차를 위한 그늘을 만들려고

**[정답]** (b) to make it more attractive

**[해설]** 첫 번째 단락을 보면, 마을의 외관을 보기 좋게 하기 위하여 나무를 심는다고 했기 때문에 (b) to make it more attractive가 정답이다.

**| 단어 및 관용어구 |**

- **attract** 끌어드리다, 매혹시키다
- **attractive** 매혹적인
- **shade** 그늘지게 하다, 그늘

---

### 2.

What should homeowners do to receive a free tree?

집주인들은 무료 묘목을 받기 위해 무엇을 해야 하는가?

(a) keep the tree alive
(b) dig a large hole
(c) sign a tree permit
(d) build a sidewalk

(a) 나무를 살아있게 보존하기
(b) 큰 구멍을 파기
(c) 묘목 허가증에 서명하기
(d) 인도를 만들기

**[정답]** (c) sign a tree permit

**[해설]** 여러분이 간단한 회의에 참석해서, 나무의 종류를 선택한 뒤 시 묘목 허가증에 서명하고, 나무를 관리하는 방법에 대한 지시를 받는다면 무료로 묘목을 받을 수 있다고 나와있기 때문에 (c) sign a tree permit가 정답이다.

**| 단어 및 관용어구 |**

- **alive** 살아있는, (생기, 감정, 활기 등이) 넘치는, 존속하는
- **dig** (구멍 등을) 파다, (땅에서) 파다, 캐다
- **permit** 허용하다, 허락하다
- **sidewalk** (포장한) 보도, 인도

---

### 3.

How will trees be selected?

나무들이 어떻게 선택되는가?

(a) by the Tree Coordinator
(b) by the city of San Marcos
(c) by the community
(d) by the homeowner

(a) 가로수 담당관에 의해
(b) San Marcos시에 의해
(c) 그 지역사회에 의해
(d) 집주인에 의해

**[정답]** (d) by the homeowner

**[해설]** 두 번째 단락 첫 번째 문장에서 여러분은 여러 나무 종류 중에서 선택할 수 있다고 기재되어 있으므로 집주인 스스로가 선택할 수 있다는 것을 유추할 수 있다. 따라서 (d) by the homeowner가 정답임을 알 수 있다.

**| 단어 및 관용어구 |**

- **community** 주민, 지역 사회, 공동체(사회)
- **homeowner** 주택 보유자, 주택 소유주

## 4.

According to the announcement, which lots are likely to qualify for more than one tree?

공시에 따르면, 어떤 공터가 한 그루 이상의 나무를 심도록 허용될 것 같은가?

(a) street lots
(b) corner lots
(c) sidewalk lots
(d) 30-foot lots

(a) 거리의 공터
(b) 길모퉁이의 공터
(c) 인도 위의 공터
(d) 30피트 폭의 공터

[정답] (b) corner lots

[해설] 시는 이제 가로수들 사이에 40피트 간격을 요구하며, 길모퉁이의 빈터를 제외하고 대부분의 가정에서 오직 한 그루의 나무만 기를 수 있다는 것을 의미한다고 기재되어 있기 때문에 길모퉁이의 빈터에는 한 그루 이상의 나무를 심을 수 있다는 것을 알 수 있다. 따라서 (b) corner lots가 정답이다.

| 단어 및 관용어구 |
- street 거리
- corner (건물, 사물의) 모서리, 모퉁이

## 5.

In the context of the passage, **reserve** means _____.

글의 문맥 상, reserve(예약하다)는 _____을 의미한다.

(a) store
(b) hold
(c) ready
(d) supply

(a) 저장하다
(b) 차지하다
(c) 준비하다
(d) 공급하다

[정답] (b) hold

[해설] 해당 문장은 '나무를 예약해두기 위해서는~'이라고 해석되므로 문맥상 hold (차지하다)가 들어가야 한다. 따라서 (b) hold가 정답이다.

| 단어 및 관용어구 |
- hold 차지하다, 보관하다, 유지하다
- supply 공급하다

---

**Part 2.** 다음의 공지사항을 읽고 질문에 답하십시오. 밑줄 친 단어는 어휘 문제를 위한 것입니다.

### [1~5]

### INTERNATIONAL STUDENTS

2) There will be a meeting on Saturday, September 12, for all students who want to join the International Friends organization. 4) All students are welcome to come. This will be the first meeting of the school year. Peter Baxter, an art student, will show slides he took while on a trip through Nepal. There will also be food and drinks from different countries and a discussion of the activities 5) **planned** for this year. Membership is free. 3) This is a good chance for international students to practice their English. 1) The meeting will be held in Phillips Library, Room 314, at 7 p.m.

### 해석

### 외국 학생들에

2) 9월 12일, 토요일에 International Friends 협회에 가입하고자 하는 학생들의 모임이 있습니다. 4) 모든 학생들을 환영합니다. 이것은 학기 중 첫 모임입니다. 예술학부 Peter Baxter는 Nepal을 여행하는 동안 찍은 슬라이더를 상영할 것입니다. 여러 나라에서 온 음식과 음료도 준비되어 있으며, 올해 5) **계획된** 계획된 활동에 대한 토론이 있을 것입니다. 회원가입은 무료입니다. 3) 이번 모임은 외국학생들에게 영어를 사용할 좋은 기회입니다. 1) 모임은 저녁 7시에 Phillips 도서관 314호에서 열릴 것입니다.

### Vocabulary

- join 모이다, 가입하다, 참가하다
- slide 슬라이드
- hold 열다, 개최하다
- planned 계획된
- organization 협회, 조직, 단체
- take 찍다
- discussion 회의, 토론
- membership 회원(제)
- school year 학기
- different 다양한
- activity 활동
- practice 연습하다, 운동하다

---

**1.**

Where will the International Friends' meeting be?

International Friends 모임은 어디에서 열리는가?

(a) in Nepal
(b) in Peter Baxter's room
(c) in Phillips Library
(d) in a restaurant

(a) Nepal에서
(b) Peter Baxter 방에서
(c) Phillips 도서관에서
(d) 레스토랑에서

[정답] (c) in Phillips Library
[해설] 마지막 줄을 보면 모임이 저녁 7시에 Phillips 도서관 314호에서 열린다고 기재되어 있으므로 (c) in Philips Library가 정답이다.

| 단어 및 관용어구 |

- library 도서관
- restaurant 식당, 레스토랑

**2.**

When is the meeting?

모임은 언제 열리는가?

(a) during class time
(b) on the weekend
(c) during the day
(d) during summer vacation

(a) 수업시간 중에
(b) 주말에
(c) 낮에
(d) 여름방학 중에

[정답] (b) on the weekend
[해설] 첫 번째 문장을 보면 9월 12일 토요일에 모임이 있다고 했기 때문에 토요일이 포함된 주말 (b) on the weekend가 정답이다.

| 단어 및 관용어구 |

- vacation 방학

**3.**

Why should international students join the organization?

국제 학생들은 왜 이 단체에 가입해야 하는가?

(a) to study in the library
(b) to plan their travel to Nepal
(c) to practice speaking English
(d) to make money selling food and drinks

(a) 도서관에서 공부하기 위해
(b) 그들의 Nepal 여행 계획을 세우기 위해
(c) 영어로 말하는 연습을 위해
(d) 음식과 음료를 팔아 돈을 벌기 위해

[정답] (c) to practice speaking English
[해설] 이번 모임은 국제 학생들에게 영어를 연습할 좋은 기회라고 했으므로 (c) to practice speaking English가 정답이다.

| 단어 및 관용어구 |

- practice 연습
- sell 팔다

**4.**

Who is invited to attend the meeting?

누가 모임에 참석하도록 초대되었는가?

(a) students of English
(b) only international students
(c) librarians
(d) all students

(a) 영어를 공부하는 학생
(b) 외국 학생들만
(c) 사서
(d) 모든 학생들

[정답] (d) all students
[해설] 모든 학생들의 참석을 환영한다고 했기 때문에 (d) all students가 정답이다.

| 단어 및 관용어구 |

- international 국제적인
- librarian 사서

**5.**

In the context of the passage, **planned** means _____.

글의 문맥 상, planned(계획된)은 _____ 을 의미한다.

(a) arranged
(b) mapped
(c) drawn
(d) finished

(a) 예정된
(b) 설계된
(c) 그려진
(d) 종결된

[정답] (a) arranged

[해설] 해당 문장은 '올해 계획된 활동에 대한 토론이 있을 것입니다' 라고 해석되므로 문맥상 arranged(예정된)가 들어가야 한다. 따라서 (a) arranged가 정답이다.

---

**Part 2.** 다음의 공지사항을 읽고 질문에 답하십시오. 밑줄 친 단어는 어휘 문제를 위한 것입니다.

[1~5]

### BUS RULES

1) Riders of the local bus from San Diego State University to Fashion Valley should be aware of some facts. 2) Bus Number 81 runs between the campus and the shopping center from 7 a.m. until 11 p.m. When riding the bus, 3) passengers should carry the exact fare, which is $1.00 for the regular bus, and $1.25 for the 5) **express** bus. 4) The passengers should also be aware that smoking, eating and drinking are not allowed on the bus. Standing on the bus is also prohibited. Our goal is to give the best service to all those who ride the bus.

[해석]

### 버스 규칙

1) San Diego 주립대에서 Fashion Valley까지 지역버스를 탑승하는 분들은 다음 사실을 유념하시기 바랍니다. 2) 81번 버스는 오전 7시부터 오후 11시 사이, 캠퍼스와 쇼핑센터를 왕복합니다. 버스를 타실 때, 승객들은 정확한 요금을 내야 하는데, 3) 일반 버스는 1달러, 5) **고속** 버스는 1.25달러입니다. 4) 승객들은 또한 버스 내 흡연 및 먹거나 마시는 것이 금지됨을 인지하십시오. 버스에서 서 있는 것도 금지됩니다. 저희 회사의 목표는 버스를 타는 모든 분들께 최상의 서비스를 제공하는 것입니다.

### Vocabulary

- rider 승객, 탑승객
- regular 일반, 규칙적인
- prohibited 금지된
- local 지역, 지방
- aware 인지하는
- goal 목표
- passenger 승객
- allowed 허가된

## 1.

What is the bus route?

이 버스의 코스는?

(a) between San Francisco State University and Fashion Valley
(b) between two local university campuses
(c) between San Diego State University and Fashion Valley
(d) between several scenic mountains and valleys

(a) San Francisco 주립대와 Fashion Valley
(b) 두 지역 대학 캠퍼스
(c) San Diego 주립대와 Fashion Valley
(d) 여러 경치 좋은 산과 마을들

[정답] (c) between San Diego State University and Fashion Valley

[해설] 첫 번째 문장에서 San Diego 주립대부터 Fashion Valley까지 운행한다고 했으므로 (c) between San Diego State University and Fashion Valley가 정답이다.

| 단어 및 관용어구 |
- valley 계곡, 골짜기
- several 몇의, 각각의
- scenic 경치가 좋은

## 2.

What is Fashion Valley?

Fashion Valley는 무엇인가?

(a) a shopping center
(b) a campus
(c) a bus name
(d) a pretty view

(a) 쇼핑센터
(b) 캠퍼스
(c) 버스이름
(d) 예쁜 풍경

[정답] (a) a shopping center

[해설] 버스가 San Diego 주립대부터 Fashion Valley까지 운행하며, 부연 설명으로 캠퍼스와 쇼핑센터를 왕복한다고 기재되어 있다. Fashion Valley는 쇼핑센터를 의미한다는 것을 알 수 있다. 따라서 (a) a shopping center가 정답이다.

## 3.

How much money should a passenger carry to take the regular bus?

일반버스 승객은 얼마를 가지고 있어야 하는가?

(a) $ 1.25
(b) $ 1.50
(c) $ 1.00
(d) less than $ 1.00

(a) 1달러 25센트
(b) 1달러 50센트
(c) 1달러
(d) 1달러 미만

[정답] (c) $ 1.00

[해설] 일반버스의 승객은 요금이 1달러라고 기재되어 있으므로 (c) $ 1.00가 정답이다.

| 단어 및 관용어구 |
- less than ~보다 적은

## 4.

What activities are NOT allowed on the bus?

버스 내에서 허가되지 않은 것은?

(a) eating and drinking
(b) smoking and eating
(c) standing
(d) all of the above

(a) 먹거나 마시는 것
(b) 흡연과 먹는 것
(c) 서 있는 것
(d) 위의 모두

[정답] (d) all of the above

[해설] 승객들은 버스 내에서 흡연이나 먹고 마시는 것이 금지되며, 버스에서 서 있는 것도 금지된다고 안내하기 때문에 (d) all of the above가 정답이다.

| 단어 및 관용어구 |
- allowed 허가 받은, 허용된

**5.**

In the context of the passage, **express** means _____.

글의 문맥 상, express(고속)은 _____을 의미한다.

(a) show
(b) freight
(c) faster
(d) messenger

(a) 전시
(b) 운송
(c) 더 빠른
(d) 배달부

[정답] (c) faster

[해설] 해당 문장은 '고속 버스는 1.25달러입니다'라고 해석되므로 문맥상 faster(더 빠른)가 들어가야 한다. 따라서 (c) faster가 정답이다.

| 단어 및 관용어구 |
- freight 화물, 화물운송

---

**Part 3.** 다음의 사실에 기반한 설명을 읽고 질문에 답하십시오. 밑줄 친 단어는 어휘 문제를 위한 것입니다.

[1~5]

## MOUNTAIN LIONS

Last year in Southern California, two people who were hiking in the mountains were killed by mountain lions. Now the National Rifle Association is working to get a law passed that would allow people to hunt mountain lions. [4] However, the [5] **risk** of attack by a mountain lion is extremely small-about the same chance as being hit by lightning. [2] Wildlife experts who study mountain lions say that hunting mountain lions will not reduce attacks, but may increase them because animals injured by hunters are more likely to attack.

[3] Other animals are far more dangerous to humans. Each year, bees kill about 43 people, dogs kill 14, and rattlesnakes kill 10. But no one suggests a hunting season for bees and dogs!

**해석**

### 산 사자들

지난해 남부 California에서, 산에서 하이킹을 하고 있던 두 사람이 산 사자들에 의해서 죽음을 당했다. 현재 전국총기협회는 사람들이 산 사자를 사냥할 수 있도록 하는 법을 통과시키기 위해 노력하고 있다. [4] 하지만 산 사자에게 의한 공격을 당할 [5] **위험**은 극히 미미하다. 대략 벼락을 맞을 가능성과 동일하다. 산 사자를 연구하는 [2] 야생 생물 전문가들은 산 사자를 사냥하는 것은 공격을 감소시키지 못할 것이며, 오히려 사냥꾼들에 의해 부상을 당한 동물들은 공격할 가능성이 더 높기 때문에 공격을 증가시킬 것이라고 주장한다.

[3] 다른 동물들이 인간에게 훨씬 더 위험하다. 매년 벌은 43명의 사람을, 개는 14명을, 방울뱀은 10명을 죽인다. 그러나 어느 누구도 벌과 개를 사냥하는 시즌을 제안하지 않는다.

### Vocabulary

- the National Rifle Association 전국총기협회
- extremely 극도로
- lightning 번개, 번갯불
- the same ~ as ~ ~와 동등한
- suggest (아이디어·계획을) 제안(제의)하다, (사람·물건·방법 등을) 추천하다, 시사(암시)하다
- attack 공격, 공격하다
- about 대략
- chance 가능성(=probability)

## 1.

Who is likely to belong to the National Rifle Association?

누가 전국총기협회에 가입되어 있겠는가?

(a) people who do not believe in hunting
(b) people who were attacked by animals
(c) people who pass laws against guns
(d) people who own guns and like to hunt

(a) 사냥에 반대하는 사람
(b) 동물로부터 공격을 받은 사람
(c) 총기 금지법을 통과시킨 사람들
(d) 총기를 소지하고 사냥을 좋아하는 사람

[정답] (d) people who own guns and like to hunt

[해설] 전국총기협회에 가입된 사람들은 총을 가지고 동물을 사냥하는 사람이라고 추측할 수 있기 때문에 (d) people who own guns and like to hunt가 답이다.

| 단어 및 관용어구 |

• believe (무엇이나 누구의 말이 진실임을) 믿다, (무엇이 사실일 것으로·가능하다고) 생각하다[여기다], ~라는 의견을 갖다, ~라고 믿다
• belong to~ ~에 속하다

## 2.

According to wildlife experts, when are mountain lions more likely to attack?

야생생물 전문가에 따르면, 산 사자들은 언제 공격할 가능성이 더 높은가?

(a) when it is dark
(b) when they are injured
(c) when people are around
(d) when there is lightning

(a) 어두울 때
(b) 그들이 부상당했을 때
(c) 사람들이 주위에 있을 때
(d) 번개가 칠 때

[정답] (b) when they are injured

[해설] 야생 생물 전문가들은 산 사자를 사냥하는 것은 공격을 감소시키지 못할 것이며, 오히려 사냥꾼들에 의해 부상을 당한 동물들은 공격할 가능성이 더 높다고 나와있으므로 (b) when they are injured가 정답이다.

| 단어 및 관용어구 |

• according to~ : ~에 따르면

## 3.

According to the passage, which animal is most dangerous to humans?

문장에 따르면, 어느 동물이 사람에게 가장 위험한가?

(a) mountain lions
(b) bees
(c) rattlesnakes
(d) dogs

(a) 산 사자
(b) 벌
(c) 방울뱀
(d) 개

[정답] (b) bees

[해설] 마지막 단락을 보면, 다른 동물들이 인간에게 훨씬 더 위험하며 매년 벌은 43명의 사람을, 개는 14명을, 방울뱀은 10명을 죽인다고 나와있기 때문에 벌이 가장 사람에게 위험하다는 것을 알 수 있다. 따라서 (b) bees가 정답이다.

| 단어 및 관용어구 |

• dangerous 위험한

## 4.

What is the main idea of this passage?

이 글의 주제는 무엇인가?

(a) Mountain lions attack humans for food.
(b) Mountain lions should be reduced.
(c) Mountain lions are not as dangerous as people believe.
(d) Mountain lions really are friendly to humans.

(a) 산 사자는 먹이를 얻으려고 사람을 공격한다.
(b) 산 사자의 수는 감소되어야 한다.
(c) 산 사자는 사람들이 생각하는 것만큼 위험하지 않다.
(d) 산 사자는 사람들에게 우호적이다.

[정답] (c) Mountain lions are not as dangerous as people believe.

[해설] 산에서 하이킹을 하고 있던 두 사람이 산 사자들에 의해서 죽음을 당했으나 산 사자에게 의한 공격을 당할 위험은 벼락 맞을 가능성과 동일한 확률로 극히 적다고 나와있기 때문에 크게 위험하지 않다는 사실을 추측할 수 있다. 따라서 (c) Mountain lions are not as dangerous as people believe가 정답이다.

| 단어 및 관용어구 |

• attack 공격하다
• reduced 줄인, 축소한, 감소한; 할인한, 영락한, 몰락한; 쇠약한

**5.**

In the context of the passage, **risk** means _____.

글의 문맥 상, risk(위험)는 _____을 의미한다.

(a) accident
(b) luck
(c) success
(d) danger

(a) 사고
(b) 행운
(c) 성공
(d) 위험

[정답] (d) danger
[해설] 해당 문장은 '산 사자들에 의해 공격을 당할 위험은 극히 미미하다'라고 해석되므로 문맥상 danger(위험)가 들어가야 한다. 따라서 (d) danger가 정답이다.

---

**Part 3.** 다음의 사실에 기반한 설명을 읽고 질문에 답하십시오. 밑줄 친 단어는 어휘 문제를 위한 것입니다.

**[1~5]**

### ORANGES

1) The end of February marks the best part of the season for navel oranges. A navel orange gets sweeter as it hangs longer on the tree. By the end of the season, it's as sweet as it can get. Local navel oranges are grown in North County, in Southern California, and are plentiful.

A 5) **multitude** of other citrus fruits are in season right now. 2) The blood orange, with its red flesh and mild flavor, will be at its best for the next few weeks. 3) Locally grown Mineola tangerines, a cross between a grapefruit and a tangerine, are also becoming available now. The fruit is seedless, fairly sweet, and easy to peel. 4) Limas, also known as sweet limes, are in season as well. The fruit tastes like an orange, but looks like a lemon.

**해석**

### 오렌지

1) 2월 말 무렵은 네이블 오렌지가 제 맛을 내는 최고의 시기이다. 네이블 오렌지는 나무에 오래 매달려 있을수록 더 달다. 그 시즌의 끝 무렵에 가장 달다. 이 지역의 네이블 오렌지는 California 남부지방인 North County에서 재배되며, 풍부하다.

다른 5) **많은** 밀감류들은 바로 지금 제철이다. 2) 자줏빛 과육과 부드러운 맛을 지닌 붉은 오렌지는 다음 몇 주 동안에 최고의 맛을 낼 것이다. 3) 자몽과 감귤의 교배종으로서, 지역에서 재배된 미넬로아 감귤 또한 지금 맛볼 수 있다. 그 과일은 씨가 없고 꽤 달고, 껍질을 벗기기가 쉽다. 4) 라임으로 알려진 니마 오렌지도 또한 제철이다. 그 과일은 오렌지 같은 맛이 나지만, 레몬처럼 생겼다.

**Vocabulary**

- marks the best part of the season for ~의 최적기
- plentiful 풍부한(abundant)
- purple 자주 빛의
- available 이용할 수 있는

- as~as one can 가능한 ~하게
- multitude 다수
- flesh 과육

## 1.
When are navel oranges the least sweet?

네이블 오렌지는 언제 가장 맛이 없는가?

(a) in the best part of the year
(b) at the end of February
(c) at the end of the season
(d) at the start of the season

(a) 일년의 가장 좋은 때
(b) 2월말
(c) 시즌의 끝 무렵
(d) 시즌의 시작 무렵

[정답] (d) at the start of the season

[해설] 네이블 오렌지는 나무에 오래 매달려 있을수록 더 달며, 그 시즌의 끝 무렵에 가장 달다고 설명하고 있으므로 시즌의 시작 무렵에 가장 맛이 없음을 추측할 수 있다. 따라서 (d) at the start of the season가 정답이다.

| 단어 및 관용어구 |
- least (크기, 양 정도 등이) 가장 적은(작은), 최소(의)

## 2.
Which citrus fruit has a red color inside?

어느 밀감의 속이 붉은색을 띄고 있는가?

(a) the navel orange
(b) the blood orange
(c) the tangerine
(d) the grapefruit

(a) 네이블 오렌지
(b) 적 오렌지
(c) 귤
(d) 자몽

[정답] (b) the blood orange

[해설] 자줏빛 과육과 부드러운 맛을 지닌 붉은 오렌지라는 설명이 있기 때문에 (b) the blood orange가 정답이다.

| 단어 및 관용어구 |
- citrus 감귤

## 3.
Which fruit is probably very convenient to eat?

어떤 과일이 먹기에 매우 간편할까?

(a) the lima bean
(b) the tangelo
(c) the Mineloa tangerine
(d) the orange

(a) 니마
(b) 감귤
(c) 미넬로아 감귤
(d) 오렌지

[정답] (c) the Mineloa tangerine

[해설] 감귤의 교배종으로서, 지역에서 재배된 미넬로아 감귤은 씨가 없고 꽤 달고, 껍질을 벗기기가 쉽다고 설명하므로 먹기 간편하다는 것을 추측할 수 있다. 따라서 (c) the Mineloa tangerine이 정답이다.

| 단어 및 관용어구 |
- probably 아마

## 4.
What is interesting about the lima?

니마에 대한 흥미로운 것은 무엇인가?

(a) It is like more than one citrus fruit.
(b) It has a taste like a lemon.
(c) It looks like a lime.
(d) It looks like an orange.

(a) 그것은 하나 이상의 감귤류 과일 같다.
(b) 레몬 맛이 난다.
(c) 라임처럼 생겼다.
(d) 오렌지처럼 보인다.

[정답] (a) It is like more than one citrus fruit.

[해설] 니마는 오렌지 같은 맛이 나지만, 레몬처럼 생겼다라고 설명하므로 하나 이상의 감귤류 과일 같다는 사실을 추측할 수 있다. 따라서 (a) It is like more than one citrus fruit가 정답이다.

| 단어 및 관용어구 |
- interesting (특별하거나 신나거나 특이해서) 재미있는, 흥미로운
- sour (맛이) 신, 시큼한

**5.**
In the context of this passage, **multitude** means
_____.

글의 문맥 상, multitude(많은)은 _____을 의미한다.

(a) crowd
(b) decrease
(c) period
(d) variety

(a) 군중
(b) 감소
(c) 기간
(d) 갖가지

[정답] (d) variety

[해설] 해당 문장은 '많은 밀감류들은 바로 지금이 제철이다'라고 해석되므로 문맥상 variety (다양함)가 들어가야 한다. 따라서 (d) variety가 정답이다.

---

**Part 3.** 다음의 사실에 기반한 설명을 읽고 질문에 답하십시오. 밑줄 친 단어는 어휘 문제를 위한 것입니다.

[1~5]

### WHALE WATCHING

1) Beginning in November, nearly all of the world's 23,000 gray whales have their summer feeding grounds in the Arctic Ocean and Bering Sea and swim south, down the Pacific Coast to Baja California. 3) Upon reaching the warm Mexican waters, the gray whales give birth and bond with their young before returning north.

2) Off the San Diego, California coastline, gray-whale watching begins after Christmas and peaks in mid-January. 4) When the whales begin their return trip around February, whale-watching boats must travel nine to 12 miles off the coast to see the parade of whale pods. Just 25 years ago, observers on the shore could count as many as 400 gray whales passing by in a single day. Today, to see 40 whales from the same place would be 5) **unusual**.

해석

### 고래 관찰

1) 11월을 시작으로, 전 세계 2만 3천여 마리의 회색 고래가 여름 서식지인 북극해와 Bering Sea를 떠나, 태평양 해안 아래 Baja California로 남하한다. 3) Mexican 난류에 도달하면 회색 고래들은 새끼를 출산하고 다시 북쪽으로 돌아가기 전에 어린 고래들과 유대를 다진다.

2) California 해안 San Diego 해안에서, 회색 고래는 크리스마스 직후 보이기 시작하여 1월 중순 그 피크를 이룬다. 4) 고래 떼가 2월경 되돌아 갈 때, 고래 관찰 보트는 해안선에서 9~12마일까지 나가야 고래들의 긴 퍼레이드를 볼 수 있다. 25년 전만 하더라도 관찰자들은 해안에서 하루에 약 400마리 이상의 회색 고래들을 헤아릴 수 있었다. 오늘날엔 같은 지역에서 40마리의 고래를 보는 것도 5) **드문** 일이다.

**Vocabulary**

- whale 고래
- bond 결속력을 다지다
- coastline 해안선
- the warm waters 난류
- observer 보는 사람, 목격자, (회의·수업 등의) 참관인, 관찰자, 관측자
- feed 음식물을 섭취하다
- reach ~에 이르다(닿다, 도달하다), (어떤 사람의 관심권 내에) 들어가다
- coastline 해안선
- pod (물개·고래 등의) 작은 떼

## 1.

Where do some gray whales spend the summer?

고래들은 여름을 어디에서 보내는가?

(a) in Baja California
(b) in San Diego, California
(c) in Mexican waters
(d) in the Bering Sea

(a) Baja California
(b) California의 San Diego
(c) Mexican 해
(d) Bering Sea

【정답】 (d) in the Bering Sea

【해설】 11월을 시작으로, 전 세계 2만 3천여 마리의 회색 고래가 여름 서식지인 북극해와 Bering Sea를 떠난다는 문장을 보아 여름에는 Bering Sea에서 보낸다는 것을 알 수 있다. 따라서 (d) in the Bering Sea가 정답이다.

| 단어 및 관용어구 |
- spend (돈을) 쓰다(들이다), (시간을) 보내다(들이다)


## 2.

When can the most whales be seen as they swim south?

대부분의 고래들이 언제 남하하는 것을 볼 수 있는가?

(a) in February
(b) in mid-January
(c) before Christmas
(d) in November

(a) 2월
(b) 1월 중순
(c) 크리스마스 이전
(d) 12월

【정답】 (b) in mid-January

【해설】 California 해안 San Diego 해안에서, 회색 고래는 크리스마스 직후 보이기 시작하여 1월 중순 그 피크를 이룬다는 문장을 보아 1월 중순에 남쪽으로 헤엄친다는 것을 알 수 있다. 따라서 (b) in mid-January가 정답이다.

| 단어 및 관용어구 |
- south 남쪽, 남부


## 3.

What important event happens when the female whales reach the warm waters?

엄마 고래가 난류를 찾는 중요한 목적은 무엇인가?

(a) they swim in circles
(b) they give birth
(c) they bond with blue whales
(d) they have a parade

(a) 둥글게 돌면서 수영하려고
(b) 출산하려고
(c) 초록 고래와 친해지려고
(d) 줄지어 가려고

【정답】 (b) they give birth

【해설】 Mexican 난류에 도달하면 회색 고래들은 새끼를 출산하고 다시 북쪽으로 돌아가기 전에 어린 고래들과 유대를 다진다고 설명되어 있으므로 (b) they give birth가 정답이다.

| 단어 및 관용어구 |
- birth 탄생, 출산, 출생
- bond with 유대감, 돈독함


## 4.

How are people best able to watch the gray whales today?

요즘 어떻게 하면 회색 고래를 가장 잘 볼 수 있는가?

(a) from a boat, close to the coast
(b) from a boat, miles off the coast
(c) from the shore, in early December
(d) from the shore, in whale pods

(a) 해안 가까이 보트에서
(b) 해안에서 수마일 떨어진 보트에서
(c) 12월 초, 해안
(d) 해안에서 고래 떼 속에서

【정답】 (b) from a boat, miles off the coast

【해설】 고래 떼가 2월경 되돌아 갈 때, 고래 관찰 보트는 해안선에서 9~12마일까지 나가야 고래들의 긴 퍼레이드를 볼 수 있다는 문장을 보아 (b) from a boat, miles off the coast가 정답이다.

| 단어 및 관용어구 |
- coast 해안
- shore (바다, 호수 따위의) 기슭, 해안(해변), 호숫가

**5.**

In the context of this passage, **unusual** means _____.

글의 문맥 상, unusual(특별한, 평범하지 않은)은 _____ 을 의미한다.

(a) natural
(b) practical
(c) common
(d) extraordinary

(a) 당연한
(b) 실용적인
(c) 일반적인
(d) 특별한

[정답] (d) extraordinary
[해설] 해당 문장은 '40마리의 고래를 보는 것도 드문 일이다'라고 해석되므로 문맥상 extraordinary(특별한)가 들어가야 한다. 따라서 (d) extraordinary가 정답이다.

---

**Part 3.** 다음의 사실에 기반한 설명을 읽고 질문에 답하십시오. 밑줄 친 단어는 어휘 문제를 위한 것입니다.

[1~5]

### THE SUBMARINE SANDWICH

1) Depending on where you go in the U.S., the submarine sandwich is called either a hero, a hoagie, grinder, poor-boy, bomber, rocker, torpedo, or the original "sub." And no one seems to agree on what ingredients need to be in a true sub, except perhaps 4) the signature submarine roll that looks like an under-water boat. Some stores call their sandwiches subs just because they are served on a sub roll. 2) In the finest sub shops, the ingredients are always freshly cut, and each sandwich is made to order.

The sub center of the 5) **universe** is Philadelphia-South Philly, to be exact. Sub experts also know that great subs can be found in Wilmington, Delaware, just a few miles south of Philadelphia. 3) A 12-foot-long Wilmington sub was once ordered by the U.S. House of Representatives in Washington, DC.

[해석]

### 서브마린 샌드위치

5) 미국 내 어디를 가느냐에 따라, 서브마린 샌드위치는 히어로, 호기, 그라인더, 푸어보이, 바머, 라커, 토피도우, 또는 원래의 '서브'라는 이름으로도 불린다. 그리고 4) 수중 보트처럼 보이는 시그니처 잠수함 롤을 제외하고는 어떤 재료가 진정한 서브에 있어야 하는지 아무도 동의하지 않는 것 같다. 어떤 가게에서는 서브 롤빵에 제공되기 때문에 그저 서브 샌드위치라고 부르기도 한다. 2) 정말 좋은 서브 가게에서는 재료를 항상 그때그때 썰어서 사용하고, 각 샌드위치는 주문한 대로 만들어준다.

5) **세계적으로** 서브의 본고장은 Philadelphia, 정확히 말하자면 South Philly이다. 서브 전문가들은 또한 굉장한 서브가 Philadelphia에서 남쪽으로 몇 마일 떨어진 Delaware주 Wilmington에 있다는 것을 알고 있다. 3) 한 번은 12피트 길이의 Wilmington, DC서브가 워싱턴의 미 하원으로부터 주문되기도 했다.

### Vocabulary

- submarine 잠수함, 해저의
- grinder 빻는 사람, 분쇄기
- rocker 흔들리는 것
- ingredient 성분, 재료
- roll 롤빵
- expert 전문가
- hoagie 샌드위치 이름
- bomber 샌드위치 이름, 폭파범
- torpedo 어뢰, 뇌관
- freshly 갓(막)~한
- universe 전세계, 우주
- U.S. House of Representatives 미 하원

## 1.

What is a submarine sandwich called in other parts of the country?

국내 다른 지역에서는 서브마린 샌드위치를 뭐라고 부르는가?

(a) Its name differs, depending on the area of the country.
(b) It's usually on a submarine or hamburger roll.
(c) It's called either a hoagie or poor boy in the south.
(d) Its name always includes the word, "sub."

(a) 그 이름은 지역에 따라 다르다.
(b) 대개 서브마린이나 햄버거 롤로 만든다.
(c) 남부에서는 호기 또는 푸어보이로 불린다.
(d) 그 이름은 항상 '서브'란 단어를 포함하고 있다.

**정답** (a) Its name differs, depending on the area of the country.

**해설** 미국 내 어딜 가느냐에 따라, 서브마린 샌드위치는 히어로, 호기, 그라인더, 푸어보이, 바머, 라커, 토피도우, 또는 원래의 '서브'라는 이름으로도 불린다는 설명을 통해 (a) It's name differs, depending on the area of the country가 정답이다.

**| 단어 및 관용어구 |**
- belong to~ ~에 속하다
- depending on ~에 따라
- include 포함하다, ~을 (~에) 포함시키다

## 2.

What are the ingredients of a submarine sandwich?

서브마린 샌드위치의 내용물은 무엇인가?

(a) lettuce, tomatoes, and meat
(b) roast beef, cheese, and onions
(c) whatever a person orders
(d) only freshly cut meats and Vegetables

(a) 양상추, 토마토, 고기
(b) 구운 소고기, 치즈, 양파
(c) 손님이 주문하는 것은 무엇이든지
(d) 신선한 고기와 야채

**정답** (c) whatever a person orders

**해설** 각 샌드위치는 주문한 대로 만들어준다는 설명을 통해 (c) whatever a person orders가 정답임을 알 수 있다.

**| 단어 및 관용어구 |**
- ingredient (특히 요리 등의) 재료, 성분

## 3.

Who ordered a 12-foot-long sub?

누가 12피트 길이의 서브를 주문했는가?

(a) the submarine passengers
(b) a hero
(c) South Philly
(d) the U.S. House of Representatives

(a) 서브마린 승객
(b) 영웅
(c) South Philly
(d) 미 하원

**정답** (d) the U.S. House of Representatives

**해설** 한 번은 12피트 길이의 Wilmington 서브가 워싱턴의 미 하원으로부터 주문되기도 했다는 설명을 보면 (d) the U.S. House of Representatives가 정답이다.

**| 단어 및 관용어구 |**
- passenger 승객
- House of Representatives (미국·호주의) 하원

## 4.

What did the name of the submarine sandwich probably come from?

서브마린 샌드위치라는 이름이 붙게 된 유래는?

(a) It is named after a branch of the military.
(b) It is an inferior food.
(c) It once was made in basements.
(d) It resembles a kind of ship.

(a) 그것은 군부대 명을 따라서 이름 지어졌다.
(b) 그것은 하층 음식이다.
(c) 그것은 한때 지하에서 만들어졌다.
(d) 그것은 일종의 배를 닮았다.

**정답** (d) It resembles a kind of ship.

**해설** submarine은 잠수함이라는 의미를 가지고 있다. 빵 모양이 잠수함과 모양이 비슷한 모양이기 때문에 서브마린이라는 이름의 유래가 붙게 되었으므로 (d) It resembles a kind of ship이 정답이다.

**| 단어 및 관용어구 |**
- military 군부대
- inferior (~보다) 못한(질 낮은, 열등한), 격식 하위(하급)의, 더 낮은(아래의)
- basement 지하
- resemble 닮다, 비슷(유사)하다

**5.**
In the context of this passage, **universe** means
_____.

글의 문맥 상, universe(세계)는 _____을 의미한다.

(a) air
(b) space
(c) world
(d) place

(a) 공기
(b) 공간
(c) 세계
(d) 장소

[정답] (c) world

[해설] 해당 문장은 '세계적으로 서브의 본고장은 ~~'이라고 해석되므로 문맥상 world(세계)가 들어가야 한다. 따라서 (c) word가 정답이다.

---

**Part 4.** 다음의 전기문을 읽고 질문에 답하십시오. 밑줄 친 단어는 어휘 문제를 위한 것입니다.

**[1~5]**

## ANTONIE VAN LEEUWENHOEK

[1] Antonie van Leeuwenhoek was a Dutch microscopist best known for being the first to [4] **observe** microorganisms like bacteria and protozoa. His findings disproved the theory of spontaneous generation that states living creatures can be produced from nonliving things.

Although he was not born to a rich family and received no formal education in the sciences, Leeuwenhoek was extremely curious. He had a skill at grinding lenses, which he used to create his microscopes. [2] Unlike compound microscopes that were more prevalent, Leeuwenhoek's only uses one lens mounted on a three- to four-inch brass plate.

He is known to have made over 500 microscopes, which he used to [5] **examine** and describe organisms. [3] He sent his findings to the Royal Society of London. These were published and among these were the first descriptions of bacteria ever recorded.

Through his observations, Leeuwenhoek proved that these low forms of life also bred and helped establish the fields of bacteriology and protozoology.

**해석**

### ANTONIE VAN LEEUWENHOEK

[1] ANTONIE VAN LEEUWENHOEK는 박테리아와 원생동물과 같은 미생물을 최초로 [4] **관찰**한 것으로 가장 잘 알려진 네덜란드의 현미경학자이다. 그의 발견은 생물체가 무생물에서 생성될 수 있다는 자발적 생성 이론을 반증했다.

비록 그는 부유한 가정에서 태어나지 않았고 과학에서 공식적인 교육을 받지 못했지만, Leeuwenhoek는 매우 호기심이 많았다. 그는 현미경을 만드는 데 사용하는 렌즈를 연마하는 기술을 가지고 있었다. [2] Leeuwenhoek는 더 보편적이었던 복합 현미경과는 달리 3~4인치 크기의 황동 판에장착된 하나의 렌즈 만을 사용한다.

그는 유기체를 [5] **조사**하고 묘사하기 위해 사용한 500개 이상의 현미경을 만든 것으로 알려져 있다. [3] 그는 자신의 연구 결과를 런던 왕립 학회에 보냈다. 이것들은 출판되었고 이 중 박테리아에 대한 최초의 기술들이었다.

그의 관찰을 통해, Leeuwenhoek는 이러한 낮은 형태의 생명체가 또한 번식하고 세균학과 원생생물학의 분야를 확립하는데 도움이 된다는 것을 증명했다.

## Vocabulary

- **microscopist** 현미경 사용(숙련)자
- **protozoa** 원생동물문
- **spontaneous generation** 자연 발생
- **organism** 유기체, 생물
- **observation** 관찰, 관측, 감시, 주시
- **establish** 설립하다, 수립하다, 확고히 하다
- **observe** ~을 보다, 관찰(관측, 주시)하다
- **disprove** 틀렸음을 입증하다
- **curious** 궁금한, 호기심이 많은, 별난
- **description** (~이 어떠한지에 대한) 서술, 기술, 묘사, 표현, 일부(어떤), 온갖 종류 등의
- **bred** (breed의 과거) 새끼를 낳다, 번식하다, 사육하다
- **bacteriology** 세균학
- **microorganisms** 미생물
- **theory** 이론, 학설, 의견
- **microscope** 현미경
- **protozoology** 원생동물학

### 1.
What is Antonie Van Leeuwenhoek most known for?

Antonie Van Leeuwenhoek는 무엇으로 가장 유명한가?

(a) inventing the microscope
(b) being the first to observe microorganisms
(c) founding a new branch of study
(d) proposing a scientific theory

(a) 현미경을 발명하다.
(b) 미생물을 최초로 관찰한 사람
(c) 새로운 연구분야의 설립
(d) 과학적 이론의 제안

[정답] (b) being the first to observe microorganisms

[해설] 첫 번째 문장을 보면 Antonie Van Leeuwenhoek는 박테리아와 원생동물과 같은 미생물을 최초로 관찰한 것으로 가장 잘 알려진 네덜란드의 현미경 학자라고 설명하기 때문에 (b) being the first to observe microorganisms가 정답이다.

| 단어 및 관용어구 |
- **microscope** 현미경
- **found** (조직·기관을 특히 돈을 대서) 설립하다, (도시나 국가를) 세우다, (~에) ~의 기반을 두다
- **propose** (계획·생각 등을) 제안(제의)하다, (~을 하려고) 작정(의도)하다

### 2.
How are Leeuwenhoek's microscopes different?

Leeuwenhoek의 현미경은 어떻게 다른가?

(a) They only have a single lens.
(b) He made them with three lenses.
(c) They are made out of brass.
(d) He made them extremely small.

(a) 그들은 오직 하나의 렌즈만 가지고 있다.
(b) 그는 그것들을 세 개의 렌즈로 만들었다.
(다) 황동으로 만든다.
(d) 그는 그것들을 극도로 작게 만들었다.

[정답] (a) They only have a single lens.

[해설] Leeuwenhoek는 더 보편적이었던 복합 현미경과는 달리 3~4인치 크기의 황동 판에 장착된 하나의 렌즈만을 사용했다고 설명하고 있으므로 (a) They only have a single lens가 정답이다.

| 단어 및 관용어구 |
- **brass** 놋쇠, 황동

### 3.
Why did Leeuwenhoek send his findings to the Royal Society of London?

Leeuwenhoek은 왜 그의 연구 결과를 런던 왕립 학회에 보냈는가?

(a) for verification
(b) to prove his theories
(c) for publication
(d) to ask for their help

(a) 확인을 위해
(b) 그의 이론을 증명하기 위해
(c) 출판하기 위해
(d) 도움을 요청하기 위해

[정답] (c) for publication

[해설] 그는 자신의 연구 결과를 런던 왕립 학회에 보낸 후 연구 결과가 출판되었다고 설명하고 있으므로 (c) for publication이 정답이다.

| 단어 및 관용어구 |
- **verification** 확인, 조회, 입증, 증명
- **theory** 이론, 학성, 의견
- **publication** 출판, 발행, 출판물

**4.**

In the context of the passage, **observe** means _____.

글의 문맥 상, observe(관찰하다)는 _____을 의미한다.

(a) follow
(b) remark
(c) watch
(d) celebrate

(a) 따르다
(b) 발언하다
(c) 관찰하다
(d) 축하하다

[정답] (c) watch

[해설] 해당 문장은 '미생물을 최초로 관찰한 것으로 가장 잘 알려진 ~~'이라고 해석되므로 문맥상 watch(관찰하다)가 들어가야 한다. 따라서 (c) watch가 정답이다.

**5.**

In the context of the passage, **examine** means _____.

글의 문맥 상, examine(조사하다)는 _____을 의미한다.

(a) test
(b) study
(c) question
(d) score

(a) 시험하다
(b) 연구하다
(c) 질문하다
(d) 득점하다

[정답] (b) study

[해설] 해당 문장은 '그는 유기체를 조사하고 묘사하기 위해 ~~'라고 해석되므로 문맥상 study(공부하다, 연구하다)가 들어가야 한다. 따라서 (b) study가 정답이다.

---

**Part 4.** 다음의 전기문을 읽고 질문에 답하십시오. 밑줄 친 단어는 어휘 문제를 위한 것입니다.

[1~5]

## HOWARD CARTER

1) Howard Carter was a British archaeologist who is best known for discovering the largely intact tomb of the Egyptian pharaoh, Tutankhamen. His discovery is one of the most important archaeological 4) **finds** of the century.

2) At age 17, Carter began by working as an artist for an archaeologist in Egypt. He made illustrations of archeological digs and was able to work in different sites including Thebes, Edfu, and Armana.

In 1907, he was hired by Lord Carnarvon, a rich English aristocrat, to dig at a location believed to be the location of Tutankhamen's tomb. And on February 16, 1923, Carter stepped into the innermost chamber of King Tut's sarcophagus.

3) The tomb was undisturbed for thousands of years covered by tons of rubble. It contained so many treasures that cataloging all of its content lasted until 1932 under his supervision. Carter spent the rest of his life 5) **finds** museums and giving talks about Egypt and Tutankhamen.

### 해석

**하워드 카터**

1) 하워드 카터는 이집트 파라오 투탕카멘의 거의 손상되지 않은 무덤을 발견한 것으로 가장 잘 알려진 영국의 고고학자였다. 그의 발견은 금세기 가장 중요한 고고학적 4) **발견** 중 하나이다.

2) 17살 때, 카터는 이집트의 고고학자로서 예술가로 일하기 시작했다. 그는 고고학적 발굴의 삽화를 만들었고 테베, 에드푸, 아르마나를 포함한 다른 지역에서 작업을 할 수 있었다.

1907년, 그는 투탕카멘의 무덤으로 추정되는 장소를 파내기 위해 영국의 부유한 귀족인 카나본 경으로부터 고용되었다. 그리고 1923년 2월 16일, 카터는 투탕카멘 왕의 석관에 들어갔다.

3) 그 무덤은 수천 년 동안 수 톤의 돌무더기로 덮여 있었다. 그것은 너무나 많은 보물들을 포함하고 있어서, 그의 감독하에 1932년까지 그것의 모든 내용을 목록화 했다. 카터는 박물관을 5) **둘러보고** 이집트와 투탕카멘에 대해 이야기를 나누며 그의 여생을 보냈다.

### Vocabulary

- archaeologist 고고학자
- illustration 삽화
- undisturbed 그 누구도 건드리지(손대지) 않은, 누구의 방해도 받지 않는, (마음이) 흔들리지 않는, 영향을 받지 않는
- rubble 돌무더기
- supervision 감독, 관리, 지시
- discovery 발견
- location 위치, 장소
- cataloging 목록 작성, 목록화

### 1.

What is Howard Carter most known for?

Howard Carter는 무엇으로 가장 유명한가?

(a) his skill in making illustrations
(b) his talks on Egyptian history
(c) his contributions to archeology
(d) his experience in different sites

(a) 그의 삽화 솜씨
(b) 이집트 역사에 관한 그의 강연
(c) 고고학에 대한 그의 공헌
(d) 다른 장소에서의 경험

**정답** (c) his contributions to archeology

**해설** Howard Carter는 이집트 파라오 투탕카멘의 거의 손상되지 않은 무덤을 발견한 것으로 가장 잘 알려진 영국의 고고학자였으며 그의 발견이 금세기 가장 중요한 발견 중 하나라는 문장을 통해 (c) his contributions to archeology가 정답임을 알 수 있다.

| 단어 및 관용어구 |

- illustration (책 등에 실린 각각의) 삽화
- history 역사
- contribution 기부금, 성금 (donation), (의료 보험·연금 등에 대한) 개인 분담금, 기여, 이바지; 원인 제공
- archeology 고고학
- experience 경험

### 2.

How did Carter first began working in Egypt?

Carter는 어떻게 이집트에서 처음 일하기 시작했는가?

(a) by working as an archaeologist
(b) by drawing historical sites
(c) by working for a rich Englishman
(d) by searching for an ancient tomb

(a) 고고학자로서 일함으로써
(b) 유적지를 그림으로써
(c) 영국 부자를 위해 일함으로써
(d) 고분을 찾음으로써

**정답** (b) by drawing historical sites

**해설** 17살 때, Carter는 예술가로 일하면서 고고학적 발굴의 삽화를 만들었다는 문장을 통해 (b) by drawing historical sites가 정답이다.

| 단어 및 관용어구 |

- archeologist 고고학자
- ancient tomb 고분

## 3.

Why probably did it take Carter nine years to catalog all the contents of the tomb?

왜 무덤의 모든 내용을 목록화 하는데 9년이 걸렸을까?

(a) because he was giving talks on Egyptology
(b) because there were many items
(c) because he was busy building a museum
(d) because the site was buried

(a) 그가 이집트 학에 대해 이야기하고 있었기 때문에
(b) 물건들이 많았기 때문에
(c) 그가 박물관을 짓느라 바빴기 때문에
(d) 현장이 매몰되었기 때문에

**[정답]** (b) because there were many items

**[해설]** 그 무덤은 수천 년 동안 수 톤의 돌무더기로 덮여 있었고, 많은 보물들이 묻혀 있었다는 내용이 포함되어 있으므로 물건들이 많아서 목록화 하는데 오래 걸렸다고 유추할 수 있다. 따라서 (b) because there were many items가 정답이다.

| 단어 및 관용어구 |

- museum 박물관
- buried 파묻힌

## 4.

In the context of the passage, **finds** means _____.

글의 문맥 상, find(찾음, 발견)은 _____을 의미한다.

(a) discoveries
(b) receptions
(c) considerations
(d) observations

(a) 발견
(b) 접수
(c) 고려 사항
(d) 관찰

**[정답]** (a) discoveries

**[해설]** 해당 문장은 '가장 중요한 고고학적 발견 중 하나이다'라고 해석되므로 문맥상 discovery(발견)이 들어가야 한다. 따라서 (a) discovery가 정답이다.

## 5.

In the context of the passage, **touring** means _____.

글의 문맥 상, touring(둘러보는)은 _____을 의미한다.

(a) traveling
(b) performing
(c) visiting
(d) enjoying

(a) 여행하는
(b) 수행하는
(c) 방문하는
(d) 즐기는

**[정답]** (c) visiting

**[해설]** 해당 문장은 'Carter는 박물관을 둘러보고'라고 해석되므로 문맥상 visiting(방문하는)이 들어가야 한다. 따라서 (c) visiting이 정답이다.

**Part 4.** 다음의 전기문을 읽고 질문에 답하십시오. 밑줄 친 단어는 어휘 문제를 위한 것입니다.

## [1~5]

### RUTH BADER GINSBURG

Joan Ruth Bader Ginsburg was an associate justice of the Supreme Court of the United States and was only the second woman to [4] **serve** on the Supreme Court. [1] She was known for her powerful dissenting statements on several key court rulings.

Ginsburg graduated first in her class at Columbia Law School in 1959; however, despite her excellent record, [2] she had difficulty finding a job as a lawyer because of her gender. After serving as a clerk, she landed teaching positions at Rutgers and Columbia, where she became the first female tenured professor.

In 1993, Ginsburg was appointed to the Supreme Court by President Bill Clinton. [3] As a justice, she was involved in several important rulings including *Bush v. Gore*, which decided the 2000 presidential election, and *Obergefell v. Hodges*, which legalized same-sex marriage in all 50 states.

She [5] **obtained** pop culture attention for her flaming dissents on court rulings and earned the nickname "The Notorious R.B.G."

### 해석

### 루스 베이더 긴즈버그

Joan Ruth Bader Ginsburg는 미국 연방대법원의 부 재판관으로 대법관을 [4] **역임한** 두 번째 여성이었다. [1] 그녀는 몇몇 주요 법원 판결에 대한 강력한 반대 진술로 유명했다.

Ginsburg는 1959년 컬럼비아 로스쿨에서 1등으로 졸업했지만, 뛰어난 성적에도 불구하고 [2] 성별 때문에 변호사로서의 직업을 구하는 데 어려움을 겪었다. 서기로 근무한 후, 그녀는 Rutgers와 Columbia에서 교직에 취임했고, 그곳에서 최초의 여성 종신 교수가 되었다.

1993년 Ginsburg는 Bill Clinton 대통령에 의해 대법원에 임명되었다. 판사로서, 그녀는 [3] 2000년 대선을 결정한 *Bush* 대 *Gore*, 50개 주 모두에서 동성 결혼을 합법화한 *Obergefell* 대 *Hodges* 등 몇 가지 중요한 판결에 관여했다.

그녀는 법원 판결에 대한 열렬한 반대 의견으로 대중문화적 매력을 얻었고 "악명 높은 R.B.G"라는 별명을 [5] **얻었다**.

### Vocabulary

- associate justice 연방 대법원 판사
- statement 성명, 진술, 서술
- appoint to ~에 임명하다
- legalize 합법화하다
- flaming 격렬한, 불같이 화가 난, 불타는, (짜증스러움을 강조하여) 지독한
- court 법정, 법원
- ruling 결정, 판결, 지배하는
- involved 관여하는, 관련된, 연루된
- same-sex marriage 동성 간 결혼
- dissenting 이의 있는, 반대 의견의
- despite ~에도 불구하고
- presidential election 대통령 선거
- attraction 끌림, 명소, 매력
- dissent 반대, 반대 의견

**1.**

What is Ruth Bader Ginsburg best known for?

Ruth Bader Ginsburg는 무엇으로 가장 잘 알려져 있는가?

(a) her strongly worded speeches
(b) being the first woman in the Supreme Court
(c) her time as a professor
(d) being the top in her class

(a) 그녀의 강렬한 연설
(b) 대법원의 첫 번째 여성이 되는 것
(c) 그녀의 교수 시절
(d) 반에서 일등이다.

【정답】 (a) her strongly worded speeches

【해설】 그녀는 몇몇 주요 법원 판결에 대한 강력한 반대 진술로 유명했다는 문장을 통해 (a) her strongly worded speeches가 정답임을 알 수 있다.

| 단어 및 관용어구 |
• professor 교수

**2.**

According to the article, what caused Ginsburg's difficulty in finding a job?

기사에 따르면, Ginsburg가 일자리를 찾는 데 어려움을 겪은 원인은 무엇인가?

(a) her credentials are overqualified
(b) her being a woman
(c) her lack of teaching experience
(d) her not being a lawyer yet

(a) 필요 이상의 자격을 갖춘 그녀의 자격 때문에
(b) 여자이기 때문에
(c) 그녀의 교수 경험이 부족하기 때문에
(d) 변호사로서의 그녀의 형편없는 경력 때문에

【정답】 (b) her being a woman

【해설】 뛰어난 성적에도 불구하고 성별 때문에 변호사로서의 직업을 구하는 데 어려움을 겪었다는 문장을 보아 (b) her being a woman이 정답임을 알 수 있다.

| 단어 및 관용어구 |
• credential 자격증을 수여하다
• overqualified 필요 이상의 자격(경력)을 갖춘
• experience 경험

**3.**

What is true about some of the cases in which Ginsburg was involved?

Ginsburg가 연루된 사건에 몇몇의 사건 대해 어느 것이 사실인가?

(a) The cases were assigned by the president.
(b) The cases hand international influence.
(c) The cases had a big impact on the country.
(d) The cases were pop culture interests.

(a) 그 사건들은 대통령이 승인했다.
(b) 그 사건들은 국제적인 영향을 미친다.
(c) 그 사건들은 국가에 큰 영향을 미쳤다.
(d) 그 사건들은 대중 문화의 관심사였다.

【정답】 (c) The cases had a big impact on the country.

【해설】 2000년 대선을 결정한 Bush 대 Gore, 50개 주 모두에서 동성 결혼을 합법화한 Obergefell 대 Hodges 등 몇 가지 중요한 판결에 관여했다는 문장을 통해 사건이 국가에 큰 영향을 끼쳤다는 사실을 알 수 있다. 따라서 (c) The cases had a big impact on the country가 정답이다.

| 단어 및 관용어구 |
• international 국제적인
• influence 영향
• impact 영향, 충격

**4.**

In the context of the passage, **serve** means _____.

글의 문맥 상, serve(수행하다, 역임하다)는 _____을 의미한다.

(a) assist
(b) work
(c) provide
(d) treat

(a) 보조하다
(b) 일하다
(c) 제공하다
(d) 치료하다

【정답】 (b) work

【해설】 해당 문장은 '대법관을 역임한 두 번째 여성이다'라고 해석되므로 문맥상 perform(수행하다)가 들어가야 한다. 따라서 (b) perform이 정답이다.

304

## 5.

In the context of the passage, **obtained** means _____.

위 문단의 맥락에서, obtained라는 단어는 _____을 의미한다.

(a) arrived
(b) increased
(c) added
(d) gained

(a) 도착했다
(b) 증가했다
(c) 더했다
(d) 얻었다

[정답] (d) gained

[해설] 해당 문장은 '열렬한 반대의견으로 대중 문화적 매력을 얻었고'라고 해석되므로 문맥상 gained(얻었다)가 들어가야 한다. 따라서 (d) gained가 정답이다.

---

**Part 4.** 다음의 전기문을 읽고 질문에 답하십시오. 밑줄 친 단어는 어휘 문제를 위한 것입니다.

### [1~5]

#### EFREN REYES

[1] Efren "Bata" Reyes is a Filipino professional pool player best known as "The Magician" for his ability to "hide" balls during games and hit shots from difficult angles. [2, 3] He is the first player in the history of the World Pool Billiard Association to win two championships in two different categories.

Reyes earned his moniker "Bata," which means "kid" in Filipino, from regulars in billiard halls where he used to hang out when he was young. He rose to popularity after beating international players in money tournaments and [4] **pocketing** large prizes.

Reyes is lauded by other pool players for his humility and sense of humor. This led to other non-billiards projects including a short stint in the movies in the Philippines.

He is considered by many as one of the [5] **top** pool players of all time. And in 2003, he became the first Asian to be inducted into the Billiard Congress of America's Hall of Fame.

#### 해석

#### EFEN REYES

[1] Efren "Bata" Reyes는 경기 중 공을 "숨기는" 능력과 어려운 각도에서 슛을 날리는 능력으로 "마법사"로 가장 잘 알려진 필리핀의 프로 당구 선수다. 그는 세계 당구 협회 역사상 두 개의 다른 부문에서 두 번의 우승을 차지한 첫 번째 선수다.

Reyes는 어렸을 때 다니던 당구장의 단골들로부터 필리핀어로 "꼬마"라는 뜻의 "Bata"라는 이름을 얻었다. [2, 3] 그는 머니 토너먼트에서 국제 선수들을 누르고 많은 상을 [4] **받은** 후 인기를 얻었다.

Reyes는 그의 겸손함과 유머감각으로 다른 당구 선수들로부터 칭찬을 받는다. 이것은 필리핀에서 짧은 영화 활동을 포함한 다른 비빌리더 프로젝트로 이어졌다.

그는 많은 사람들에 의해 역대 [5] **최고**의 풀 플레이어 중 한 명으로 존경받는다. 그리고 2003년에 그는 당구 대회 미국 명예의 전당에 소개된 최초의 아시아인이 되었다.

## Vocabulary

- **professional** (특히 많은 교육이 필요한 전문적인) 직업의, 전문적인, 전문직에 종사하는, 전문가의
- **pool player** 당구 선수
- **ability** (~을) 할 수 있음, 능력, 재능, 기량
- **World Pool Billiard Association** 세계 당구 협회
- **earn** (일을 하여) (돈을) 벌다, (이자·수익 등을) 올리다(받다), (그럴 만한 자격·자질이 되어서 무엇을) 얻다(받다)
- **Filipino** 필리핀 사람
- **popularity** 인기
- **international** 국제적인
- **humility** 겸손
- **stint** 일정 기간 동안의 일, 활동
- **induct** 취임시키다, 입대 시키다, (조직에) 가입시키다, (지식 분야로) 인도(소개)하다

---

### 1.

What is Efren Reyes best known for?

Efren Reyes는 무엇으로 가장 잘 알려져 있는가?

(a) his ability to perform trick shots
(b) his unique in-game moniker
(c) his multiple international championships
(d) his big prize winnings

(a) 트릭 샷을 해보이는 그의 능력
(b) 그의 독특한 게임 내 이름
(c) 그의 많은 국제 선수권 대회
(d) 그의 큰 상

[정답] (a) his ability to perform trick shots

[해설] 첫 번째 문장에서 Efren "Bata" Reyes는 경기 중 공을 숨기는 능력과 어려운 각도에서 슛을 날리는 능력으로 '마법사'로 가장 잘 알려진 필리핀의 프로 당구 선수라는 설명을 통해 (a) his ability to make trick shots가 정답임을 알 수 있다.

| 단어 및 관용어구 |

- **moniker** 이름
- **multiple** 많은, 다수의

### 2.

How did Reyes become popular?

Reyes는 어떻게 인기를 얻었는가?

(a) by hanging out in pool halls
(b) by winning tournaments
(c) by receiving the highest civilian distinction
(d) by winning a lot of money

(a) 당구장에서 어울리다가
(b) 대회에서 우승하여
(c) 가장 뛰어난 민간인으로 환영을 받음으로써
(d) 많은 돈을 벌어서

[정답] (b) by winning tournaments

[해설] 그는 큰 상금을 챙기는 머니 토너먼트에서 국제 선수들을 꺾은 후 인기를 얻었다는 설명을 통해 해외 대회에서 우승한 후 인기를 얻었음을 추측할 수 있다. 따라서 (b) by winning tournaments overseas가 정답이다.

| 단어 및 관용어구 |

- **overseas** 해외의, 외국의, 국외의
- **receiving** 받는, 환영의, 수신의, 받음
- **civilian** 민간인
- **distinction** (특히 비슷하거나 관련이 있는 것들 사이의 뚜렷한) 차이, 뛰어남, 탁월함, 특별함

## 3.

Which is true about Reyes's career as a billiards player?

Reyes의 당구 선수 경력에 관한 설명으로 옳은 것은?

(a) He is the only Asian in the Hall of fame.
(b) His achievements were unrecognized.
(c) He gained a reputation as a film star.
(d) He won a lot of money playing pool.

(a) 그는 명예의 전당에 오른 유일한 동양인이다.
(b) 그의 업적은 인정받지 못했다.
(c) 그는 영화배우로서 명성을 얻었다.
(d) 그는 당구를 쳐서 많은 돈을 땄다.

**[정답]** (d) He won a lot of money playing pool.

**[해설]** Reyes는 큰 상금을 챙기는 머니 토너먼트에서 국제 선수들을 꺾은 후 인기를 얻었다는 설명을 통해 당구로 많은 돈을 땄음을 알 수 있다. 따라서 (d) He won a lot of money playing pool이 정답이다.

**| 단어 및 관용어구 |**
- billiard 당구의
- fame 명성
- achievement 달성하다, 성취하다, (~을)해내다, 이루다
- reputation 평판, 명성

## 4.

In the context of the passage, **pocketing** means _____.

글의 문맥 상, pocketing(받다)는 _____을 의미한다.

(a) stealing
(b) losing
(c) taking
(d) hiding

(a) 도둑질
(b) 지다
(c) 획득
(d) 숨김

**[정답]** (c) taking

**[해설]** 해당 문장은 '국제 선수들을 누르고 많은 상을 받은 후'라고 해석되므로 문맥상 taking(받다)가 들어가야 한다. 따라서 (c) taking이 정답이다.

## 5.

In the context of the passage, **top** means _____.

글의 문맥 상, top(최고의)은 _____을 의미한다.

(a) highest
(b) greatest
(c) sharpest
(d) earliest

(a) 가장 높은
(b) 가장 최고의
(c) 가장 날카로운
(d) 가장 이른

**[정답]** (b) greatest

**[해설]** 해당 문장은 '역대 최고의 당구 선수 중 한 명으로 여겨진다'라고 해석되므로 문맥상 greatest(가장 최고의)가 들어가야 한다. 따라서 (b) greatest가 정답이다.

# 1회 모의고사 GRAMMAR | 정답과 해설 |

| 1 | 2 | 3 | 4 | 5 | 6 | 7 | 8 | 9 | 10 |
|---|---|---|---|---|---|---|---|---|----|
| (a) | (a) | (c) | (c) | (c) | (d) | (b) | (a) | (d) | (a) |
| 11 | 12 | 13 | 14 | 15 | 16 | 17 | 18 | 19 | 20 |
| (b) | (d) | (c) | (b) | (d) | (b) | (a) | (b) | (d) | (c) |

### 단순 현재시제

**1.**

Charles takes good care of his Aunt Sally. He _____ her very much.

(a) loves
(b) is loving
(c) loved
(d) has loved

**[정답]** (a) loves

**[해석]** Charles는 그의 고모 Sally를 소중히 여긴다. 그는 그녀를 매우 사랑한다.

**[해설]** Charles가 고모를 소중히 여기고 있는 시점과 사랑하는 마음이 모두 현재 시점이기 때문에 동사의 현재형을 사용해야 한다. 따라서 현재 시제 (a) loves가 정답이다.

| 단어 및 관용어구 |
- take care of ~을 돌보다, ~을 소중히 여기다, ~을 신경 쓰다

### There be 구문

**2.**

_____ too many passengers on the train, so we had no seats.

(a) There were
(b) There was
(c) They were
(d) There is

**[정답]** (a) There were

**[해석]** 기차에 사람이 너무나도 많아서, 우리는 좌석이 없었다.

**[해설]** 빈칸 뒤가 many passengers로 복수 명사이기 때문에 are나 were이 들어가야 한다. 또한 뒤에 과거 동사 had가 있으므로 과거 시제를 같이 사용해야 한다. 따라서 (a) There were이 정답이다.

| 단어 및 관용어구 |
- passenger 승객
- seat 좌석

### WH Questions

**3.**

Alice went to the store. _____ did she buy?

(a) Where
(b) When
(c) What
(d) Which

**[정답]** (c) What

**[해석]** Alice는 가게에 갔어요. 그녀가 무엇을 샀어요?

**[해설]** Alice가 가게에 갔다고 말하면서, '무엇'을 샀는지 묻는 것이 자연스럽다. 따라서 (c) What이 정답이다.

### 단순 미래시제

**4.**

Tom and John are meeting later, after school. They _____ basketball.

(a) were playing
(b) played
(c) will play
(d) had played

**[정답]** (c) will play

**[해석]** Tom과 John은 방과 후, 나중에 만날 것이다. 그들은 농구를 할 것이다.

**[해설]** later(나중에)는 미래를 의미하는 부사이다. 따라서 미래 시제 (c) will play가 정답이다.

| 단어 및 관용어구 |
- basketball 농구

### WH Questions

**5.**

The Andersons are taking a trip to Colorado. _____ will they travel?

(a) Who
(b) Which
(c) How
(d) What

**[정답]** (c) How

**[해석]** Anderson 가족은 Colorado로 여행을 가고 있다. 그들은 어떻게 여행을 할 것인가?

**[해설]** Anderson 가족이 여행을 가고 있다고 말하면서, '어떻게' 여행을 할 것인지 묻는 것이 자연스럽다. 따라서 (c) How가 정답이다.

### 단순 현재시제

**6.**

Marlene likes tennis very much. She _____ tennis three times a week.

(a) has played
(b) played
(c) is playing
(d) plays

**[정답]** (d) plays

**[해석]** Marlene은 테니스를 매우 좋아한다. 그녀는 일주일에 3번 테니스를 친다.

**[해설]** Marlene이 테니스를 좋아하는 시점과 일주일에 3번씩 테니스를 치는 시점 모두 현재 시점이기 때문에 동사의 현재형을 사용해야 한다. 따라서 현재 시제 (d) plays가 정답이다.

### 현재 진행

**7.**

My nephew's toy car is broken. He _____ right now.

(a) cried
(b) is crying
(c) will cry
(d) cries

**[정답]** (b) is crying

**[해석]** 조카의 장난감 차가 고장 났다. 그는 지금 울고 있다.

**[해설]** right now(지금)는 현재를 의미하는 부사이다. 또한 장난감 차가 고장 나서 조카가 울고 있다는 의미이므로 동사의 현재 진행형을 사용해야 한다. 따라서 현재 진행 시제 (b) is crying이 정답이다.

**| 단어 및 관용어구 |**
- nephew 조카
- break 깨지다, 고장 나다

### There be 구문

**8.**

_____ a good movie on TV last night.

(a) There was
(b) There is
(c) They were
(d) There were

**[정답]** (a) There was

**[해석]** 지난 밤 TV에 좋은 영화가 있었다.

**[해설]** 빈칸 뒤가 a good movie로 단수 명사이기 때문에 is나 was가 들어가야 한다. 또한 last night(지난 밤)은 과거를 의미하는 부사이므로 동사의 과거 시제를 사용해야 한다. 따라서 (a) There was가 정답이다.

### WH Questions

**9.**

Karl is trying to decide between cereal and eggs for breakfast. _____ is better for him?

(a) Who
(b) When
(c) How
(d) Which

**[정답]** (d) Which

**[해석]** Karl은 아침으로 시리얼과 달걀 중에서 하나를 결정하려고 노력하고 있다. 어떤 것이 그에게 더 좋은가?

**[해설]** Karl이 시리얼과 달걀 중에서 무엇을 선택할지 고민하고 있다고 말하면서, '어느 것'이 그에게 더 좋을 것인지 묻는 것이 자연스럽다. 따라서 (d) Which가 정답이다.

**| 단어 및 관용어구 |**
- decide 결정하다
- between A and B  A와 B 중에서, A와 B 사이에

**There be 구문**

## 10.
_____ large forests in this area two hundred years ago.
(a) There were
(b) They were
(c) It was
(d) There was

**[정답]** (a) There were
**[해석]** 200년 전 이 지역에는 큰 숲들이 있었다.
**[해설]** 빈칸 뒤가 forests로 복수 명사이기 때문에 are이나 were이 들어가야 한다. 또한 말하는 시점이 two hundred years ago(200년 전)로 과거이므로 동사의 과거 시제를 사용해야 한다. 따라서 (a) There were이 정답이다.

| 단어 및 관용어구 |
- forest 숲
- area 지역

**현재 진행**

## 11.
Jane is so tired after three hours of biking. She _____ at the moment.
(a) slept
(b) is sleeping
(c) sleeps
(d) has slept

**[정답]** (b) is sleeping
**[해석]** Jane은 자전거를 3시간이나 타고나니 너무 피곤하다. 그녀는 지금 자고 있다.
**[해설]** at the moment(바로 지금)는 현재를 의미하는 부사이다. 또한 자전거를 3시간 탄 후 매우 지쳐서 현재 자고 있다는 의미이므로 동사의 현재 진행형을 사용해야 한다. 따라서 현재 진행 시제 (b) is sleeping이 정답이다.

| 단어 및 관용어구 |
- tired 지친, 피곤한
- biking 자전거 타기
- at the moment 바로 지금, 현재

**단순 현재시제**

## 12.
Summers in Arizona are very hot. The temperature _____ 100°F many times each summer.
(a) reached
(b) is reached
(c) has reached
(d) reaches

**[정답]** (d) reaches
**[해석]** Arizona의 여름은 매우 덥다. 매 여름마다 온도가 여러 차례 화씨 100도가 넘는다.
**[해설]** Arizona의 여름이 덥다는 사실을 말하는 시점은 현재 시점이기 때문에 동사의 현재형을 사용해야 한다. 따라서 현재 시제 (d) reaches가 정답이다.

| 단어 및 관용어구 |
- temperature 온도, 기온
- °F 화씨온도

**현재 진행**

## 13.
It's a beautiful evening for the Smiths. They _____ barbecue in their garden right now.
(a) had
(b) will have
(c) are having
(d) were having

**[정답]** (c) are having
**[해석]** Smith 부부에게는 아름다운 저녁이다. 그들은 지금 정원에서 바비큐를 먹고 있다.
**[해설]** right now(지금)은 현재를 의미하는 부사이다. 또한 아름다운 저녁을 보내며 바비큐를 먹고 있는 중이라는 의미이므로 동사의 현재 진행형을 사용해야 한다. 따라서 현재 진행 시제 (c) are having이 정답이다.

| 단어 및 관용어구 |
- evening 저녁, 밤
- barbecue 바비큐
- garden 정원

**There be 구문**

## 14.
_____ a fire at my house yesterday.
(a) It was
(b) There was
(c) There were
(d) They were

**정답** (b) There was

**해석** 어제 우리 집에 불이 났다.

**해설** 빈칸 뒤가 a fire로 단수 명사이기 때문에 is나 was가 들어가야 한다. 또한 yesterday (어제)는 과거를 의미하는 부사이므로 동사의 과거 시제를 사용해야 한다. 따라서 (b) There was가 정답이다.

### WH Questions → How many / How much

**15.**

Julie and Martha have to go to Chicago. _____ will the tickets cost?
(a) How far
(b) How many
(c) How often
(d) How much

**정답** (d) How much

**해석** Julie와 Martha는 Chicago에 가야해요. 표 값이 얼마나 들까요?

**해설** How many + 가산 명사(셀 수 있는 명사), How much + 불가산명사 (셀 수 없는 명사)를 구분하는 문제이다. cost(비용이 들다) 동사는 돈을 의미하며, 돈은 셀 수 없는 명사이다. 따라서 셀 수 없는 명사(비용)가 얼마일지를 묻는 (d) How much가 정답이다.

| 단어 및 관용어구 |
- cost (값, 비용이) 들다

### 단순 현재시제

**16.**

Owls are rarely seen flying in the daytime. They _____ to hunt at night.
(a) preferred
(b) prefer
(c) have preferred
(d) are preferring

**정답** (b) prefer

**해석** 낮에는 부엉이가 날아다니는 것이 거의 보이지 않는다. 그들은 밤에 사냥하는 것을 선호한다.

**해설** 부엉이가 낮에는 활동하지 않고 밤에 주로 사냥한다고 말하는 시점은 현재 시점이기 때문에 동사의 현재형을 사용해야 한다. 따라서 현재 시제 (b) prefer이 정답이다.

| 단어 및 관용어구 |
- owl 부엉이
- rarely 거의 ~ 하지 않다
- daytime 낮 시간, 주간
- prefer (다른 것보다) …을 더 좋아하다, 선호하다
- hunt 사냥하다

### There be 구문

**17.**

We went to the Plaza Theater last night. _____ a play by William Ing.
(a) There was
(b) There were
(c) They were
(d) It was

**정답** (a) There was

**해석** 우리는 지난 밤에 Plaza Theater에 갔었다. William Ing.가 공연하는 연극이 있었다.

**해설** 빈칸 뒤가 a play로 단수 명사이기 때문에 is나 was가 들어가야 한다. 또한 last night(지난 밤)은 과거를 의미하는 부사이므로 동사의 과거 시제를 사용해야 한다. 따라서 (b) There was가 정답이다.

| 단어 및 관용어구 |
- theater 극장
- play 연극

### 현재 진행

**18.**

Fred's mom said she would pick him up. He _____ for her outside right now.
(a) was waiting
(b) is waiting
(c) waited
(d) has waited

**정답** (b) is waiting

**해석** Fred의 엄마가 그를 데리러 가겠다고 말했다. 그는 지금 밖에서 그녀를 기다리고 있다.

**해설** right now(지금)는 현재를 의미하는 부사이다. 또한 지금 Fred가 어머니를 기다리고 있는 중이라는 의미이기 때문에 동사의 현재 진행형을 사용해야 한다. 따라서 현재 진행 시제 (b) is waiting이 정답이다.

| 단어 및 관용어구 |
- pick up 픽업하다, 데리러 가다
- wait 기다리다
- outside 밖, 바깥쪽, 외부

> 현재 진행

**19.**
Dahlia's class will have a bake sale tomorrow. She _____ chocolate chip cookies now.
(a) had made
(b) was making
(c) makes
(d) is making

[정답] (d) is making
[해석] Dahlia의 교실은 내일 빵 바자회를 할 것이다. 그녀는 지금 초콜릿 칩 쿠키를 만들고 있다.
[해설] now(지금)는 현재를 의미하는 부사이다. 또한 내일 있을 빵 바자회를 위해 현재 쿠키를 만들고 있는 중이라는 의미이기 때문에 동사의 현재 진행형을 사용해야 한다. 따라서 현재 진행 시제 (d) is making이 정답이다.

| 단어 및 관용어구 |
• bake sale 빵 바자회 (학교나 자선단체에서 기금을 모으기 위해 빵 등을 구워 파는 행사)

> WH Questions

**20.**
The robins fly south for the winter. _____ do they return?
(a) What
(b) How much
(c) When
(d) Which

[정답] (c) When
[해석] 울새들은 겨울을 위해 남쪽으로 날아간다. 그들은 언제 돌아올까?
[해설] 울새가 겨우살이를 위해 남쪽으로 날아간다고 말하면서, 울새들이 '언제' 돌아올지를 묻는 것이 자연스럽기 때문에 when이 들어가야 한다. 따라서 (c) When이 정답이다.

| 단어 및 관용어구 |
• robin 울새
• winter 겨울
• return 돌아오다, 되돌아오다

# 1회 모의고사 Listening | 정답과 해설 |

| 21 | 22 | 23 | 24 | 25 | 26 | 27 | 28 | 29 | 30 | 31 | 32 | 33 | 34 | 35 | 36 | 37 | 38 | 39 | 40 |
|---|---|---|---|---|---|---|---|---|---|---|---|---|---|---|---|---|---|---|---|
| (b) | (c) | (a) | (d) | (a) | (c) | (a) | (c) | (c) | (c) | (a) | (c) | (b) | (d) | (a) | (c) | (d) | (a) | (c) | (d) |

## PRACTICE TEST # 1

**Part 1.** 아래의 그림을 보십시오. 여러분은 각 그림에 대한 문제를 듣게 될 것입니다. 주어진 시간 내에 각각의 질문에 가장 적절한 응답을 고르십시오.

### 21.
Where is the pencil?

연필은 어디에 있는가?

(a) on the book
(b) near the book
(c) at the book
(d) under the book

(a) 책 위에
(b) 책 가까이에
(c) 책에
(d) 책 아래에

[정답] (b) near the book
[해설] 그림에서 연필은 책 가까이에 있기 때문에 가까운 위치를 나타내는 전치사 near이 포함된 (b) near the book이 정답이다.

| 단어 및 관용어구 |
- pencil 연필
- near 가까이에
- at ~에
- under 아래에, 속에

### 22.
How is the weather today?

오늘 날씨는 어떤가?

(a) It's nice.
(b) It's clear.
(c) It's stormy.
(d) It's sunny.

(a) 좋다.
(b) 맑다.
(c) 폭풍우가 친다.
(d) 화창하다.

[정답] (c) It's stormy.
[해설] 그림에서 날씨가 폭풍우가 치고 있으므로 (c) It's stormy가 정답이다.

| 단어 및 관용어구 |
- clear 맑은
- stormy 폭풍우가 치는

### 23.
What does the man like to do?

남자는 무엇을 하기를 좋아하는가?

(a) He likes to fish.
(b) He likes to hunt.
(c) He likes to study.
(d) He likes to hike.

(a) 그는 낚시를 좋아한다.
(b) 그는 사냥을 좋아한다.
(c) 그는 공부하는 것을 좋아한다.
(d) 그는 하이킹을 좋아한다.

[정답] (a) He likes to fish.
[해설] 그림에서 남자는 낚시를 하고 있기 때문에 (a) He likes to fish가 정답이다.

| 단어 및 관용어구 |
- fish 낚시하다
- hunt 사냥하다
- hike 하이킹(도보 여행)을 가다

## 24.

How many birds are in that tree?

그 나무에는 새가 몇 마리 있는가?

(a) There are seven birds in that tree.
(b) There are four birds in that tree.
(c) There are six birds in that tree.
(d) There are five birds in that tree.

(a) 저 나무에는 일곱 마리의 새가 있다.
(b) 저 나무에는 네 마리의 새가 있다.
(c) 저 나무에는 여섯 마리의 새가 있다.
(d) 저 나무에는 다섯 마리의 새가 있다.

[정답] (d) There are five birds in that tree.
[해설] 그림에서 나무에 새가 다섯 마리 있으므로 (d) There are five birds in that tree가 정답이다.

## 25.

When does the train arrive?

기차는 언제 도착하는가?

(a) It arrives at three forty.
(b) It arrives at three fourteen.
(c) It arrives at seven fifteen.
(d) It arrives at four minutes past three.

(a) 3시 40분
(b) 3시 14분
(c) 7시 15분
(d) 3시 04분

[정답] (a) It arrives at three forty.
[해설] 그림에서 기차가 도착하는 시각은 3시 40분이라고 나와 있으므로 (a) It arrives at three forty가 정답이다.

| 단어 및 관용어구 |
• arrive 도착하다

---

**Part 2.** 여러분은 5개의 진술이나 질문을 듣게 될 것입니다. 주어진 시간 내에 각각의 진술이나 질문에 가장 적절한 응답을 고르십시오.

---

## 26.

Who is George's friend?

George의 친구가 누구인가?

(a) He's at home now.
(b) He's a teacher.
(c) His name is Clark.
(d) He's five feet tall.

(a) 그는 지금 집에 있어요.
(b) 그는 선생님입니다.
(c) 그의 이름은 Clark예요.
(d) 그는 키가 5피트예요.

[정답] (c) His name is Clark.
[해설] George의 친구는 누구인지를 물었기 때문에 이름을 답하는 (c) His name is Clark가 정답이다.

| 단어 및 관용어구 |
• foot 길이의 단위 (복수형 – feet)

## 27.

Sara wakes up at 7 o'clock every morning. After that, she _____.

Sara는 매일 아침 7시에 일어난다. 그리고 나서 그녀는 _____.

(a) drinks coffee
(b) goes to bed
(c) has lunch
(d) goes home

(a) 커피를 마신다.
(b) 자러 간다.
(c) 점심을 먹는다.
(d) 집으로 간다.

[정답] (a) drinks coffee
[해설] Sara가 아침에 일어난 후에 취하는 행동을 골라야 하므로 아침에 할 수 있는 행동인 커피 마시기 (a) drinks coffee가 정답이다.

| 단어 및 관용어구 |
• wake up 일어나다
• lunch 점심

## 28.

Did you like the show?

그 쇼는 좋았어요?

(a) Yes, I was.
(b) Not yet.
(c) No, I didn't.
(d) No, I won't.

(a) 네, 그랬어요.
(b) 아직은 아니에요.
(c) 아니요, 그렇지 않았어요.
(d) 아니요, 그러지 않을 거예요.

[정답] (c) No, I didn't.
[해설] 쇼가 좋았는지 과거 시점(did)을 묻고 있기 때문에 과거 시제로 답을 해야 한다. 따라서 (c) No, I didn't가 정답이다.

| 단어 및 관용어구 |
• yet 아직

[Tip]
** won't = will + not

## 29.

How long has Bob been in the country?

Bob은 그 나라에 얼마나 오래 있었나요?

(a) He has never been there.
(b) He went by himself.
(c) He has been there for six months.
(d) He'll go next year.

(a) 그는 그곳에 간 적이 없다.
(b) 그는 혼자 갔다.
(c) 그는 그곳에 6개월 동안 있었다.
(d) 그는 내년에 갈 것이다.

[정답] (c) He has been there for six months.
[해설] How long은 얼마나 동안이라는 기간을 물을 때 사용된다. 따라서 6개월 동안 있었다고 답한 (c) He has been there for six months가 정답이다.

| 단어 및 관용어구 |
• country 나라
• by oneself 혼자서

## 30.

Will Mr. William be there also?

William씨도 그곳에 올 것인가요?

(a) No, he wasn't.
(b) Yes, he has.
(c) Yes, he will.
(d) Yes, it is.

(a) 아니요, 그는 안 왔어요.
(b) 네, 그는 그래요.
(c) 네, 그럴 거예요.
(d) 네, 그것은 그래요.

[정답] (c) Yes, he will
[해설] 그곳에 올 것인지 미래 시점(will)을 묻고 있기 때문에 미래 시제로 답을 해야 한다. 따라서 (c) Yes, he will이 정답이다.

**Part 3.** 여러분은 두 사람 사이의 대화를 듣게 될 것입니다. 먼저 여러분은 31번부터 35번까지 질문들을 듣게 될 것입니다. 그런 다음 대화를 듣게 될 것입니다. 주어진 시간 내에 각각의 질문에 가장 적절한 응답을 고르십시오.

**[31~35]**

F: Hello. Good morning. How can I assist you today?
M: Good morning to you, too. 31) I'm looking for some souvenirs 34) to take back to my country. Can you suggest some?
F: Sure. I'm happy to help. We have both T-shirts and small dishes with local designs on them.
M: Both seem nice. How much do they cost?
F: 32) T-shirts are 6 dollars and dishes are 5 dollars.
M: I'll take two T-shirts. 33) I'm afraid I can't buy the dishes as a gift because they may break during my trip.
F: 35) Would you like two free magnets as well?
M: Sure! That sounds great.
F: Okay. Is there anything else I can help you with?
M: No, that's all. Thank you.

**해석**

F: 안녕하세요. 좋은 아침입니다. 오늘은 무엇을 도와 드릴까요?
M: 안녕하세요. 34) 우리 나라로 돌아가는 데 가져갈 31) 기념품 몇 개를 찾고 있어요. 몇 가지 추천해 주실 수 있나요?
F: 물론이죠. 기꺼이 도와드리겠습니다. 지역의 디자인이 들어가 있는 티셔츠와 작은 접시들이 있습니다.
M: 둘 다 좋은 것 같아요. 가격은 얼마인가요?
F: 32) 티셔츠는 6달러, 접시는 5달러입니다.
M: 티셔츠 두 장 주세요. 33) 아무래도 여행 중에 깨질지도 모르기 때문에 선물용으로 접시를 살 수 없을 것 같아요.
F: 35) 무료 자석 두 개도 드릴까요?
M: 물론이죠! 그거 좋네요.
F: 알겠습니다. 제가 또 도와 드릴 일이 있을까요?
M: 아니요, 그게 다입니다. 감사합니다.

**Vocabulary**

- assist 돕다, 도움이 되다
- suggest 제안하다, 추천하다
- both 둘 다
- break 깨어지다, 부서지다
- ook for ~을 찾다
- dish 접시
- seem ~ 인 것 같다.
- magnet 자석
- souvenir 기념품
- local 지역의
- afraid 겁내는, 걱정하는, 염려하는
- as well 또한, 역시

**31.**
Where probably did the conversation happen?

대화가 어디에서 이루어졌는가?

(a) at a souvenir store
(b) at a bakery
(c) at a supermarket
(d) at a school

(a) 기념품 가게
(b) 빵집
(c) 슈퍼마켓
(d) 학교

**정답** (a) at a souvenir store
**해설** 대화 내용을 보면 기념품을 구매하려는 손님과 기념품을 추천해주는 직원의 대화이므로 기념품 가게임을 알 수 있다. 따라서 (a) at a souvenir store가 정답이다.

| 단어 및 관용어구 |
- souvenir 기념품
- bakery 빵집, 제과점

## 32.

Which of the two items costs more?

두 제품 중 어느 것이 더 비싼가?

(a) They cost the same.
(b) The dishes cost more.
(c) The T-shirts cost more.
(d) The T-shirts cost less.

(a) 가격이 똑같다.
(b) 접시가 더 비싸다.
(c) 티셔츠가 더 비싸다.
(d) 티셔츠가 더 저렴하다.

**정답** (c) The T-shirts cost more.

**해설** 대화에 등장하는 제품 2가지 중, 티셔츠는 6달러, 접시는 5달러라고 언급했으므로 티셔츠가 더 비싸다는 것을 알 수 있다. 따라서 (c) The T-shirts cost more가 정답이다.

| 단어 및 관용어구 |
- same 동일한, 같은
- less 더 적은

## 33.

Why did the tourist select the T-shirts?

왜 관광객은 티셔츠를 골랐는가?

(a) Dishes are heavy.
(b) Dishes break easily.
(c) Dishes are cheaper.
(d) Dishes are smaller.

(a) 접시가 더 무거워서
(b) 접시가 쉽게 깨져서
(c) 접시가 더 저렴해서
(d) 접시가 더 작아서

**정답** (b) Dishes break easily.

**해설** 관광객이 접시는 여행 중에 깨질지도 모르기 때문에 살 수 없을 것 같다고 이야기한 부분을 통해 (b) Dishes break easily가 정답임을 알 수 있다.

| 단어 및 관용어구 |
- select 고르다, 선택하다
- break 깨다, 부수다
- cheaper 더 저렴한, 값이 더 싼
 (cheap의 비교급)

## 34.

Where was the tourist from?

관광객은 어디에서 왔는가?

(a) another city
(b) Canada
(c) another state
(d) another country

(a) 다른 도시
(b) 캐나다
(c) 다른 주
(d) 다른 나라

**정답** (d) another country

**해설** 관광객이 자신의 나라로 돌아갈 때 가져갈 기념품을 찾고 있다고 이야기했으므로 다른 나라에서 왔다는 것을 추측할 수 있다. 따라서 (d) another country가 정답이다.

| 단어 및 관용어구 |
- state 주

## 35.

What items were given for free?

어떤 물건이 무료로 제공되었는가?

(a) magnets
(b) another T-shirt
(c) gift wrapping
(d) a greeting card

(a) 자석
(b) 다른 티셔츠
(c) 선물 포장
(d) 인사 카드

**정답** (a) magnets

**해설** 직원이 무료 자석 2개를 제공해줄지를 물어보는 부분을 통해 무료로 제공된 물건은 자석임을 알 수 있다. 따라서 (a) magnets가 정답이다.

| 단어 및 관용어구 |
- magnet 자석
- wrapping 포장
- greeting 인사, 안부

**Part 4.** 여러분은 누군가가 다른 사람에게 정보를 전달하는 전화 통화를 듣게 될 것입니다. 먼저 36번에서 40번까지 질문을 듣게 될 것입니다. 그런 다음 대화를 듣게 될 것입니다. 주어진 시간 내에 각각의 질문에 가장 적절한 응답을 고르십시오.

[36~40]

F: Hello. Thank you for calling Nelson Appliances. How can I help you today?
M: Um, hello. 36) The refrigerator that I bought was delivered today. It works perfectly except for the light on the upper shelf.
F: Was it damaged when it arrived?
M: No. It looks fine. 37) But when I plugged in the refrigerator, the top shelf didn't have a light on.
F: I see. 38) There may be some disconnected wires inside.
M: What should I do? Are you going to replace the refrigerator with a new one?
F: 39) First, I will send our electrician to fix the refrigerator as soon as possible. If the item cannot be fixed, only then will we send a replacement. Can I have your name and address please?
M: It's Mark Smith. My address is 18 Cedar Street. 40) Please send the electrician today because I want to use the refrigerator right away.
F: Sure. I will send the electrician immediately. Thank you.

**해석**

F: 안녕하세요. Nelson 가전제품에 전화해 주셔서 감사합니다. 오늘 어떻게 도와드릴까요?
M: 음, 안녕하세요. 36) 제가 샀던 냉장고가 오늘 배달되었는데요. 위쪽 선반에 있는 전등을 제외하고는 완벽하게 작동해요.
F: 그것이 도착했을 때 파손되었나요?
M: 아니요, 괜찮아 보여요. 37) 하지만 냉장고의 플러그를 꽂았을 때, 맨 위 선반에 불이 켜지지 않았어요.
F: 알겠습니다. 38) 내부에 끊어진 전선이 있을지도 모릅니다.
M: 어떻게 해야 하나요? 냉장고를 새 것으로 교체해 주실 건가요?
F: 39) 먼저 가능한 빨리 냉장고를 수리하도록 저희 측 전기 기술자를 보내드리겠습니다. 만약 그 물건을 고칠 수 없다면, 그때 저희가 대체품을 보내드리겠습니다. 성함과 주소를 말씀해 주시겠어요?
M: Mark Smith입니다. 제 주소는 Cedar 가 18번지입니다. 40) 냉장고를 바로 사용하고 싶으니 전기 기술자를 오늘 보내주세요.
F: 물론이죠. 전기 기술자를 즉시 보내 드리겠습니다. 감사합니다.

**Vocabulary**

- **appliance** 가전제품, (가정용)기기
- **perfectly** 완벽하게, 완벽히
- **upper** 위쪽의
- **arrive** 도착하다
- **wire** 전선
- **address** 주소
- **as soon as possible** 가급적 빨리, 가능한 빨리
- **right away** 지금 당장, 바로

- **refrigerator** 냉장고
- **except** ~을 제외하고
- **shelf** 선반
- **plug** 플러그를 꼽다
- **inside** 안의, 내부의
- **electrician** 전기 기사, 전기 기술자
- **immediately** 즉시

- **deliver** 배달하다, 전달하다
- **light** 빛, 불빛
- **damage** 피해, 손상
- **disconnect** 연결을 끊다
- **replace** 대신하다, 대체하다, 바꾸다
- **fix** 고치다, 수리하다
- **replacement** 대체, 대체품

## 36.

Why is the man calling Nelson Appliances?

왜 남자는 Nelson 가전제품에 전화를 걸었는가?

(a) to request a repairman
(b) to return his order
(c) to complain about his order
(d) to order a refrigerator

(a) 수리공을 요청하기 위해
(b) 그의 주문을 돌려보내기 위해
(c) 그의 주문에 대해 불평하기 위해
(d) 냉장고를 주문하기 위해

[정답] (c) to complain about his orde
[해설] 냉장고에 불이 작동하지 않는다는 부분을 통해 주문한 냉장고의 결함을 불평하기 위해 전화를 걸었음을 알 수 있다. 따라서 (c) to complain about his order가 정답이다.

| 단어 및 관용어구 |
- appliance (가전)기기, 가전제품
- request 요청하다, 요구하다
- repairman 수리공
- return 돌려보내다, 돌려주다
- complain 불평하다
- order 주문, 주문하다
- refrigerator 냉장고

## 37.

What is the problem with item he received?

그가 받은 제품에는 무슨 문제가 있는가?

(a) The item has scratches all over it.
(b) The item has not arrived yet.
(c) The item has missing parts.
(d) The item has a part that is not working.

(a) 제품 전체에 스크래치가 있다.
(b) 제품이 아직 도착하지 않았다.
(c) 제품에 누락된 부품이 있다.
(d) 제품에 작동하지 않는 부분이 있다.

[정답] (d) The item has a part that is not working.
[해설] 냉장고의 맨 위 선반에 불이 들어오지 않는다고 이야기하고 있으므로 작동하지 않는 부분이 있다는 의미의 (d) The item has a part that is not working이 정답이다.

| 단어 및 관용어구 |
- receive 받다, 수령하다
- scratch 긁다, 스크래치
- arrive 도착하다
- missing 없어진, 빠진, 누락된

## 38.

Based on the conversation, what most likely is the problem?

대화에 따르면, 문제가 될 가능성이 가장 높은 것은?

(a) The refrigerator's wiring is damaged.
(b) The refrigerator's light bulb is broken.
(c) The refrigerator's door is damaged.
(d) The refrigerator's light switch is broken.

(a) 냉장고의 배선이 파손되었다.
(b) 냉장고의 전구가 고장 났다.
(c) 냉장고의 문이 파손되었다.
(d) 냉장고의 불빛 스위치가 고장 났다.

[정답] (a) The refrigerator's wiring is damaged.
[해설] 대화에서 직원은 냉장고 위 선반의 불이 들어오지 않는 문제의 원인으로 내부 전선이 연결되지 않았을 지도 모른다고 이야기한다. 따라서 (a) The refrigerator's wiring is damaged가 정답임을 알 수 있다.

| 단어 및 관용어구 |
- wiring 배선
- shelf 선반
- light bulb 전구
- delivery 배송, 배달
- switch 스위치

## 39.

How is the woman planning to solve the issue?

여자는 어떻게 그 문제를 해결할 계획인가?

(a) by replacing the product right away
(b) by refunding the man's order
(c) by sending a repairman to fix the item
(d) by sending the man a gift card

(a) 제품을 당장 교체함으로써
(b) 남자의 주문을 환불함으로써
(c) 수리공을 보내서 제품을 수리함으로써
(d) 남자에게 상품권을 보내줌으로써

[정답] (c) by sending a repairman to fix the item
[해설] 직원이 즉시 전기 기술자를 보내 제품을 수리할 수 있도록 처리하겠다고 이야기하는 부분을 통해 (c) by sending a repairman to fix the item이 정답임을 알 수 있다. 수리가 되지 않을 경우에 제품을 교체해 주겠다고 이야기했으므로 (a)는 정답이 아니다.

| 단어 및 관용어구 |
- solve (문제를) 해결하다
- issue 문제
- replace 바꾸다, 대체하다
- right away 지금 당장, 바로
- refund 환불하다
- gift card 상품권

**40.**

Why does the man want the item to work immediately?

남자가 제품이 즉시 작동하기를 원하는 이유는 무엇인가?

(a) He is very impatient.
(b) He wants to sell it right away.
(c) He needs light at home.
(d) He is going to use it right away.

(a) 그가 성격이 매우 급해서
(b) 그가 그것을 당장 팔고 싶어서
(c) 집에 불빛이 필요해서
(d) 그것을 당장 사용할 것이라서

[정답] (d) He is going to use it right away.
[해설] 남자가 냉장고를 당장 사용하고 싶으니 오늘 전기 기술자를 보내 달라고 이야기하는 부분을 통해 (d) He is going to use it right away가 정답임을 알 수 있다.

| 단어 및 관용어구 |
- immediately 즉시, 당장
- impatient 짜증난, 성격이 급한

# 1회 모의고사 Reading and Vocabulary | 정답과 해설 |

| 41 | 42 | 43 | 44 | 45 | 46 | 47 | 48 | 49 | 50 | 51 | 52 | 53 | 54 | 55 | 56 | 57 | 58 | 59 | 60 |
|----|----|----|----|----|----|----|----|----|----|----|----|----|----|----|----|----|----|----|----|
| (c) | (b) | (d) | (b) | (a) | (b) | (d) | (a) | (d) | (c) | (c) | (a) | (b) | (a) | (b) | (d) | (b) | (c) | (b) | (a) |

**Part 1.** 다음의 지원서를 읽고 질문에 답하십시오. 밑줄 친 단어는 어휘 문제를 위한 것입니다.

[41~45]

### 42) Fort Bertkil Library
#### 41) BOOK LOVERS CLUB
#### 41) Application Form

Name: Annie Rivers   Contact Number: 269-213-3133
Age: 14   Grade: 8
42) Address: 3544 Garrett Street, Fort Bertkil, MI   School: St. Agnes High School

Do you 45) **have** a library card?
☐ Yes, Library Card No. _____
☑ No.

What kind of books do you like reading? You can check as many as applicable:

☐ Science fiction       ☐ Non-Fiction History        ☑ Non-Fiction Essays
☐ Action/Thriller       ☐ Non-Fiction Science        ☐ Self-Help Books
☐ Horror                ☑ Non-Fiction Autobiographies ☐ Comics/Graphic Novels
☐ Literature (poetry, drama, etc.)  43) ☑ Non-Fiction Travel Essays  ☐ Others

Why do you want to join the Book Lovers Club? Check as many as applicable:

☐ I would like to read more books.
☑ I would like to socialize with other readers.
☐ It is a school requirement.
☑ Others. Please specify: 44) My friends asked me to join.

_Annie Rivers_
Applicant's Signature

> **해석**

## 42) Fort Bertkil 도서관

### 41) 책을 사랑하는 사람들의 모임

#### 41) 신청서

이름: Annie Rivers    연락처: 269-213-3133
나이: 14               학년: 8
42) 주소: 3544 Garrett street, Fort Bertkil, MI    학교: St. Agnes 고등학교

도서관 카드를 45) **가지고** 있으신가요?
☐ 네. 도서관 카드 번호 _____
☑ 아니요

어떤 종류의 책을 읽는 것을 좋아하십니까? 해당하는 만큼 선택할 수 있습니다:
☐ 공상 과학          ☐ 실화 바탕 역사       ☑ 실화 바탕 에세이
☐ 액션/스릴러        ☐ 실화 바탕 과학       ☐ 자습서
☐ 공포              ☑ 실화 바탕 자서전     ☐ 만화/만화소설
☐ 문학(시, 드라마 등)  43) ☑ 실화 바탕 여행 에세이   ☐ 기타

왜 '책을 사랑하는 사람들의 모임'에 가입하기를 원하십니까? 해당하는 만큼 선택할 수 있습니다.
☐ 더 많은 책을 읽고 싶습니다.
☑ 다른 독자들과 교류하고 싶습니다.
☐ 학교의 요구사항입니다.
☑ 기타. 명시해주세요: 44) 제 친구가 가입할 것을 요청했습니다.

Annie Rivers
지원자 서명

### Vocabulary

- library 도서관
- science fiction 공상과학
- poetry 시
- self-help book 자습서
- specify (구체적으로) 명시하다
- application form 신청서
- thriller 스릴러
- non-fiction 실화, 실제 이야기
- graphic novels 만화소설
- applicable 해당하
- literature 문학
- autobiographies 자서전
- socialize 교류하다, 어울리다

## 41.

**Why is Annie Rivers filling up the form?**

왜 Annie Rivers는 양식을 작성했는가?

(a) She wants to borrow books.
(b) She wants to get a library card.
(c) She wants to join an organization.
(d) She wants to discover new books.

(a) 그녀는 책을 빌리고 싶어한다.
(b) 그녀는 도서관 카드를 얻고 싶어한다.
(c) 그녀는 모임에 가입하기를 원한다.
(d) 그녀는 새로운 책들을 찾고 싶어한다.

【정답】 (c) She wants to join an organization.
【해설】 본문의 제목을 보면 '책을 사랑하는 사람들의 모임'에 가입하기를 원하므로 (c) She wants to join an organization이 정답이다.

| 단어 및 관용어구 |
- fill up (양식을) 작성하다
- organization 모임
- discover 찾다, 발견하다

## 42.

Based on the form, where is the library located?

양식에 따르면, 도서관은 어디에 위치해 있는가?

(a) in Annie's school
(b) **in the town where Annie lives**
(c) on Garret Street
(d) in St. Agnes, MI

(a) Annie의 학교 안에
(b) Annie가 살고 있는 동네 안에
(c) Garret Street에
(d) St. Agnes, MI 안에

**[정답]** (b) in the town where Annie lives

**[해설]** Annie의 주소가 3544 Garrett street, Fort Bertkil, MI인데, 도서관 이름이 Fort Bertkil Library이므로 Annie가 살고 있는 동네 안에 도서관이 위치해 있음을 추측할 수 있다. 따라서 (b) in the town where Annie lives가 정답이다.

**| 단어 및 관용어구 |**
- locate 위치하다

## 43.

Based on the form, which book would Annie probably want to read?

양식에 따르면, Annie는 아마도 어떤 책을 읽고 싶어할까?

(a) an account of the Second World War
(b) a collection of love poems
(c) a novel with witches and wizards
(d) **a guide book to the Maldives**

(a) 제 2차 세계 대전에 관한 기사
(b) 사랑 시 모음집
(c) 마녀와 마법사가 등장하는 소설
(d) 몰디브 여행 안내서

**[정답]** (d) a guide book to the Maldives

**[해설]** 본문의 2번째 질문사항에서 좋아하는 책의 종류가 '실화 바탕 자서전', '실화 바탕 여행 에세이', '실화 바탕 에세이'이므로 몰디브 여행 안내서를 읽고 싶어할 것이라고 추측할 수 있다. 따라서 (d) a guide book to the Maldives가 정답이다.

**| 단어 및 관용어구 |**
- account 기사
- collection 모음집
- poem 시
- novel 소설
- witch 마녀
- wizard 마법사

## 44.

According to the form, who asked Annie to join the club?

양식에 따르면, 누가 Annie에게 클럽에 가입할 것을 요청했는가?

(a) her teacher
(b) **her friends**
(c) her parents
(d) her classmates

(a) 그녀의 선생님
(b) 그녀의 친구들
(c) 그녀의 부모님
(d) 그녀의 반 친구들

**[정답]** (b) her friends

**[해설]** 본문의 3번째 질문에서 친구들이 가입을 요청했으므로 (b) her friends가 정답임을 알 수 있다.

**| 단어 및 관용어구 |**
- classmate 반 친구

## 45.

In the context of the passage, **have** means _____.

글의 문맥 상, have(가지다)는 _____를 의미한다.

(a) **own**
(b) experience
(c) recommend
(d) certain

(a) 소유하다
(b) 경험하다
(c) 추천하다
(d) 확신하다

**[정답]** (a) own

**[해설]** 해당 문장은 '도서관 카드를 가지고 있으십니까?'라고 해석되므로 문맥상 own(소유하다)가 들어가야 한다. 따라서 (a) own이 정답이다.

**Part 2.** 다음의 공지사항을 읽고 질문에 답하십시오. 밑줄 친 단어는 어휘 문제를 위한 것입니다.

[46~50]

# PICNIC !! FUN !! GAMES !! FOOD !!
# PLENTY OF REFRESHMENTS !!

**WHO** : Everybody
**WHAT** : The annual Fourth of July office picnic
46) **WHERE** : Harlson Park
47) **WHEN** : Thursday, July 2nd, 10 a.m. to sundown

- Buses will run from the plant all day, or you can drive your car.
- All 50) **operations** are suspended for the day.
- This is a chance for us to relax and get to know our fellow worker, 49) all those who are making our company one of the most successful in the Northwest. 48) Bring the family, boyfriend, or girlfriend. There will be activities and games for everyone!

### 해석

## 야유회!! 재미!! 게임들!! 음식!!
## 많은 다과!!

대상: 모두
목적: 매년 7월 4일 회사 야유회
46) 장소: Harlson 공원
47) 일시: 7월 2일 목요일, 오전 10시부터 해질녘까지

- 버스는 공장에서 하루 종일 운행될 것이고, 자차를 이용해도 됩니다.
- 하루 동안 모든 50) **운영**이 중지됩니다.
- 이번 야유회는 우리가 긴장을 풀고 49) 서북부 지역에서 우리 회사를 가장 성공한 회사 중의 하나로 만든 모든 동료 직원들과 서로 알 수 있는 기회입니다. 48) 가족이나 남자친구, 여자친구를 데려오세요. 모두를 위한 여러 활동과 게임들이 있을 것입니다!

### Vocabulary

- plenty of 많은, 풍부한
- annual 연례의
- sundown 일몰, 해질녘
- operation 영업, 운영
- get to know 알게 되다
- activities 활동, 경기
- refreshment 다과
- office picnic 회사 야유회
- plant 1. 식물 2. 공장
- suspend 매다, 중지(정지)하다
- fellow worker (= colleague, co-worker) 직장 동료

## 46.

Where will the picnic be held?

야유회는 어디에서 열릴 예정인가?

(a) at the office
(b) in Harlson Park
(c) at the plant
(d) in Harrison Park

(a) 사무실에서
(b) Harlson 공원에서
(c) 공장에서
(d) Harrison 공원에서

[정답] (b) in Harlson Park

[해설] 본문의 'WHERE: Harlson Park'를 보아 (b) in Harlson Park가 정답임을 알 수 있다.

| 단어 및 관용어구 |

- held (회의, 행사 등을) 열다 (hold의 과거형)

## 47.

When will the picnic be held?

야유회는 언제 열릴 예정인가?

(a) on July 12th
(b) on July 10th
(c) on July 4th
(d) on July 2nd

(a) 7월 12일
(b) 7월 10일
(c) 7월 4일
(d) 7월 2일

[정답] (d) on July 2nd

[해설] 본문의 'WHEN: Thursday, July 2nd'를 보아 (d) on July 2nd가 정답임을 알 수 있다.

## 48.

Who can bring guests?

누가 손님들을 데려올 수 있는가?

(a) everyone
(b) only married employees
(c) only single employees
(d) no one

(a) 모든 직원
(b) 결혼한 직원
(c) 미혼인 직원
(d) 아무도

[정답] (a) everyone

[해설] 본문에서 'Bring the family, boyfriend, or girlfriend'라고 언급하며, 누군가를 제한하고 있지 않으므로 모든 사원에 해당함을 알 수 있다. 따라서 (a) everyone이 정답이다.

| 단어 및 관용어구 |

- bring 데려오다
- guest 손님
- marry 결혼하다
- employee 직원

## 49.

In what part of the United States does the company operate?

회사는 미국의 어느 지역에서 운영되고 있는가?

(a) in the southeast
(b) in the northeast
(c) in the southwest
(d) in the northwest

(a) 남동부
(b) 북동부
(c) 남서부
(d) 북서부

[정답] (d) in the northwest

[해설] 본문의 'company ~ in the Northwest'를 보아 회사가 북서부에 위치하고 있음을 알 수 있다. 따라서 (d) in the northwest가 정답이다.

| 단어 및 관용어구 |

- east 동쪽
- west 서쪽
- south 남쪽
- north 북쪽

**50.**

In the context of the passage, the word **operations** means _____.

글의 문맥 상, operation(영업, 운영)은 _____를 의미한다.

(a) procedures
(b) maneuvers
(c) business
(d) surgery

(a) 과정
(b) 대연습(군대의 기동 연습)
(c) 일, 업무
(d) 외과 수술

[정답] (c) business

[해설] 해당 문장은 "하루 동안 모든 운영이 중단됩니다" 해석되는데, 회사에서 운영이 중단되는 것은 업무가 중단되는 것이므로 business(일, 업무)와 같은 의미이다. 따라서 (c) business 가 정답이다.

---

**Part 3.** 다음의 사실에 기반한 설명을 읽고 질문에 답하십시오. 밑줄 친 단어는 어휘 문제를 위한 것입니다.

**[51~55]**

## Moon Landing

51) Apollo 11 took off from Cape Kennedy on July 16, 1969. Neil Armstrong, Edwin Aldrin, Jr., and Michael Collins were aboard. They were all veterans of spaceship flights in the Gemini program. Three days later the ship entered lunar orbit. The next day, July 20, Armstrong and Aldrin began their descent in the lunar lander which Collins circled the moon in the command module. As the lunar lander approached the surface of the moon, the communications equipment began to malfunction. The astronauts finally managed to 55) **link** to Earth through the radio of the command module. 52, 54) They landed on the moon on July 20, 1969, at 3:18 p.m. 53) Neil Armstrong was the first man 54) to walk on the moon, at 9:59 p.m. that evening.

**해석**

## 달 착륙

51) 아폴로 11호가 1969년 7월 16일에 Cape Kennedy에서 이륙했다. Neil Armstrong과 Edwin Aldrin Jr. 그리고 Michael Collins가 탑승했다. 그들은 모두 Gemini(미국의 2인승 우주선) 프로그램 때 우주선 비행을 경험한 베테랑이었다. 3일 후에 우주선은 달 궤도에 진입했다. 그 다음날인 7월 20일에 Armstrong과 Aldrin은 달 착륙선을 타고 내렸고, Collins는 사령선을 타고 달을 돌았다. 달 착륙선이 달 표면에 가까워지자 통신장비가 오작동하기 시작했다. 이 우주비행사들은 결국 가까스로 사령선의 라디오를 통해 지구와 55) **연결되었다**. 52, 54) 그들은 1969년 7월 20일 오후 3시 18분에 달에 착륙했다. 53) Neil Armstrong은 54) 그날 밤 9시 59분에 달에서 걸은 최초의 사람이었다.

### Vocabulary

- landing 착륙, 상륙
- cape 곶, 갑  ex) The cape of Good Hope 희망봉
- veteran 베테랑, 경험이 많은 자
- Gemini 미국의 2인승 우주선
- descent 내려가다, 하강하다
- command module (우주선의) 사령선  approach 접근하다
- communications equipment 교선 장비
- astronaut 우주비행사
- manage to ~ 가까스로 ~하다

- take off 이륙하다, 날아오르다
- be aboard 탑승하다
- spaceship 우주선
- lunar orbit 달 궤도
- the lunar lander 달 착륙선
- surface 표면
- malfunction 기능 장애   ** mal- : 부족한, 장애의 (접두사)
- finally 마침내
- link 연결하다

## 51.

Which was the first manned spaceship to land on the Moon?

우주비행사를 태우고 최초로 달에 착륙한 우주선은 어느 것인가?

(a) Mercury 10
(b) Gemini 11
(c) Apollo 11
(d) Ranger 12

(a) Mercury 10
(b) Gemini 11
(c) Apollo 11
(d) Ranger 12

**정답** (c) Apollo 11

**해설** 본문의 첫 문장에서 Neil Armstrong이 'Apollo 11'을 타고 달에 착륙했다고 나와있으므로 (c) Apollo 11이 정답이다.

**| 단어 및 관용어구 |**
- spaceship 우주선
- land 착륙하다, 상륙하다

## 52.

When did the men land on the Moon?

인간이 달에 착륙한 것은 언제였는가?

(a) July 20, 1969
(b) July 19, 1969
(c) July 17, 1969
(d) July 16, 1969

(a) 1969. 7. 20
(b) 1969. 7. 19
(c) 1969. 7. 17
(d) 1969. 7. 16

**정답** (a) July 20, 1969

**해설** 본문의 'They landed on the moon on July 20, 1969 ~'를 보아 (a) July 20, 1969가 정답임을 알 수 있다.

## 53.

Who was the first man to walk on the Moon?

달에서 최초로 걸은 사람은 누구인가?

(a) Edwin Aldrin, Jr.
(b) Neil Armstrong
(c) Michael Collins
(d) John Glenn

(a) Edwin Aldrin, Jr.
(b) Neil Armstrong
(c) Michael Collins
(d) John Glenn

**정답** (b) Neil Armstrong

**해설** 본문의 마지막 문장에서 'Neil Armstrong was the first man to walk ~'를 보아 (b) Neil Armstrong이 정답임을 알 수 있다.

## 54.

How long did the astronauts wait after landing before they walked on the moon?

우주 비행사들이 달에 착륙한 후 달 표면을 걷기 전까지 얼마나 기다렸는가?

(a) about six and a half hours
(b) nine hours
(c) twenty-four hours
(d) three days

(a) 약 6시간 30분
(b) 9시간
(c) 24시간
(d) 3일

**정답** (a) about six and a half hours

**해설** 본문의 '~ landed on July 20, 1969, at 3:18 pm'과 '~ walk on the moon at 9:59 pm'이므로 시간차를 계산하면 우주 비행사들이 기다린 시간이 약 6시간 30분임을 알 수 있다. 따라서 (a) about six and a half hours 가 정답이다.

**| 단어 및 관용어구 |**
- astronaut 우주비행사

**55.**

In the context of the passage, the word **link** means _____.

글의 문맥 상, link(연결하다, 접촉하다)는 _____를 의미한다.

(a) loop
(b) connect
(c) combine
(d) ring

(a) 고리로 걸다
(b) 연결하다
(c) 합치다
(d) 반지

[정답] (b) connect

[해설] 해당 문장은 '이 우주비행사들은 결국 가까스로 사령선의 라디오를 통해 지구와 연결되었다' 라고 해석되므로 문맥상 connect(연결하다)가 들어가야 한다. 따라서 (b) connect가 정답이다.

---

**Part 4.** 다음의 전기문을 읽고 질문에 답하십시오. 밑줄 친 단어는 어휘 문제를 위한 것입니다.

[56~60]

## ANITA RODDICK

Dame Anita Roddick was a British entrepreneur and environmental and human rights advocate. [56] She is best known as the founder of *The Body Shop*, a cosmetics company. She was also involved in organizations concerned with social issues like Greenpeace and the newspaper The Big Issue.

Roddick came from humble beginnings. Born to n immigrant Italian family in England, Roddick worked with her parents in [59] **running** a café. She was adventurous and this took her though different parts of Europe, Africa, and the South Pacific.

[57] While travelling, she became familiar with different third-world beauty and health practices. And in 1976, she founded *The Body Shop*. [58] Her company stands out from the competition as it tries to provide quality cosmetics while being environmentally responsible. It is one of the first businesses to ban the use of animal-tested ingredients, and to promote fair trade with third-world nations.

Roddick died in 2007 [60] **leaving** all her properties to charity.

### 해석

## Anita Roddick

Anita Roddick 여사는 영국의 기업가이자 환경 및 인권 옹호자였다. [56] 그녀는 화장품 회사인 *The Body Shop*의 설립자로 가장 잘 알려져 있다. 그녀는 또한 그린피스와 신문 The Big Issue와 같은 사회적 이슈와 관련된 단체에도 참여했다.

Roddick은 초라한 태생이었다. 영국의 이민자 이탈리아 가정에서 태어난 Roddick은 부모님과 함께 카페를 [59] **운영했다**. 그녀는 모험심이 강했고, 이것이 유럽, 아프리카, 남태평양의 다른 지역으로 그녀를 이끌었다.

[57] 여행하는 동안, 그녀는 또 다른 제3세계의 아름다움과 건강 습관에 익숙해졌다. 그리고 1976년, 그녀는 The Body Shop을 설립했다. [58] 그녀의 회사는 환경적인 책임을 지면서 질 좋은 화장품을 제공하려고 노력하기 때문에 경쟁에서 돋보인다. 이는 동물 실험 재료의 사용을 금지하고 제3세계 국가들과 공정한 거래를 촉진한 최초의 기업 중 하나이다.

Roddick은 2007년에 그녀의 모든 재산을 자선단체에 [60] **남겨두고** 죽었다.

## Vocabulary

- dame 여사, 부인
- environmental 환경적인
- advocate 옹호하다, 지지하다
- founder 설립자, 창립자
- be involved in ~에 개입되다, 참여하다
- concerned with ~에 관련 있는
- humble 겸손한, 변변치 않은, 초라한
- immigrant 이민자
- adventurous 모험심이 강한
- familiar 익숙한, 친숙한
- stand out 눈에 띄다, 두드러지다
- responsible 책임이 있는
- promote 홍보하다, 촉진하다
- nation 국가
- charity 자선 단체
- entrepreneur 사업가, 기업가
- right 옳은, 권리
- be known as ~로 알려져 있다
- cosmetic 화장품
- organization 조직, 단체
- come from ~의 출신이다
- beginning 시작
- run 운영하다
- pacific 태평양
- practice 연습, 관행
- competition 경쟁
- ingredient 재료, 구성 요소
- fair trade 공정 거래
- property 재산, 자산

## 56.

What is Anita Roddick known for?

Anita Roddick은 무엇으로 알려져 있는가?

(a) being an advocate for nature
(b) running her own publication
(c) organizing social activities
**(d) creating a line of beauty products**

(a) 자연에 대한 옹호
(b) 자신의 출판물 운영
(c) 사회적 활동 조직
**(d) 뷰티 제품군 창작**

[정답] (d) creating a line of beauty products
[해설] 본문의 'She is best known as the founder of a cosmetics company'를 보아 (d) creating a line of beauty product가 정답임을 알 수 있다.

| 단어 및 관용어구 |
- be known for ~로 알려져 있다
- advocate 옹호하다, 지지하다
- run 달리다, 운영하다
- publication 출판물
- organize 조직하다
- line (제품)군

## 57.

What most probably led Roddick's inclination to cosmetics and well-being?

Roddick의 뜻을 화장품과 웰빙으로 이끈 것은 무엇일 것인가?

(a) her experience with their family's business
**(b) her journeys in other countries**
(c) her background as an Italian immigrant
(d) her poor upbringing in England

(a) 가족의 사업에 대한 그녀의 경험
**(b) 다른 나라에서의 여행**
(c) 이탈리아 이민자로서의 그녀의 배경
(d) 영국에서의 형편없는 가정교육

[정답] (b) her journeys in other countries
[해설] 본문의 'While traveling, she became familiar with ~ beauty and health practices'를 보아 (b) her journeys in other countries가 정답임을 알 수 있다.

| 단어 및 관용어구 |
- inclination 성향, 의향(뜻)
- cosmetics 화장품
- journey 여행
- background 배경
- immigrant 이민자
- upbringing 양육, (가정)교육

## 58.

How is Roddick's cosmetics company different from others in the business?

Roddick의 화장품 회사는 다른 회사들과 어떻게 다른가?

(a) It treats poorer countries with equality.
(b) It doesn't support animal cruelty
(c) It promotes environment-friendly products.
(d) It regularly donates to charities.

(a) 가난한 나라를 평등하게 대한다.
(b) 동물 학대를 지지하지 않는다.
(c) 환경 친화적인 제품을 촉진한다.
(d) 정기적으로 자선단체에 기부한다.

**정답** (c) It promotes environment-friendly products.

**해설** 본문의 'Her company stands out ~ being environmentally responsible'에서 환경적인 책임을 지면서 질 좋은 제품을 제공하려고 노력하는 것이 다른 회사와의 경쟁에서 눈에 띄는 점이라고 언급하고 있으므로 환경 친화적인 제품을 촉진한다고 추측할 수 있다. 따라서 (c) It promotes environment-friendly products가 정답이다.

**| 단어 및 관용어구 |**
• treat 다루다, 대하다
• poor 가난한, 빈곤한
• equality 평등
• support 지지하다, 지원하다
• cruelty 학대
• promote 홍보하다, 촉진하다
• environment-friendly 환경 친화적인
• regularly 정기적으로
• donate 기부하다
• charity 자선단체

## 59.

In the context of the passage, the word **running** means _____.

글의 문맥 상, running(운영하는)은 _____ 를 의미한다.

(a) sprinting
(b) managing
(c) organizing
(d) flowing

(a) 질주하는
(b) 운영하는
(c) 정리하는
(d) 흐르는

**정답** (b) managing

**해설** 해당 문장은 'Roddick은 부모님과 함께 카페를 운영했다.'라고 해석되므로 문맥상 managing(관리하는, 운영하는)이 들어가야 한다. 따라서 (b) managing이 정답이다.

## 60.

In the context of the passage, the word **leaving** means _____.

글의 문맥 상, leaving(남겨두고)은 _____ 를 의미한다.

(a) transferring
(b) going
(c) causing
(d) entrusting

(a) (재산의 소유권을) 넘겨주고
(b) 가고
(c) 야기하고
(d) (일을) 맡기고

**정답** (a) transferring

**해설** 해당 문장은 'Roddick은 2007년에 그녀의 모든 재산을 자선단체에 남겨두고 죽었다.'라고 해석되므로 문맥상 transferring(넘겨주고)가 들어가야 한다. transfer는 '(장소를) 옮기다, 이동하다' 이외에도 '(재산의 소유권을) 넘겨주다'의 의미가 있으므로 (a) transferring이 정답이다.

**| 단어 및 관용어구 |**
• transfer (장소를) 옮기다, 이동하다
　　　　　(재산의 소유권을) 넘겨주다

# 2회 모의고사 GRAMMAR  | 정답과 해설 |

| 1 | 2 | 3 | 4 | 5 | 6 | 7 | 8 | 9 | 10 |
|---|---|---|---|---|---|---|---|---|---|
| (c) | (a) | (b) | (d) | (b) | (c) | (a) | (b) | (c) | (a) |
| 11 | 12 | 13 | 14 | 15 | 16 | 17 | 18 | 19 | 20 |
| (d) | (b) | (b) | (a) | (b) | (c) | (d) | (b) | (c) | (b) |

### 단순 미래시제

**1.**

"My tooth is aching. I _____ to the dentist tomorrow."
(a) went
(b) did go
(c) will go
(d) had gone

**정답** (c) will go

**해석** 내 이가 아프다. 나는 내일 치과에 갈 것이다.

**해설** tomorrow(내일)은 미래를 의미하는 부사이다. 따라서 미래 시제 (c) will go가 정답이다.

| 단어 및 관용어구 |
- aching 쑤시는, 아리는, 아픈
- dentist 치과 의사, 의사

### 현재 진행

**2.**

Johnny is in the bathroom now. He _____ his teeth.
(a) is brushing
(b) brushed
(c) was brushing
(d) will brush

**정답** (a) is brushing

**해석** Johnny는 지금 화장실에 있다. 그는 이를 닦고 있다.

**해설** now(지금)은 현재를 의미하는 부사이다. 또한 Johnny는 화장실에서 지금 이를 닦고 있다는 의미이기 때문에 동사의 현재 진행형을 사용해야 한다. 따라서 현재 진행 시제 (a) is brushing이 정답이다.

### WH Questions

**3.**

I am late for my meeting. _____ is the train leaving?
(a) What
(b) When
(c) How
(d) Where

**정답** (b) When

**해석** 나는 회의에 늦었습니다. 기차가 언제 출발하나요?

**해설** 회의에 늦었다고 말하면서, '언제' 기차가 출발하는지 시간을 묻는 것이 자연스럽기 때문에 When이 들어가야 한다. 따라서 (b) When이 정답이다.

| 단어 및 관용어구 |
- late 늦은
- meeting 모임, 회의, 만남
- leave 떠나다, 출발하다

### There be 구문

**4.**

Samantha is coloring her book on the table. _____ many crayons scattered around her.
(a) There was
(b) There were
(c) There is
(d) There are

**정답** (d) There are

**해석** Samantha는 탁자 위에서 그녀의 책에 색칠을 하고 있다. 그녀 주위에는 많은 크레파스들이 흩어져 있다.

**해설** 빈칸 뒤가 many crayons로 복수 명사이기 때문에 are나 were이 들어가야 한다. 또한 말하는 시점이 현재(is coming)이므로 동사의 현재 시제를 사용해야 한다. 따라서 (d) There are가 정답이다.

| 단어 및 관용어구 |
- scattered 흩어져 있는, 드문드문 있는 산재한, 산발적인
- around 주위에, 주변에

### 현재 진행

**5.**

My father is just arriving at the airport. Their plane _____ now.
(a) had landed
(b) is landing
(c) will land
(d) will have landed

**[정답]** (b) is landing

**[해석]** 아버지는 지금 막 공항에 도착하고 계신다. 그의 비행기는 지금 착륙하고 있다.

**[해설]** now(지금)는 현재를 의미하는 부사이다. 또한 아버지는 지금 막 공항에 도착하는 중이며, 비행기가 이제 착륙을 하고 있다는 의미이므로 동사의 현재 진행형을 사용해야 한다. 따라서 현재 진행 시제 (a) is landing이 정답이다.

**| 단어 및 관용어구 |**
- arrive 도착하다, 배달되다
- land 착륙하다, 내려앉다

### WH Questions

**6.**

"I need to go to the bank. Do you know _____ it closes?"
(a) how
(b) why
(c) when
(d) where

**[정답]** (c) when

**[해석]** 저는 은행에 가야 해요. 은행이 언제 닫는지 아시나요?

**[해설]** 은행에 가야 한다고 말하면서, 은행이 '언제' 닫는지를 묻는 것이 자연스럽기 때문에 when이 들어가야 한다. 따라서 (c) when이 정답이다.

### There be 구문

**7.**

We didn't watch the movie last night. _____ a long line in the theater.
(a) There was
(b) There is
(c) There will be
(d) There has been

**[정답]** (a) There was

**[해석]** 우리는 어젯밤에 그 영화를 보지 않았다. 극장에는 줄이 길게 있었다.

**[해설]** 빈칸 뒤가 a long line으로 단수 명사이기 때문에 is나 was가 들어가야 한다. 또한 말하는 시점이 last night(어젯밤)으로 과거이므로 동사의 과거 시제를 사용해야 한다. 따라서 (a) There was가 정답이다.

**| 단어 및 관용어구 |**
- theater 극장

### 단순 현재시제

**8.**

Christine studies often. She _____ to the library almost every day.
(a) go
(b) goes
(c) will go
(d) went

**[정답]** (b) goes

**[해석]** Christine은 자주 공부한다. 그녀는 거의 매일 도서관에 간다.

**[해설]** Christine이 공부하며 매일 도서관에 간다고 말하는 시점은 현재 시점이기 때문에 동사의 현재형을 사용해야 한다. 따라서 현재 시제 (b) goes가 정답이다.

**| 단어 및 관용어구 |**
- library 도서관
- almost 거의

### WH Questions

**9.**

"I want to go to Kelley's birthday party tomorrow. _____ time does it start?"
(a) Whose
(b) Why
(c) What
(d) Where

**[정답]** (c) What

**[해석]** 나는 내일 Kelley의 생일 파티에 가고 싶어. 그것은 몇 시에 시작하니?

**[해설]** Kelly의 생일파티가 '몇 시'에 시작하는지를 묻는 것이 자연스럽기 때문에 what이 들어가야 한다. 따라서 (c) what이 정답이다.

### 단순 과거시제

**10.**

Charlie was looking for his toy robot. He finally _____ it under the couch.

(a) found
(b) finds
(c) had found
(d) will find

- 정답  (a) found
- 해석  Charlie는 그의 장난감 로봇을 찾고 있었다. 그는 마침내 소파 밑에서 그것을 발견했다.
- 해설  Charlie가 장난감을 찾고 있었던 시점(was looking)은 장난감을 발견한 시점보다 과거의 일이다. 따라서 동사 found의 과거형인 (a) found가 정답이다.

| 단어 및 관용어구 |
- look for ~을 찾다
- under ~아래에
- couch 소파

### 단순 과거시제

**11.**

We saw many kids at the pool yesterday. They _____ mostly in the children's section.

(a) is
(b) was
(c) are
(d) were

- 정답  (d) were
- 해석  우리는 어제 수영장에서 많은 아이들을 보았다. 그들은 거의 어린이 구역 안에 있었다.
- 해설  어제(yesterday) 수영장에서 많은 아이들을 보았던 일을 설명하고 있으므로 동사의 과거형을 사용해야 한다. 따라서 be동사의 과거형인 was와 were 중 주어 they에 적절한 복수 동사 (d) were이 정답이다.

| 단어 및 관용어구 |
- pool 수영장
- mostly 거의, 대부분
- section 영역, 구역

### 현재 진행

**12.**

Some students have failed the exam. They _____ it again now.

(a) were taking
(b) are taking
(c) took
(d) had taken

- 정답  (b) are taking
- 해석  몇몇 학생들은 시험에 떨어졌다. 그들은 지금 다시 시험을 치르고 있다.
- 해설  now(지금)는 현재를 의미하는 부사이다. 또한 시험에 떨어졌던 학생들이 시험을 다시 보고 있는 중이라는 의미이므로 동사의 현재 진행형을 사용해야 한다. 따라서 현재 진행 시제 (b) are taking이 정답이다.

| 단어 및 관용어구 |
- fail 떨어지다, 낙제하다
- exam 시험

### There be 구문

**13.**

The musical's opening night was a hit. _____ many people at the show.

(a) There is
(b) There were
(c) There will be
(d) There was

- 정답  (b) There were
- 해석  그 뮤지컬의 개막 첫날 밤은 대성공이었다. 쇼에는 많은 사람들이 있었다.
- 해설  빈칸 뒤가 many people로 복수 명사이기 때문에 are이나 were이 들어가야 한다. 또한 말하는 시점이 was로 과거이므로 동사의 과거 시제를 사용해야 한다. 따라서 (b) There were이 정답이다.

### WH Questions

**14.**

Liza usually comes to school early. I wonder _____ she is late today."
(a) why
(b) when
(c) where
(d) what

**[정답]** (a) why

**[해석]** Liza는 보통 학교에 일찍 옵니다. 오늘은 그녀가 왜 늦었는지 궁금하네요.

**[해설]** Liza가 학교에 보통 일찍 오지만 오늘은 '왜' 늦었는지 궁금하다고 묻는 것이 자연스럽기 때문에 why가 들어가야 한다. 따라서 (a) why가 정답이다.

| 단어 및 관용어구 |
- usually 주로, 대게, 보통
- wonder 궁금하다, 궁금해지다

### 현재 진행

**15.**

Mother is not feeling so well today. She _____ on the sofa now.
(a) rested
(b) is resting
(c) rest
(d) will rest

**[정답]** (b) is resting

**[해석]** 어머니께서 오늘 몸이 좋지 않으세요. 그녀는 지금 소파에서 쉬고 있어요.

**[해설]** now(지금)는 현재를 의미하는 부사이다. 또한 지금 어머니가 몸이 안 좋으셔서 쉬고 있다는 의미이기 때문에 동사의 현재 진행형을 사용해야 한다. 따라서 현재 진행 시제 (b) is resting이 정답이다.

| 단어 및 관용어구 |
- rest 쉬다, 휴식을 취하다

### 단순 미래시제

**16.**

Melissa is so excited. Her family _____ on an out-of-town trip tomorrow.
(a) went
(b) goes
(c) will go
(d) has gone

**[정답]** (c) will go

**[해석]** Melissa는 매우 신이 나 있다. 그녀의 가족은 내일 도시 외곽으로 여행을 갈 것이다.

**[해설]** tomorrow(내일)는 미래를 의미하는 부사이다. 따라서 미래 시제 (c) will go가 정답이다.

| 단어 및 관용어구 |
- excited 신나는, 흥분한

### WH Questions → How many / How much

**17.**

Your new watch looks expensive. _____ did you pay for it?
(a) How many
(b) How often
(c) How far
(d) How much

**[정답]** (d) How much

**[해석]** 당신의 새로운 시계가 비싸 보이네요. 얼마 주고 사셨나요?

**[해설]** How many + 가산 명사(셀 수 있는 명사), How much + 불가산 명사 (셀 수 없는 명사)를 구분하는 문제이다. pay(지불하다) 동사는 돈을 의미하며, 돈은 셀 수 없는 명사이다. 따라서 셀 수 없는 명사(돈)가 얼마였는지를 묻는 (d) How much가 정답이다.

| 단어 및 관용어구 |
- expensive 값비싼
- pay 지불하다

### There be 구문

**18.**

The teachers are planning activities for the next semester. _____ a meeting in the faculty room.
(a) There are
(b) There is
(c) There was
(d) There were

**[정답]** (b) There is

**[해석]** 선생님들은 다음 학기를 위한 활동들을 계획하고 있는 중이다. 교직원실에서 회의가 있다.

**[해설]** 빈칸 뒤가 a meeting으로 단수명사이기 때문에 is나 was가 들어가야 한다. 또한 말하는 시점이 현재(are planning)이므로 동사의 현재 시제를 사용해야 한다. 따라서 (b) There is가 정답이다.

| 단어 및 관용어구 |
- semester 학기
- faculty room 교직원실, 강사실

### There be 구문

**19.**

Most puppies at the shelter have gotten adopted. _____ one puppy that hasn't yet.

(a) There are
(b) It is
(c) There is
(d) They are

**정답** (c) There is

**해석** 보호소에 있는 대부분의 강아지들은 입양되었다. 아직 입양되지 않은 한 마리의 강아지가 있다.

**해설** 빈칸 뒤가 one puppy로 단수명사이기 때문에 is나 was가 들어가야 한다. 또한 말하는 시점이 현재(have gotten)이므로 동사의 현재 시제를 사용해야 한다. 따라서 (c) There is가 정답이다.

| 단어 및 관용어구 |
- shelter 쉼터, 보호소
- adopt 입양하다

### 현재 진행

**20.**

Elise left to go to the beach this morning.
She _____ by now.
(a) will probably swim
(b) is probably swimming
(c) was probably swimming
(d) probably swam

**정답** (b) is probably swimming

**해석** Elise는 오늘 아침에 해변으로 가기 위해 떠났다. 그녀는 아마 지금쯤 수영을 하고 있는 중일 것이다.

**해설** now(지금)는 현재를 의미하는 부사이다. 또한 Elise가 지금 수영을 하고 있는 중일 것이라는 의미이므로 동사의 현재 진행형을 사용해야 한다. 따라서 현재 진행 시제 (b) is probably swimming이 정답이다.

| 단어 및 관용어구 |
- probably 아마도

# 2회 모의고사 Listening  | 정답과 해설 |

| 21 | 22 | 23 | 24 | 25 | 26 | 27 | 28 | 29 | 30 | 31 | 32 | 33 | 34 | 35 | 36 | 37 | 38 | 39 | 40 |
|----|----|----|----|----|----|----|----|----|----|----|----|----|----|----|----|----|----|----|----|
|(c)|(b)|(b)|(c)|(a)|(a)|(b)|(a)|(b)|(b)|(a)|(a)|(c)|(b)|(a)|(a)|(c)|(a)|(b)|(a)|

---

**Part 1.** 아래의 그림을 보십시오. 여러분은 각 그림에 대한 문제를 듣게 될 것입니다. 주어진 시간 내에 각각의 질문에 가장 적절한 응답을 고르십시오.

---

## 21.

What is the boy doing?

소년은 무엇을 하고 있나요?

(a) He is walking a dog.
(b) He is standing by the bench.
(c) He is eating an ice cream.
(d) He is looking for his mom.

(a) 그는 개를 산책시키고 있다.
(b) 그는 벤치 옆에 서 있다.
(c) 그는 아이스크림을 먹고 있다.
(d) 그는 엄마를 찾고 있다.

[정답] (c) He is eating an ice cream.
[해설] 그림에서 소년은 아이스크림을 먹고 있으므로 (c) He is eating an ice cream이 정답이다.

| 단어 및 관용어구 |
• walk 걷다, 걸어가다
• stand 서다, 서 있다
• bench 벤치

## 22.

Where is the apple?

사과는 어디에 있나요?

(a) It is above the dining table.
(b) It is on the dining table.
(c) It is under the dining table.
(d) It is beside the dining table.

(a) 식탁 위에 있다.
(b) 식탁 위에 있다.
(c) 식탁 아래에 있다.
(d) 식탁 옆에 있다.

[정답] (b) It is on the dining table.
[해설] 그림에서 사과는 책상 위에 있으므로 위를 나타내는 전치사 on이 포함된 (b) It is on the dining table이 정답이다.

| 단어 및 관용어구 |
• above ~보다 위에, 보다 많은
• dining 식사, 정찬
• under 아래에, 속에
• beside 옆에, ~에 비해

## 23.

Who is holding the umbrella?

누가 우산을 들고 있는가?

(a) the boy
(b) the woman
(c) the man
(d) the taxi driver

(a) 소년
(b) 여자
(c) 남자
(d) 택시 운전사

[정답] (b) the woman
[해설] 그림에서 우산을 들고 있는 사람은 여자 이므로 (b) the woman이 정답이다.

| 단어 및 관용어구 |
• umbrella 우산

## 24.

What time will the department store open on Tuesday?

백화점은 화요일에 몇 시에 문을 엽니까?

(a) at 9:00 PM
(b) at 8:00 AM
(c) at 10:00 AM
(d) at 11:00 AM

(a) 오후 9시
(b) 오전 8시
(c) 오전 10시
(d) 오전 11시

[정답] (c) at 10:00 AM

[해설] 그림에서 월요일부터 금요일까지는 10시부터 8시까지, 주말은 9시부터 8시까지 운영한다고 나와있으므로 (c) at 10:00 AM 이 정답이다.

| 단어 및 관용어구 |
- department store 백화점

## 25.

When is the library closed?

도서관은 언제 문을 닫습니까?

(a) on Sunday
(b) on Monday
(c) on Wednesday
(d) on Friday

(a) 일요일에
(b) 월요일에
(c) 수요일
(d) 금요일에

[정답] (a) on Sunday

[해설] 그림에서 도서관은 평일 오전 8시부터 오후 9시까지 연다고 나와 있으므로 주말인 (a) on Sunday가 정답이다.

| 단어 및 관용어구 |
- library 도서관

---

**Part 2.** 여러분은 5개의 진술이나 질문을 듣게 될 것입니다. 주어진 시간 내에 각각의 진술이나 질문에 가장 적절한 응답을 고르십시오.

---

## 26.

What time will you go to the library today?

오늘 몇 시에 도서관에 갈 거예요?

(a) I will go there after lunch.
(b) It is near the main building.
(c) It is open until 5PM.
(d) I won't be there tomorrow.

(a) 점심 식사 후에 그 곳으로 갈 것입니다
(b) 본관 근처에 있습니다.
(c) 오후 5시까지 운영합니다.
(d) 나는 내일 거기에 가지 않을 것입니다

[정답] (a) I will go there after lunch.

[해설] 오늘 몇 시에 갈 것인지 시간을 물었기 때문에 (a) I will go there after lunch가 정답이다.

| 단어 및 관용어구 |
- main 가장 큰, 주된
- until ~까지

## 27.

What do you plan to do later?

당신은 나중에 무엇을 할 계획입니까?

(a) I went to the park.
(b) I'm going to play basketball.
(c) I'm almost done.
(d) I don't feel well.

(a) 저는 공원에 갔어요.
(b) 저는 농구를 할 거예요.
(c) 거의 다 했어요.
(d) 몸이 안 좋아요.

[정답] (b) I'm going to play basketball.

[해설] 나중에 무엇을 할 것인지 미래 시점(later)을 묻고 있기 때문에 미래 시제로 답을 해야 한다. 따라서 (b) I'm going to play basketball이 정답이다.

| 단어 및 관용어구 |
- later 나중에, 후에
- basketball 농구
- done 다 끝난, 다 된, 완료된
- well 잘, 좋게, 제대로

## 28.

What book are you reading now?

당신은 지금 무슨 책을 읽고 있습니까?

(a) I'm reading the Little Prince now.
(b) I'm going to read a book tonight.
(c) I don't enjoy reading newspapers.
(d) I want to buy that book.

(a) 나는 지금 어린 왕자를 읽고 있어요.
(b) 오늘 밤에 책을 읽을 거예요.
(c) 나는 신문 읽는 것을 즐기지 않아요.
(d) 그 책을 사고 싶어요.

[정답] (a) I'm reading the Little Prince now.
[해설] 읽고 있는 책이 무엇인지 현재진행 시점(are reading)을 묻고 있기 때문에 현재 진행 시제로 답을 해야 한다. 따라서 (a) I'm reading the Little Prince now가 정답이다.

| 단어 및 관용어구 |
- tonight 오늘 밤에, 오늘 밤
- enjoy 즐기다
- newspaper 신문

## 29.

When is your birthday?

너의 생일이 언제니?

(a) I will be there tomorrow.
(b) It's on September 14.
(c) Tomorrow is a Wednesday.
(d) It's going to be a great day.

(a) 나는 내일 거기에 갈 것입니다.
(b) 9월 14일입니다.
(c) 내일은 수요일입니다.
(d) 좋은 날이 될 거예요.

[정답] (b) It's on September 14.
[해설] 생일이 언제인지를 물었기 때문에 정확한 날짜를 답하는 (b) It's on September 14가 정답이다.

| 단어 및 관용어구 |
- birthday 생일

## 30.

It might rain today.

오늘 비가 올지도 몰라요.

(a) It's sunny today.
(b) We should bring an umbrella.
(c) I want to go to the beach.
(d) I will go the park later.

(a) 오늘은 화창해요.
(b) 우리는 우산을 가져와야 해요.
(c) 해변에 가고 싶어요.
(d) 나중에 공원에 갈 거예요.

[정답] (b) We should bring an umbrella.
[해설] 비가 올지도 모른다고 말하는 부분을 통해 우산을 가져와야 한다고 말할 것임을 추측할 수 있다. 따라서 (b) We should bring an umbrella가 정답이다.

| 단어 및 관용어구 |
- umbrella 우산
- beach 해변

**Part 3.** 여러분은 두 사람 사이의 대화를 듣게 될 것입니다. 먼저 여러분은 31번에서 35번까지 질문들을 듣게 될 것입니다. 그런 다음 대화를 듣게 될 것입니다. 주어진 시간 내에 각각의 질문에 가장 적절한 응답을 고르십시오.

### [31~35]

F: Hi Alex! What do you plan to do this weekend?
M: Hi Jessica! 31) I'm going with my family to visit the Mt. Rushmore National Memorial Park. I am so excited!
F: Wow! 32) Isn't that the place where the heads of four presidents are carved into the face of a mountain?
M: Yes, it is. The four presidents are George Washington, Thomas Jefferson, Theodore Roosevelt and Abraham Lincoln.
F: So how long will you stay there?
M: Well, my dad said 33) it will take us about 6 hours by car to get there. So 34) we'll probably stay overnight, and leave Sunday morning.
F: It sounds like you're going to have a fun weekend!
M: 35) I hope so!

### 해석

F: 안녕 Alex! 너는 이번 주말에 무엇을 할 계획이니?
M: 안녕 Jessica! 31) 나는 가족과 함께 Rushmore산 국립 기념 공원을 방문할 거야. 너무 신나!
F: 우와! 32) 그곳은 네 명의 대통령 얼굴이 산에 새겨진 곳 아니니?
M: 응, 맞아. 네 명의 대통령은 조지 워싱턴, 토마스 제퍼슨, 시어도어 루즈벨트, 에이브러햄 링컨이야.
F: 그래서 거기 얼마나 오래 있을 거야?
M: 음, 아빠가 33) 거기까지 가는데 차로 6시간 정도 걸릴 거라고 말씀하셨어. 그래서 34) 우리는 아마도 하룻밤을 묵고, 일요일 아침에 떠날거야.
F: 즐거운 주말을 보낼 것 같네!
M: 35) 그렇길 바래!

### Vocabulary

- president 대통령
- stay 계속 있다, 유지하다, 머무르다
- stay overnight
- carve into 새겨서 ~을 만들다
- probably 아마

### 31.

What is Alex doing this weekend?

알렉스는 이번 주말에 무엇을 하는가?

(a) He is going to a mountain.
(b) He will go to a museum.
(c) He will do his history project.
(d) He is going to visit his family.

(a) 그는 산에 갈 것이다.
(b) 그는 박물관에 갈 것이다.
(c) 그는 그의 역사 프로젝트를 시행할 것이다.
(d) 그는 그의 가족을 방문할 것이다.

【정답】 (a) He is going to a mountain.
【해설】 Alex가 주말에 가족과 함께 Rushmore산에 있는 국립기념 공원을 방문할 계획이라고 이야기한 부분을 통해 (a) He is going to a mountain이 정답임을 알 수 있다.

| 단어 및 관용어구 |
- weekend 주말
- museum 박물관
- history 역사
- visit 방문하다

## 32.

What is Alex excited to see?

알렉스는 어떤 걸 보는 것에 신나 있는가?

(a) some large carvings
(b) the beautiful view
(c) the US president
(d) his family

(a) 큰 조각품
(b) 아름다운 경치
(c) 미국 대통령
(d) 그의 가족

[정답] (a) some large carvings
[해설] 대화 내용을 보면 국립 기념 공원에서 산에 새겨진 대통령 얼굴 조각을 보는 것을 기대하고 있다고 이야기한 부분을 통해 (a) Some large carvings가 정답임을 알 수 있다.

| 단어 및 관용어구 |
- excited 신이난, 들뜬, 흥분한
- carving 조각품
- president 대통령

## 33.

How will Alex get to his destination?

알렉스는 어떻게 목적지에 도착할 것인가?

(a) He will fly on an airplane.
(b) He will take the bus.
(c) He will ride a car.
(d) He will sail a boat.

(a) 그는 비행기를 탈 것이다.
(b) 그는 버스를 탈 것이다.
(c) 그는 차를 탈 것이다.
(d) 그는 보트로 항해할 것이다.

[정답] (c) He will ride a car.
[해설] 대화에서 아버지가 국립공원까지는 차 타고 6시간 걸린다고 말씀하셨다는 것을 보아 차를 탈 것임을 알 수 있다. 따라서 (c) He will ride a car가 정답이다.

| 단어 및 관용어구 |
- destination 목적지, 도착지
- airplane 비행기
- sail 항해하다

## 34.

When will Alex return?

알렉스는 언제 돌아오는가?

(a) on Monday
(b) on Sunday
(c) on Friday
(d) on Saturday

(a) 월요일에
(b) 일요일에
(c) 금요일에
(d) 토요일에

[정답] (b) on Sunday
[해설] Alex가 일요일 오전에 돌아온다고 이야기한부분을 통해 (b) on Sunday가 정답임을 알 수 있다.

| 단어 및 관용어구 |
- return 돌아오다, 돌려주다, 반납하다

## 35.

Which best describes Alex's attitude?

알렉스의 태도를 가장 잘 설명한 것은 무엇인가?

(a) He is eager.
(b) He is busy.
(c) He is careful.
(d) He is thoughtful.

(a) 그는 간절히 바란다.
(b) 그는 바쁘다.
(c) 그는 신중하다.
(d) 그는 사려 깊다.

[정답] (a) He is eager.
[해설] 즐거운 주말을 보낼 것 같다는 여자의 말에 Alex가 그러길 바란다고 이야기하는 부분을 통해 간절히 바라는 태도임을 알 수 있다. 따라서 (a) He is eager가 정답이다.

| 단어 및 관용어구 |
- describe 설명하다, 묘사하다
- attitude 태도, 사고방식
- eager 열렬한, 간절히 바라는, 열심인
- thoughtful 사려 깊은

**Part 4.** 여러분은 누군가가 다른 사람에게 정보를 전달하는 대화를 듣게 될 것입니다. 먼저 36번에서 40번까지 질문을 듣게 될 것입니다. 그런 다음 지시를 듣게 될 것입니다. 주어진 시간 내에 각각의 질문에 가장 적절한 응답을 고르십시오.

### [36~40]

M: 36) Hi Mandy! My younger brother has a fever, but my Mom's not home. Do you know what I should do to help him?
F: I'm sorry to hear that, Joseph. 37) First, use a thermometer to check his temperature.
M: Yes, I already did that. His body temperature is 37.8 degree Celsius.
F: That's good. At least his fever is not that high. 38) Next, make sure he drinks plenty of water or juice.
M: Okay, I will do that. Is there anything else I should do?
F: 39) You could also give him a sponge bath. Get a clean cloth or a sponge, wet it with lukewarm water, and wipe it over his face, arms, and legs. This will help lower his body temperature.
M: Okay thanks so much. I will do everything that you said.
F: Okay, I hope your brother feels better soon.
M: 40) I hope so too.

### 해석

M: 36) 안녕 Mandy! 내 남동생이 열이 있는데, 엄마가 집에 안 계셔. 내가 그를 돕기 위해 무엇을 해야 하는지 아니?
F: 안타깝구나, Joseph. 37) 우선 체온계를 사용해서 체온을 측정해봐.
M: 응, 난 이미 그렇게 했어. 그의 체온은 섭씨 37.8도야.
F: 다행이야. 적어도 그의 열이 그렇게 높지 않네. 38) 그 다음에, 그가 물이나 주스를 많이 마시도록 해줘.
M: 알았어, 그렇게 할게. 내가 더 해야 할 일이 있을까?
F: 39) 그에게 스펀지 목욕도 시켜줄 수 있어. 깨끗한 천이나 스펀지를 가져와서 미온수로 그것들을 적시고, 얼굴, 팔, 다리 등을 닦아줘. 이건 그의 체온을 낮추는 데 도움이 될 거야.
M: 그래, 정말 고마워. 말해준 대로 다 할게.
F: 그래, 네 동생이 빨리 낫길 바란다.
M: 40) 나도 그러길 바래.

### Vocabulary

- thermometer 온도계, 체온계
- Celsius 섭씨의
- wipe 닦다
- temperature 온도, 체온
- plenty 풍부한 양, 많이, 충분히 큰
- degree 도, 정도
- lukewarm 미지근한, 미적지근한, 미온적인

## 36.

Why did Joseph call Mandy?

왜 Joseph이 Mandy를 불렀는가?

(a) to ask how to deal with his brother's fever
(b) to ask her the location of the nearest hospital
(c) to ask her if she has a clean cloth
(d) to ask her what medicine to take for a fever

a) 남동생의 열병을 어떻게 다루는지 물어보기 위해
(b) 그녀에게 가장 가까운 병원의 위치를 물어보기 위해
(c) 깨끗한 천이 있는지 물어보기 위해
(d) 그녀에게 열병에 어떤 약을 먹어야 하는지 물어보기 위해

[정답] (a) to ask how to deal with his brother's fever
[해설] Joseph이 대화 초반에 남동생에게 열이 나는데 무엇을 해야 하는지 조언해달라고 이야기한 부분을 통해 (a) to ask how to deal with his brother's fever가 정답임을 알 수 있다.

| 단어 및 관용어구 |
- deal with ~을 다루다
- location 위치
- nearest 가장 가까운 (near의 최상급)
- hospital 병원
- medicine 약, 약물
- fever 열, 열병

## 37.

What did Mandy tell Joseph to do first?

Mandy는 Joseph에게 무엇을 먼저 하라고 말했는가?

(a) Change the temperature in the house.
(b) Borrow a thermometer.
(c) Check his brother's temperature.
(d) Call the doctor.

(a) 집의 온도를 변경해라.
(b) 온도계를 빌려라.
(c) 남동생의 체온을 재라.
(d) 의사를 불러라.

[정답] (c) Check his brother's temperature.
[해설] Mandy가 우선 체온계로 체온을 측정해보라고 이야기한 부분을 통해 (c) Check his brother's temperature가 정답임을 알 수 있다.

| 단어 및 관용어구 |
- temperature 온도, 기온
- thermometer 온도계, 체온계

## 38.

What was the second thing Mandy suggested that Joseph do to help his younger brother?

Mandy가 그의 남동생을 돕기 위해 Joseph에게 두 번째로 제안한 것은 무엇이었는가?

(a) Make him drink plenty of water.
(b) Make him some lemonade.
(c) Make him a sandwich.
(d) Make him a soup.

a) 물을 많이 마시게 한다.
(b) 레모네이드를 좀 만들어 준다.
(c) 샌드위치를 만들어 준다.
(d) 수프를 만들어 준다.

[정답] (a) Make him drink plenty of water.
[해설] 체온을 잰 후 물이나 주스를 충분히 마시게 하라고 권유하는 부분을 통해 (a) Make him drink plenty of water가 정답임을 알 수 있다.

| 단어 및 관용어구 |
- suggest 제안하다, 추천하다
- plenty 충분한 양의, 많이

## 39.

According to Mandy, what could Joseph do to lower his brother's fever?

Mandy의 말에 따르면, Joseph이 그의 남동생의 열을 낮추기 위해 무엇을 할 수 있었을까?

(a) Ask him to buy a body thermometer.
(b) Give him a sponge bath.
(c) Ask him to take a lukewarm shower.
(d) Give him some medicine.

(a) 그에게 체온계를 사달라고 요청한다.
(b) 그에게 스펀지 목욕을 시킨다.
(c) 그에게 미지근한 물로 샤워를 하라고 요청한다.
(d) 그에게 약을 준다.

[정답] (b) Give him a sponge bath.
[해설] Mandy가 열을 낮추기 위해 스펀지 목욕을 시켜보라고 권유하는 부분을 통해 (b) Give him a sponge bath가 정답이다.

| 단어 및 관용어구 |
- lukewarm 미온, 미지근한

## 40.

Based on the conversation, what can likely be said about Joseph?

대화에 따르면, Joseph에 대해 뭐라고 말할 수 있는가?

(a) He is worried about his brother.
(b) He is afraid of getting sick.
(c) He doesn't like going to the doctor.
(d) He wants to be a doctor someday.

(a) 그는 남동생을 걱정하고 있다.
(나) 그는 병에 걸리는 것을 두려워한다.
(c) 그는 의사에게 가는 것을 좋아하지 않는다.
(d) 그는 언젠가 의사가 되고 싶어한다.

[정답] (a) He is worried about his brother.
[해설] 그가 남동생이 낫기를 바란다는 마지막 문장을 통해 (a) He is worried about his brother가 정답임을 알 수 있다.

| 단어 및 관용어구 |
- lbe worried about ~에 대해 걱정하다
- lbe afraid of ~을 두려워하다

## 2회 모의고사 Reading and Vocabulary  | 정답과 해설 |

| 41 | 42 | 43 | 44 | 45 | 46 | 47 | 48 | 49 | 50 | 51 | 52 | 53 | 54 | 55 | 56 | 57 | 58 | 59 | 60 |
|---|---|---|---|---|---|---|---|---|---|---|---|---|---|---|---|---|---|---|---|
| (a) | (d) | (d) | (b) | (a) | (b) | (d) | (d) | (a) | (d) | (c) | (a) | (c) | (a) | (a) | (d) | (b) | (d) | (c) | (a) |

**Part 1.** 다음의 지원서를 읽고 질문에 답하십시오. 밑줄 친 단어는 어휘 문제를 위한 것입니다.

[41~45]

### KINGSTOWN SWIM ACADEMY
235 Bellevue Road, Nixon Boulevard,
Hartford City, California

**SUMMER 2009 REGISTRATION FORM:**

Child's Name: Britney Kerrigan
Date of Birth: August 11, 2005
Parent/Guardian Nam: Natalie Kerrigan
Email: natalie.kerrigan@mymail.com
Address: 145 Lansing Street, Kennedy Road, Hartford City, California
Phone Number: (220) 808-453-4488

42) **MEDICAL INFORMATION:**

- Does your child have asthma?  ☐ Yes  ☑ No
- How frequent are the attacks?
  If not applicable, please type N/A.   N/A
- Are there any medical condition with which we should be aware?
  If none, please type NONE.   NONE

**SWIMMING CLASSES:**
Choose one that is 45) **appropriate** to your child's level.

- ☐ BEGINNER LEVEL: Ages 1-3 years old.
- 44) ☑ BASIC LEVEL: Ages 4-7 years old.
- ☐ INTERMEDIATTE LEVEL: Ages 8-12 years old.
- ☐ ADVANCED LEVEL: 13 years old and above.

43) For inquiries and more details, you may call our office at (220) 973-3120 or fax (220) 578-9287. You may also email us sales@kingstownswimacademy.com

> 해석

## KINGSTONE [41]) SWIM ACADEMY

235 Bellevue Road, Nixon대로,
캘리포니아 주 Hartford 시티

여름 2009 신청서
아이 이름: Britney Kerrigan
생년월일: 8월 11일 2016년
부모/보호자 이름: Natalie Kerrigan
이메일: nataliekerrigan@mymail.com
주소: 145 Lansing Street, Kennedy 대로, 캘리포니아 주 Hartford 시티
핸드폰 번호: (220) 808 453 4488

[42]) 의료 정보:
당신의 아이는 천식이 있습니까? ☐ 예  ☑ 아니오
병이 얼마나 자주 발생합니까?
만약 해당되지 않는 경우 N/A  N/A
우리가 알고 있어야 할 질병 사항이 있습니까? 없으면 NONE을 작성하세요.  NONE

수영 수업:
* 자녀 수준에 [45]) 적합한 것을 고르십시오.
  ☐ 초보자 단계: 1-3세.
  [44]) ☑ 기본 단계: 4-7세.
  ☐ 중간 단계: 8-12세.
  ☐ 고급 단계: 13세 이상입니다.

[43]) 문의 및 자세한 사항은 저희 사무실로 전화 주십시오. (220) 973-3120 또는 팩스 (220) 578-9287로 전화 주십시오. sales@kingstownswimacademy.com으로 이메일을 보내셔도 됩니다.

### Vocabulary

- Date of Birth 생년월일
- medical 의학의, 내과의
- frequent 잦은, 빈번한
- appropriate 적절한
- advanced 선진의, 고급의
- guardian 보호자, 수호자, 후견인
- asthma 천식
- aware 알고 있는, 눈치 채고 있는
- intermediate 중간의, 중급의, 중급자
- inquiry 연구, 조사, 탐구

## 41.

What kind of document is being filled out?

어떤 종류의 문서가 작성되어 있는가?

(a) a registration form for swimming lessons
(b) an application form for summer class
(c) a hospital admission form
(d) a school examination form

(a) 수영 강습 등록서
(b) 하계 수업 신청서
(c) 입원 신청서
(d) 학교 시험 양식

[정답] (a) a registration form for swimming lessons
[해설] 본문의 제목을 보면 '수영 학원'에 신청하는 등록 지원서이므로 (a) a registration form for swimming lessons가 정답이다.

| 단어 및 관용어구 |
- document 서류, 문서
- admission 입원
- examination 시험

## 42.

Based on the form, what can likely be said about Britney Kerrigan's health?

양식에 따르면 Britney Kerrigan의 건강에 대해 뭐라고 말할 수 있는가?

(a) She has asthma.
(b) She is sick.
(c) She exercises regularly.
(d) She is healthy.

(a) 그녀는 천식이 있다.
(b) 그녀는 아프다.
(c) 그녀는 규칙적으로 운동을 한다.
(d) 그녀는 건강하다.

[정답] (d) She is healthy.
[해설] 본문의 의료 정보를 보면 Britney Kerrigan이 아픈 곳이 없기 때문에 건강하다는 것을 추측할 수 있다. 따라서 (d) She is healthy가 정답이다.

| 단어 및 관용어구 |
• health 건강
• asthma 천식

## 43.

What is not one of the ways to get more information about the swimming program?

수영 프로그램에 대해 더 많은 정보를 얻을 수 있는 방법 중 하나가 아닌 것은 무엇입니까?

(a) Call the office
(b) Send a fax message
(c) Send an email
(d) Send a letter

(a) 사무실로 전화하기
(b) 팩스 메시지를 발송하기
(c) 이메일을 발송하기
(d) 편지를 보내기

[정답] (d) Send a letter.
[해설] 본문의 마지막 단락을 보면 정보를 얻기 위한 방법으로 전화, 팩스, 이메일을 언급하고 있으므로 편지를 보내는 방법은 해당되지 않음을 알 수 있다. 따라서 (d) Send a letter가 정답이다.

| 단어 및 관용어구 |
• information 정보
• send 보내다, 발송하다, 전하다

## 44.

What is Britney Kerrigan's age group?

Britney Kerrigan의 연령대는 어떻게 되는가?

(a) 1-3 years old
(b) 4-7 years old
(c) 8-12 years old
(d) 13 years and above

(a) 1-3세
(b) 4-7세
(c) 8-12세
(d) 13세 이상

[정답] (b) 4-7 years old
[해설] 단계별 수영 수업에 체크 표기된 부분은 4세~7세이므로 (b) 4-7 years old가 정답임을 알 수 있다.

| 단어 및 관용어구 |
• above (수·나이 등이) ~ 보다 많은, ~을 넘는

## 45.

In the context of the passage, **appropriate** means _____.

글의 문맥 상, appropriate(적절한)는 _____를 의미한다.

(a) suitable
(b) safe
(c) ordinary
(d) enjoyable

(a) 적합한
(b) 안전한
(c) 보통의
(d) 즐거운

[정답] (a) suitable
[해설] 해당 문장을 '자녀 수준에 맞는 것을 고르십시오'라고 해석할 수 있기 때문에 문맥상 suitable(적합한)이 들어가야 한다. 따라서 (a) suitable이 정답이다.

**Part 2.** 다음의 공지사항을 읽고 질문에 답하십시오. 밑줄 친 단어는 어휘 문제를 위한 것입니다.

**[46~50]**

<sup>46), 49)</sup> **SCHOOL DANCE CONTEST**

Calling all Wakefield students! We will hold our annual school dance contest on September 14 at the school auditorium. <sup>47)</sup> To join the contest, form a group of 5 to 8 students, register your group's name, and fill out a form at the school's Student Affairs Office. The grand prize winner will be <sup>50)</sup> **awarded** a trophy and a cash prize. The winner will be judged based on the following criteria:

| | |
|---|---|
| <sup>48)</sup> Choreography or Dance Routine | 50% |
| Costume and special effects | 30% |
| Originality | 20% |

For more details and information about the contest, contact Mr. Chris Vernes, the Contest Coordinator, at 405-209-3300.

**해석**

<sup>46), 49)</sup> **학교 댄스 경연**

모든 Wakefield 학생에게 전합니다! 우리는 9월 14일에 학교 강당에서 연례 학교 댄스 대회를 열 것입니다. <sup>47)</sup> 대회에 참가하려면, 5명에서 8명으로 구성된 그룹을 만들고, 여러분의 그룹명을 등록하고, 학생 사무실에서 양식을 작성해 주세요. 대상 수상자에게는 트로피와 상금도 <sup>50)</sup> **수여됩니다**. 승자는 다음 기준에 따라 판정합니다.

| | |
|---|---|
| <sup>48)</sup> 안무 또는 댄스 루틴 | 50% |
| 의상 및 특수 효과 | 30% |
| 독창성 | 20% |

대회에 대한 자세한 내용과 정보는 405-209-3300으로 대회 코디네이터인 Chris Vernes 씨에게 문의하십시오.

**Vocabulary**

- annual 매년의, 연례의
- register 등록하다
- awarded 수여하다
- judge 판단하다, 심사하다
- Choreography 안무, 연출
- Originality 독창성
- auditorium 강당
- Student Affairs Office 학생처, 학생 사무실
- prize 상, 상품, 경품
- criteria 기준, 표준
- Costume 의상

## 46.

What is the announcement about?

무엇에 관한 발표인가?

(a) a singing contest
**(b) a dance contest**
(c) a band audition
(d) a dance audition

(a) 노래자랑 대회
(b) 댄스 경연 대회
(c) 밴드 오디션
(d) 댄스 오디션

**[정답]** (b) a dance contest

**[해설]** 본문의 제목을 보면 school dance contest이므로 (b) a dance contest가 정답임을 알 수 있다.

**| 단어 및 관용어구 |**
- announcement 발표
- audition 오디션

## 47.

What is not needed to join the contest?

그 대회에 참가하기 위해 필요하지 않은 것은 무엇인가?

(a) Form a group.
(b) Register the name of the group.
(c) Fill out a form.
**(d) Call the Contest Coordinator.**

(a) 그룹을 만든다.
(b) 그룹명을 등록한다.
(c) 양식을 작성한다.
(d) 대회 진행자에게 연락한다.

**[정답]** (d) Call the Contest Coordinator.

**[해설]** 대회에 참가하려면 그룹을 만들고, 그룹명을 등록하고, 양식을 작성하라는 언급이 있다. 더 자세한 문의를 위해서는 대회 진행자에게 연락하면 되지만 이것은 필수 사항은 아니다. 따라서 (d) Call the Contest Coordinator가 정답이다.

**| 단어 및 관용어구 |**
- register (공식 명부에 이름을) 등록하자, 기재하다,
  (출생·혼인·사망 사실을) 신고하다
- coordinator 조정자, 진행자, 코디네이터

## 48.

What is not mentioned as one of the criteria of the event?

이벤트의 기준 중의 하나로 언급되지 않은 것은 무엇인가?

(a) choreography
(b) costume
(c) originality
**(d) music**

(a) 안무
(b) 의상
(c) 독창성
(d) 음악

**[정답]** (d) music

**[해설]** 이벤트 점수 기준은 안무 루틴, 의상 및 특수효과, 독창성만을 언급하며, 음악은 언급되지 않는다. 따라서 (d) music이 정답이다.

**| 단어 및 관용어구 |**
- criteria 기준, 표준, 규준

## 49.

Who will most likely join the event?

누가 그 행사에 참여할 것인가?

**(a) dancers**
(b) singers
(c) musicians
(d) artists

(a) 댄서
(b) 가수
(c) 음악가
(d) 예술가

**[정답]** (a) dancers

**[해설]** 학교 댄스 경연대회이기 때문에 댄서가 행사에 참여할 것임을 추측할 수 있다. 따라서 (a) dancers가 정답이다.

**| 단어 및 관용어구 |**
- join 참여하다, 가입하다

**50.**

In the context of the passage, **awarded** means
_____.

글의 문맥 상, awarded(수여되는)은 _____ 를 의미한다.

(a) announced
(b) sold
(c) donated
(d) given

(a) 공표된
(b) 판매된
(c) 기부된
(d) 주어지는

[정답] (d) given

[해설] 해당 문장은 '대상 수상자에게는 트로피와 상금도 수여됩니다'라고 해석되므로 문맥상 given(주어지는)이 들어가야 한다. 따라서 (d) given이 정답이다.

---

**Part 3.** 다음의 사실에 기반한 설명을 읽고 질문에 답하십시오. 밑줄 친 단어는 어휘 문제를 위한 것입니다.

**[51~55]**

## SEA URCHIN

Sea urchins are small, round, animals that live on the ocean floor. They have soft internal organs which are protected by a hard outer shell. 51) Sea urchins are **noted** for the long, movable spines which cover their shell. These spines are poisonous, and are used for self-defense.

52) Sea urchins come in different sizes and colors. Some are red, while others are purplish or black. The largest type of sea urchin, called the *Sperostoma giganteum*, is found in the deep waters of Japan.

53) Sea urchins are an important food source for other sea animals, such as crabs and fishes, and seagulls. 54) Humans also eat sea urchins. In fact, it is a popular delicacy in Japan, where it is served either raw or briefly cooked.

### 해석

### 성게

성게는 바다 바닥에 사는 작고 동그란 동물입니다. 그들은 단단한 외피로부터 보호받는 부드러운 내장을 가지고 있습니다. 51) 성게는 껍질을 덮고 있는 길고 움직이는 가시로 55) **알려져** 있습니다. 이 가시들은 독성이 있고, 자기 방어를 위해 사용됩니다.

52) 성게는 크기와 색깔이 다릅니다. 일부는 빨간색이고, 다른 일부는 보라색이거나 검은색입니다. 가장 큰 종류의 성게, 스페로스토마 기간테움이라고 불리는 성게는 일본의 깊은 바다에서 발견됩니다.

53) 성게는 게, 물고기, 갈매기 같은 다른 바다 동물들에게 중요한 먹이 공급원입니다. 54) 인간들도 성게를 먹습니다. 사실, 이것은 일본에서 인기 있는 별미로, 날것으로 먹거나 간단히 요리됩니다.

### Vocabulary

- sea urchin 성게
- movable 이동시킬 수 있는, 움직이는, 동산
- seagull 갈매기
- briefly 잠시, 간단히
- internal 내부의, 체내의, 내부
- purplish 자줏빛을 띈
- delicacy 여림, 연약함, 섬세함, 사려깊음

## 51.

What is not true about the sea urchin?

성게에 대해 사실이 아닌 것은 무엇인가?

(a) It is small round animal.
(b) It has a hard shell.
(c) It has short spines.
(d) It can wave its spines around.

(a) 작고 둥근 동물이다.
(b) 단단한 껍질을 가지고 있다.
(c) 짧은 가시를 가지고 있다.
(d) 가시를 이리저리 흔들 수 있다.

[정답] (c) It has short spines.
[해설] 본문의 두 번째 문장에서 성게는 움직이는 긴 가시를 가지고 있다고 언급하고 있으므로 짧은 가시를 가지고 있다는 보기 (c) It has short spines가 사실이 아님을 알 수 있다.

**| 단어 및 관용어구 |**
- shell 껍데기, 껍질
- spin 등뼈, 가시

## 52.

What can be said about the sea urchins' appearance?

성게의 생김새에 대해 뭐라고 말할 수 있는가?

(a) It comes in different colors.
(b) It is a large animal.
(c) It looks like a fish.
(d) It has red spots.

(a) 색깔이 다르다.
(b) 큰 동물이다.
(c) 물고기처럼 생겼다.
(d) 붉은 반점이 있다.

[정답] (a) It comes in different colors.
[해설] 본문의 두 번째 단락에서 성게는 크기와 색깔이 다 다르다고 언급하고 있으므로 (a) It comes in different colors가 정답임을 알 수 있다.

**| 단어 및 관용어구 |**
- different 다른, 차이가 나는, 각각 다른, 갓색의, 색다른
- appearance 겉모습, 외모, 모습, 출현
- spot 점, 반점, 얼룩

## 53.

Which was not mentioned as an animal that eats sea urchins?

성게를 먹는 동물로 언급되지 않은 것은?

(a) crabs
(b) fishes
(c) lobsters
(d) birds

(a) 게
(b) 물고기
(c) 가재
(d) 새

[정답] (c) lobsters
[해설] 본문의 세 번째 단락에서 성게는 게, 물고기, 갈매기의 먹이라고 언급되지만, 가재는 언급 되지 않았다. 따라서 (c) lobsters가 정답이다.

## 54.

Based on the account, what can likely be said about sea urchins as a food source?

이 기록에 따르면 성게를 식량 원으로 사용한다고 할 수 있는 것은 무엇인가?

(a) It is considered to be a special dish by some people.
(b) It forms an important part of the Japanese diet.
(c) It needs to be cooked for a long time.
(d) It will no longer be eaten by humans.

(a) 일부 사람들에게는 특별한 음식으로 여겨진다.
(b) 일본 식단의 중요한 부분을 구성한다.
(c) 오래 익혀야 한다.
(d) 더 이상 인간이 먹지 않는다.

[정답] (a) It is considered to be a special dish by some people.
[해설] 본문의 마지막 문단의 두 번째 줄에서 성게는 인간에게도 식량원이 되어준다고 언급하며, 일본에서는 매우 인기 있는 별미라고 언급하는 부분을 통해 일부 사람들에게는 특별한 음식으로 여겨진다는 사실을 추측할 수 있다. 따라서 (a) It is considered to be a special dish by some people이 정답이다.

**| 단어 및 관용어구 |**
- food source 식량 원
- consider 사려(고려, 숙고)하다
- diet (사람이 일상적으로 취하는) 식사, 식습관,

**55.**

In the context of the passage, **noted** means _____.

글의 문맥 상, noted(알려진)는 _____ 를 의미한다.

(a) known
(b) observed
(c) mentioned
(d) admired

(a) 알려진
(b) 관찰된
(c) 언급된
(d) 존경받는

[정답] (a) known
[해설] 해당 문장은 '성게가 ~인 것으로 잘 알려져 있다' 라고 해석되기 때문에 문맥상 noted(알려진)가 들어가야 한다. 따라서 (a) known이 정답이다.

---

**Part 4.** 다음의 전기문을 읽고 질문에 답하십시오. 밑줄 친 단어는 어휘 문제를 위한 것입니다.

[56~60]

## MARK TWAIN

56) Mark Twain was the pen name of American author and writer Samuel Langhorne Clemens. He is best known for two novels, the *Adventures of Huckleberry Finn and The Adventures of Tom Sawyer*.

When he was 4 years old, his family moved to a port town on the Mississippi River, which later became the setting for his two famous novels. 57) At 18, Twain moved to New York City, and worked as an article writer for several newspapers.

In 1865, he published a short story, "Jim Smiley and His Jumping Frog". The story was a big hit, and launched his career as a book author. In 1876, Twain completed The Adventures of Tom Sawyer, a novel which 59) **depicted** his childhood memories. 58) In 1884, he wrote *Adventures of Huckleberry Finn*. This novel criticized slavery and the poor treatment of African Americans.

Nowadays, Mark Twain is 60) **acclaimed** as one of the greatest American writers, and is regarded as the father of American literature.

**해석**

### 마크 트웨인

56) Mark Twain은 미국의 작가이자 작가인 Samuel Langhorne Clemens의 필명이다. 그는 '허클베리 핀의 모험'과 '톰 소여의 모험'이라는 두 편의 소설로 가장 잘 알려져 있다.

그가 4살이었을 때, 그의 가족은 미시시피 강에 있는 항구 도시로 이사를 했고, 그것은 후에 그의 두 유명한 소설의 배경이 되었다. 57) 18세 때, Twain은 뉴욕으로 이주했고, 몇몇 신문에서 기사 작가로 일했다.

1865년, 그는 단편 "*Jim Smiley and His Jumping Frog*"를 출판했다. 그 이야기는 크게 히트를 쳤고, 책 작가로서의 그의 경력을 시작했다. 1876년, Twain은 그의 어린 시절의 기억을 59) **묘사한** 소설인 '톰 소여의 모험'을 완성했다. 58) 1884년, 그는 '허클베리 핀의 모험'을 썼다. 이 소설은 노예제도와 아프리카계 미국인들의 열악한 처우를 비판했다.

오늘날, Mark Twain은 가장 위대한 미국 작가 중 한 명으로 60) **칭송 받고** 있으며, 미국 문학의 아버지로 여겨진다.

### Vocabulary

- **author** 작가, 저자, 입안자, 쓰다, 저술하다
- **launch** 내보내다, 나서게하다, 진출시키다
- **depict** (그림으로)그리다, (말이나 그림으로)묘사하다
- **slavery** 노예, 노예
- **acclaimed** 칭찬(갈채, 환호, 호평)을 받고 있는
- **article writer** (신문, 잡지의) 기사 작가
- **career** 직업, 직장생활, 사회생활, 생활, 달리다, 경력
- **criticize** 비판(비난)하다, 비평하다
- **treatment** 치료, 처지, 대우, 다룸, 논의, 처리
- **be regarded as** ~로 여겨지다

## 56.

What is not true about Mark Twain?

마크 트웨인에 대해 사실이 아닌 것은 무엇인가?

(a) He is an American writer.
(b) His real name is Samuel Clemens.
(c) He wrote *Adventures of Huckleberry Finn*.
(d) His father was Tom Sawyer.

(a) 그는 미국의 작가이다.
(b) 그의 본명은 Samuel Clemens이다.
(c) 그는 '허클베리 핀의 모험'을 썼다.
(d) 그의 아버지는 Tom Sawyer였다.

**[정답]** (d) His father was Tom Sawyer

**[해설]** 본문의 첫 번째 문단에서 마크 트웨인은 미국의 작가이며, 본명은 Samuel Clemens이고, '허클베리 핀의 모험'을 썼다고 언급하고 있다. 따라서 아버지가 Tom Sawyer였다는 사실은 거짓이므로 (d) His father was Tom sawyer가 사실이 아니다.

| 단어 및 관용어구 |
- **real** 진짜의, 진실한

## 57.

When did Twain first start writing professionally?

언제부터 트웨인이 전문적으로 글을 쓰기 시작했는가?

(a) when his family moved to Mississippi
(b) when he moved to New York City
(c) when he wrote his short story *Jim and His Jumping Frog*
(d) when he wrote his novel *The Adventures of Tom Sawyer*

(a) 그의 가족이 미시시피로 이사했을 때
(b) 그가 뉴욕으로 이주했을 때
(c) 그가 단편소설 'Jim and His Jumping Frog'를 썼을 때
(d) 그가 그의 소설 '톰 소여의 모험'을 썼을 때

**[정답]** (b) when he moved to New York City

**[해설]** Mark Twain이 18세 때 뉴욕으로 이주했으며, 신문 기사 작가로 일했다고 이야기하는 부분을 통해 (b) when he moved to New York City가 정답임을 알 수 있다.

| 단어 및 관용어구 |
- **professionally** 직업적으로, 전문적으로

## 58.

Based on the biography, what is the most likely reason Twain is so highly regarded?

이 전기에 따르면, 트웨인이 그렇게 높이 평가받는 가장 유력한 이유는 무엇일까?

(a) He worked for famous newspapers.
(b) He wrote stories about his childhood.
(c) He wrote two successful books.
(d) He wrote about American issues.

(a) 그는 유명한 신문사에서 일했다.
(b) 그는 자신의 어린 시절에 대한 이야기를 썼다.
(c) 그는 두 권의 성공적인 책을 썼다.
(d) 그는 미국 문제에 대해 썼다.

**[정답]** (d) He wrote about American issues.

**[해설]** 1884년, 그가 쓴 '허클베리 핀의 모험'은 노예제와 아프리카계 미국인들의 열악한 처우를 비판했다고 언급되어 있다. 따라서 Twain이 위대한 미국 작가로 칭송 받는 유력한 이유는 미국의 문제를 적었다는 (d) He wrote about American issues가 정답임을 추측할 수 있다.

| 단어 및 관용어구 |
- **biography** 전기
- **successful** 성공한, 성공적인
- **issue** 주제, 쟁점, 사안, 문제

## 59.

In the context of the passage, **depicted** means _____.

글의 문맥 상, depicted(묘사된)는 _____를 의미한다.

(a) interpreted
(b) expressed
(c) described
(d) explained

(a) 해석된
(b) 표현된
(c) 묘사된
(d) 설명된

**[정답]** (c) described

**[해설]** 해당 문장은 '트웨인은 어린 시절의 기억을 묘사한 톰 소여의 모험을 완성했다'라고 해석되므로 문맥상 described(묘사된)와 같은 의미이다. 따라서 정답은 (c) described이다.


## 60.

In the context of the passage, **acclaimed** means _____.

글의 문맥 상, acclaimed(칭송 받는)는 _____를 의미한다.

(a) praised
(b) discovered
(c) mentioned
(d) cheered

(a) 칭찬받는
(b) 발견된
(c) 언급된
(d) 힘을 얻은

**[정답]** (a) praised

**[해설]** 해당 문장은 '가장 위대한 미국 작가 중 한 명으로 칭송 받고 있으며~'라고 해석되므로 문맥상 praised(칭찬 받는)와 같은 의미이다. 따라서 정답은 (a) praised이다.